中國道教文化研究

二 編

第 9 冊

摩利支天、斗母信仰流變與廟宇分佈研究

呂 芳 員 著

花木蘭文化事業有限公司

國家圖書館出版品預行編目資料

摩利支天、斗母信仰流變與廟宇分佈研究／呂芳員 著 — 初版
— 新北市：花木蘭文化事業有限公司，2020〔民 109〕
目 4+210 面：19×26 公分
（中國道教文化研究 二編；第 9 冊）
ISBN 978-986-322-900-1（精裝）
1.民間信仰 2.中國
618   103013905

ISBN-978-986-322-900-1

9 789863 229001

中國道教文化研究
二 編 第九 冊   ISBN：978-986-322-900-1

摩利支天、斗母信仰流變與廟宇分佈研究

作　　者　呂芳員
總 編 輯　杜潔祥
副總編輯　楊嘉樂
編　　輯　許郁翎、張雅淋　美術編輯　陳逸婷
出　　版　花木蘭文化事業有限公司
發 行 人　高小娟
聯絡地址　235 新北市中和區中安街七二號十三樓
　　　　　電話：02-2923-1455／傳真：02-2923-1452
網　　址　http://www.huamulan.tw 信箱 hml810518@gmail.com
印　　刷　普羅文化出版廣告事業
初　　版　2020 年 3 月
全書字數　407224 字
定　　價　二編 21 冊（精裝）台幣 42,000 元　
版權所有 · 請勿翻印

摩利支天、斗母信仰流變與廟宇分佈研究

呂芳員　著

作者簡介

呂芳員，性別：女，學歷：博士一九六八年出生於中國臺灣澎湖縣。自幼受家庭道、佛教的影響對民間信仰充滿好奇心。九十年代在美國奧克拉荷馬大學碩士學位學習期間對當地的宗教信仰積極參與。二〇〇一年遷居中國大陸後基於對中國悠久歷史和地大物博的深厚情懷。二〇〇九年三月考入暨南大學文學院歷史系就讀博士學位，師從中國歷史地理學大師史念海弟子王元林教授，學術領域主要集中歷史宗教地理、民間信仰及宗教與鄉土社會。

提　要

　　佛教與道教的交流，是宗教史領域的一個重要主題。除了對二者在教理教義、戒律儀軌等方面進行探討之外，佛教與道教在神靈譜繫上的溝通，也是探討這一主題的關鍵途徑。本書內容分為八個章節，分別對佛教神摩利支天、道教神斗母、二者的融合以及信仰分佈等內容展開論述，以動態的長時段的角度去觀察摩利支天與斗母信仰內涵的變化，探究其之所以成為佛道融合典範的原因所在。

　　緒論，闡述本研究的意義與目的，並對國內外學界的研究成果進行論述。第二章首先論述佛教神摩利支天的信仰起源及其入華途徑，其最初的神職情況和分佈特點。第三章內容為隋唐五代摩利支天信仰的發展，該期為密宗在華傳播最為興盛的時期，亦為摩利支天信仰的第一個高潮。第四章繼續論述宋代摩利支天信仰與道教斗母信仰變遷，闡述兩者關係，其起源及神職的論述等。第五章討論元代複雜的佛道關係背景下，摩利支天與斗母融合的情況。第六章明清時期，融合後的摩利支天大聖斗母元君信仰逐步取代了過去的摩利支天及斗母，成為民間信仰中較為重要的一位神靈。第七章論述斗母與本命、九皇信仰的聯繫，及其域外傳播情況。第八章為本書的結語。

　　本書的創新之處，在於對過去學術界較少論及的摩利支天及斗母信仰進行全面的討論，並在前人基礎上提出一些新的認識。摩利支天從武神轉變為菩薩，再到與道教斗母神融合而為太歲信仰的主神。這一過程雖然是該神靈自我特質喪失的過程，卻也同時是其迎合信眾需求，逐步走向民間，贏取廣泛崇拜的過程。而斗母源自北斗崇拜，逐漸由自然神向人物神發展。借助護國持法的傳說故事，斗母自下而上獲得了統治階級的認可，贏得了發展的空間。摩利支天與斗母融合的諸多因素，除了北斗、豬神等線索外，還應當歸因於「斗」字的多重讀音。「斗母」事實上也兼有戰爭職能，只不過在中國信徒的眼中，她更多地起到保祐平安的作用，而非促進武事與戰亂的發生。依據歷史地理文獻論述摩利支天與斗母各個朝代信仰地域分佈的概貌。從歷史地理學的角度探討兩大神靈的地域特徵。

目

次

第一章 緒 論

第一節 研究目的與意義

　　本研究的主要對象是佛教護法天神摩利支天及道教至高女神斗母。按時段劃分，則唐以前的佛教經典文獻中已經出現了摩利支天這一神明。直到宋世，斗母也出現在了道教經典中。對於以上二者的起源關係，各家眾說紛紜。佛教認為斗母元君是源於摩利支天信仰；但在道教看來，斗母元君是元始天尊本身的陰所結，化身西天竺成為摩利支天菩薩。在佛教中密宗教派則又認為摩利支天菩薩是來自西天竺的佛教菩薩，原屬密教修行人所修持的一位本尊。大約到了宋元時期，道教斗母元君信仰興盛起來，並逐漸成為道佛之間神靈相互融合的典範。

　　無論是佛教的摩利支天亦或是道教的斗母，其信仰皆是宗教意識的反映，表現了中國人試圖採用神靈的庇祐，來趨避現實生命的思想。本書將嘗試揭示時間與空間發生變化時，宗教行為如何經由適當而有效的方式，在佛道這兩大不同教派之間重新調整出和諧安定的秩序的過程。道教吸收民間原有的本命說，而有本命星、本命年、本命日等諸多信仰理論，且將這一理論結合於道教神統譜系當中，逐漸演化出人格化的星君信仰。斗母（摩利支天）正是眾星君的母親。斗母與六十太歲亦存在緊密聯繫，二者的信仰源頭及斗姥元君的形象、意涵變化與其神能彙聚於一身的特性，亦是為本書的研究動機之一。

　　在結構與內容方面，本書擬全面地對摩利支天、斗母信仰沿革及其在佛

道教派中的地位進行論述，再由此深入探討其信仰意涵，併兼及佛教摩利支天信仰及道教斗母信仰的空間轉化。分而論之，摩利支天在印度民間信仰中成形的過程，爲佛教吸收之後的神職改造，隨密宗佛教傳入中國的摩利支天菩薩信仰的特徵和發展態勢，摩利支天在中國的信仰的地域分佈等等情況是本書首先要涉及到的論述對象。之後的章節安排，則主要按時間發展順序論述宋代斗母的產生，其神格在初始時的定義及其發展壯大的依託等等內容。元代是佛道鬥爭及融合風起雲湧之時，摩利支天和斗母亦借由此機會完成了融合的轉變，這即是本書第四章節的主要關注點。到了明清時期，佛道二教信仰發展的最大特色在於民間化運動，融合之後的摩利支天大聖斗母元君這一新的神靈也隨著這一運動的大潮而深入到普通民眾的信仰生活之中。除了按照時間順序勾勒摩利支天、斗母兩大神靈的產生發展過程外，本書還關注到了地理空間的分佈及變化在信仰轉化中的作用。文章結語，筆者試圖對與斗母信仰相關的九皇、太歲崇拜等做一比較和梳理，力求更加完整地呈現斗母信仰的豐富內涵。

　　長期以來，涉及到摩利支天和斗母兩位神靈的資料在歷代典籍文獻中可謂是鮮有記載，時人也較少予以深入研究。雖然如此，在信仰層次分析則可見信眾對摩利支天、斗母的崇祠活動歷史悠久，分佈廣泛，形式多樣，影響深遠。因而對此二者進行探討實爲宗教與信仰研究之必要。此外，對摩利支天、斗母信仰的地域變遷及分佈的探討，亦甚少有相關論述，更還沒有形成深度的分析與說明。本書將根植於典籍文獻，並輔助採用田野調查等方式，較爲詳盡地挖掘摩利支天、斗母信仰的記載，在此基礎上闡述隋唐以前、隋唐、宋、元、明、清時期摩利支天、斗母信仰的內涵，考察摩利支天、斗母信仰的地域變遷過程，綜合探討摩利支天、斗母信仰與佛道的關係。

第二節　研究現狀及相關文獻回顧

　　從學術史考察發現，近年來具體以斗母或摩利支天爲對象的研究成果並不豐富，僅有幾篇學術論文對此二者進行過初步的探討。首先，大陸學者牟海芳發表的《中國古代北斗信仰與豬神崇拜之關係論考》一文〔註1〕，專門探

〔註1〕　牟海芳《中國古代北斗信仰與豬神崇拜之關係論考》，載西南民族大學學報（人文社科版），2005 年第 2 期。

討了中國古代的豬神崇拜。該文指出摩利支天原爲古印度民間崇拜之神，後爲佛教密宗所吸收，有護身、隱身、得財、降雨、免兵厄等功德。《佛說大摩里支菩薩經》的記載表明，摩利支天的形象乃是乘坐在一隻金豬上，或者坐在七野豬拖車之上，身旁有豬群圍繞。即此則可視摩利支天爲豬神。中國傳統神話中北斗也是豬神的化身，那麼，通過「豬神」這一紐帶，摩利支天與北斗也就有了關聯。作者運用考古材料與文獻記載互相印證，改變了以往的研究將北斗信仰與豬神崇拜截然分開的做法。牟海芳的這篇論文是國內外學界對摩利支天與斗母身上「豬」的要素進行深入分析的唯一一篇研究性論著，並以此作爲佛道二教信仰融合的關鍵點，極具借鑒意義。

其次，臺灣學者蕭登福教授曾研究過道教斗母起源的問題，並發表《試論北斗九皇、斗母與摩利支天之關係》一文〔註2〕。在他看來，自宋世的道經開始出現斗父、斗母。但彼時斗母尚未與摩利支天相結合。斗母與摩利支天的攀上關係，以道經言，見於元末編定的《道法會元·先天雷晶隱書》及明萬曆間刊印的《續道藏·漆字號》所收《先天斗母奏告玄科》一卷。二書均已將「摩利支天」列爲斗母紫光夫人的名號之一，斗母即摩利支天。據此，則摩利支天與斗母關係的形成，或應在元末之際。道教所以將斗母和摩利支混合爲一，其源應是肇自唐代北斗七星化爲七豬的神話傳說。唐世有北斗九皇而無斗母，至宋世，開始出現斗母；更至元末，而斗母和摩利支天，被附會成一神。蕭登福教授的這篇文章僅僅是一篇論述性的文字，其篇幅不大卻上下跨越了一千多年的時間段。在筆者看來，該文最具價值的部分即是對摩利支天及斗母融合的時間點做出了較爲有根據的推測。不僅如此，蕭登福教授熟悉道藏文獻，在文中將幾乎所有有關斗母的道經名稱都羅列了出來。雖然未曾予以一一論述，卻有助於啓迪後學者繼續探索。

第三，臺灣學者蕭進銘專門撰文《從星斗之母到慈悲救度女神——斗母信仰源流考察》探討了斗母信仰的源流，該文發表於臺北保安宮「2010 海峽兩岸保生文化祭道教神祇學術研討會」。在蕭進銘看來，斗母初生時最重要的神格即是其北斗九皇之母的身份。到了後世，斗母神格才漸漸發展成爲融合了天醫、煉養及應化等複雜信仰內涵的狀況。使斗母與摩利支天發生融合的最主要因素在於元代神霄派道士的居間媒合。及至明清，斗母由道教之中走

〔註 2〕蕭登福《試論北斗九皇、斗母與摩利支天之關係》，國立臺中技術學院人文社會學報，2004 年第 3 期。

向廣大的民間社會，奉祀斗母的宮觀及教派增多，與斗母相關的經典、習俗、神話傳說也不斷出現。與蕭登福教授的論述相比較，蕭進銘的研究對象偏重於道教斗母神，蕭登福未曾論及的斗母天醫、煉養等方面的信仰內涵在文中都有所體現。此外，蕭進銘還在蕭登福的論說基礎上對斗母與摩利支天融合的時間進行了更爲詳盡的論說，提出斗母乃是由神霄派改造而成佛道融合之結果的。該文的另一處推進，在於關注到了臺灣的斗母信仰。它先是在清末傳入臺灣，後又於 1985 年重新傳入中國內地。

再次，則有華裔馬來西亞學者王琛發撰寫的《從北斗眞君到九皇大帝——永不沒落的民族意象》一文〔註3〕。該文主要探討中國本土文化環境中北斗七星信仰的起源及發展過程，僅有一小段內容涉及到斗母信仰。作者的論點緊緊圍繞一母生九子的傳說展開，並解釋爲何原先的北斗七星與輔弼兩星構成的九星關係，轉變爲後來的七星與紫微、勾陳兩帝星的九星關係。再者，作者亦關注了宋元明清歷代斗母神格的提高，以至於漸漸凌駕於北斗九皇之上，成爲明清時盛行的民間信仰。對於摩利支天與斗母的關係，作者認爲「摩利支天的說法、一行對密教北斗崇拜的尊崇、有關『北斗化身豬』的傳奇附會，以及佛道觀修的修行人對修行法門的體會，等等因緣，衍生出『斗母與摩利支天一體』的信仰體驗。」王琛發的論述沒有超越兩位臺灣學者對摩利支天及斗母信仰的研究，但在述及斗母神像時作者提出了「神明的左、右手分別持著了道教與密宗的修行法器，正體現了道密雙修的形象」一語。這便提醒了筆者在論文寫作時關注造像方面的變化。

此外，還有臺灣學者陳玉女撰寫的《鄭和施印佛經與興建佛寺的意義》〔註4〕一文。該文涉及到鄭和施印《佛說摩利支天經》的背景與動機，簡要敘述了歷史上可考的摩利支天信仰狀況。因鄭和出入燕王府及皇宮，故而有機會接觸到當時民間已經較爲罕見的摩利支天經卷、畫軸等等。摩利支天經中所述說的護祐功能有利於規避海上航行的風險，故此鄭和選擇了摩利支天經作爲施印的對象。從內容上來看，陳玉女涉及摩利支天的部分仍屬論述性文字，未曾對其信仰內涵進行深層次的探討。

〔註3〕 該文曾於 2001 年由馬來西亞道教組織聯合總會宗教文化研究中心刊印單行本，後又於 2008 年修訂。

〔註4〕 陳玉女《鄭和施印佛經與興建佛寺的意義》，載《鄭和下西洋國際學術研討會論文集》，國立成功大學歷史系編輯出版，2003 年。

　　華僑大學學者李天錫在其《華僑華人民間信仰研究》一書中〔註5〕，專闢
一個章節討論「九皇大帝信仰」在海外華人華僑中的傳播情況。九皇大帝信
仰和斗母信仰關係密切，故其文在論述九皇大帝信仰的起源時對斗母神進行
了一般性質的論述。就學術史而言本書內容亦無大的突破，但其關注點在於
民間信仰的海外傳播，有助於補充擴大本書研究對象的地理分佈區域。港臺
學者李耀輝在《從斗姥與摩利支天的融合看佛道文化的交涉》一文中〔註6〕，
以佛道交涉爲重點，對摩利支天及斗母的起源和演變做了分析論述。該文內
容未能超出蕭登福文章的論點，且作者最後附加的摩利支天、斗帝、斗母於
經典中出現的時間表中存在錯漏，故此對本研究的借鑒意義較爲薄弱。國內
學者張小剛《敦煌摩利支天經像》一文〔註7〕及王荔《摩利支天爲何方神氏》
一文〔註8〕，則分別對摩利支天經像的分佈（尤其是敦煌所見經像）及摩利支
天起源的情況做了概述分析，爲本研究的開展提供了資料收集方面的便利。

　　終上所述，可知當前國內外學界對斗母及摩利支天的研究尚屬少數。其他
諸如《佛教史》〔註9〕、《密教史論集》、《中國自然神與自然崇拜》〔註10〕及《道
教史》〔註11〕等著作只能爲筆者的研究提供背景性參考。此外，謝路軍《佛教
中的二十四諸天》一文〔註12〕、陳志勇《道教「九皇神」與民間戲神信仰考》
一文〔註13〕、高偉濃《華夏九皇信仰與其播遷南洋探說》一文〔註14〕、李遠國
《神霄雷法——道教神霄派沿革與思想》一書〔註15〕及劉道超《論太歲信仰習
俗》〔註16〕等論著雖然未曾涉及摩利支天、斗母信仰的研究，但卻對與此二者
有密切關係的諸天護法神、九皇、太歲、神霄派等內容進行了討論。

〔註 5〕 李天錫《華僑華人民間信仰研究》，文聯出版社，2004 年。
〔註 6〕 該文發表於《中國道教》2011 年第 4 期。
〔註 7〕 該文刊載於敦煌研究院編《2004 年石窟研究國際學術會議論文集（上）》，上
　　　　海古籍出版社，2006 年。
〔註 8〕 該文刊載於張湧泉等編《浙江與敦煌學——常書鴻先生誕辰 100 週年紀念文
　　　　集》，浙江古籍出版社，2004 年。
〔註 9〕 任繼愈主編《佛教史》，江蘇人民出版社，2006 年。
〔註10〕 何星亮《中國自然神與自然崇拜》，三聯出版社，1992 年。
〔註11〕 卿希泰主編《中國道教史（修訂本）》，四川人民出版社，1996 年。
〔註12〕 謝路軍《佛教中的二十四諸天》，載《法音》，2005 年第 1 期。
〔註13〕 陳志勇《道教「九皇神」與民間戲神信仰考》，載《道教研究》，2009 年第 3 期。
〔註14〕 高偉濃《華夏九皇信仰與其播遷南洋探說》，載《東南亞縱橫》，2002 年 Z1 期。
〔註15〕 李遠國《神霄雷法——道教神霄派沿革與思想》，四川人民出版社，2003 年。
〔註16〕 劉道超《論太歲信仰習俗》，載《西南民族大學學報（人文社科版）》，2004
　　　　年第 9 期。

　　摩利支天信仰中的一大要素在於「野豬」這一意向，與之相關聯的是護法神靈表露出的忿怒之相。密教經典認為，凡諸佛菩薩皆有兩種輪身：一是正法輪身，由所修之形願而報得之眞實身；二是教令輪身，現忿怒相降伏諸惡魔。修忿怒法所供奉之本尊，形象一般爲煙色，頭髮蓬亂，閉一目，張口作大吼狀，露出上下二齒，正如摩利支天「豬面利牙外出」的「大惡相」。「利牙外出」即是野豬的特徵，野豬在印度神話中具有創世紀的功績，大神毗濕奴曾化身爲野豬，從宇宙之海中創造了世界。「舌如閃電」則與初民心目中雷電的無窮威力有關。古代歐洲人將兇猛危險的公野豬和大風暴、雷電聯繫在一起，希臘神話中大神宙斯就是因爲掌握了這點才能最終確定了其在天界的統治地位，而在印度和中國早期的神話中，掌握雷電的大神也具有崇高的地位。有部分國外學者對野豬這一意象進行過研究，但與本書關係不大，故不一一列舉。

　　摩利支天信仰在日本屬於武神信仰中的一種，因此也有部分學者在論及武神時涉及到了相關研究。如松長有慶《密教の歷史》一書〔註 17〕及石岡久夫《日本兵法史——兵法學の源流と展開》〔註 18〕一書，便從宏觀角度對摩利支天在日本三武神中的地位，及其在兵法學派源流中所扮演的角色進行了概述。日本兵法流中的念流與新陰流都自稱是由摩利支天親自傳授戰爭技法而創立的門派，因此與之相關的研究也必定會涉及其宗派祖師所崇拜的摩利支天。井上清所著的《念流二十話》〔註 19〕在述及門派祖師奧山慈恩時，便也附載了其夢中接受摩利支天秘技的傳說。因語言的限制，筆者對日本學界的研究情況無法進行全面的梳理，故而在學術史的概述中僅做如上簡要論述。

　　本書資料來源於各類歷史、宗教經典及研究論文、書刊、網站搜集有關宗教的相關文獻資料，彙整分析，逐步歸納本研究所涉及的範圍。在歷史文獻方面，主要參考經典是《大藏經》、《正統道藏》、《藏外道書》、《雲笈七籤》、《廣成儀制》中的有關記載。涉及道教方面的「本命元辰」信仰，則以《正統道藏》作爲參考研究依據的重點。在經典方面筆者所搜尋到與本命元辰相關的資料有：在《正統道藏》中，重要相關的有《南斗延壽燈儀》〔註 20〕、《北

〔註17〕松長有慶《密教の歷史》，平樂寺書店，1969 年。
〔註18〕石岡久夫《日本兵法史——兵法學の源流と展開》，雄山閣，1972 年。
〔註19〕井上清《念流二十話》吉井町文化協會，1983 年。
〔註20〕《南斗延壽燈儀》收入《正統道藏》第 5 冊，新文豐出版 1988 年版，（以下同），頁 470～472。

斗七元星燈儀》〔註21〕、《洞玄靈寶自然九天生神章經》〔註22〕。後者主要在論述人從母親懷胎到出生在道教裏所提出的看法，尚有三篇是九天生神章經的解義、經解、經注。《太上正一延生保命籙》〔註23〕，還有《正一解厄醮儀》〔註24〕。在第十九冊的《太上玄靈斗母大聖元君本命延生心經》〔註25〕是描述眾星之母的斗母；《太上玄靈北斗本命延生眞經》〔註26〕三篇有關北斗本命延生眞經的注解〔註27〕。而《五斗經》〔註28〕的部分則分五部經收入在《正統道藏》的第 19 冊中；還收入關於中鬥掌算奪的神呪；《太上說北斗二十八章經》〔註29〕。另外在《雲笈七籤》卷之二十四〈日月星辰部・總說星〉亦提到日月陰陽、魂魄、五斗、天上星辰與人對應的關係，〈二十八宿〉北斗九星職位的對應關係，卷之二十五〈日月星辰部・北極七元紫庭秘訣〉北極七元齋的科儀程序有提出醮物料及北帝七元眞星君帶佩之符籙，卷之五十四〈魂神・說魂魄〉〔註30〕。尚有三卷〈稟生受命・稟受章〉、〈齋戒・齋戒敘〉〈受生天魂法〉亦提到有關齋戒與魂的內容。

〔註21〕《北斗七元星燈儀》收入《正統道藏》第 5 冊，頁 473～476。

〔註22〕《洞玄靈寶自然九天生神章經》收入《正統道藏》第 10 冊，頁 4～10。尚有三篇在第 11 冊《太上洞玄靈寶自然九天生神章經解義》頁 1～54、《太上洞玄靈寶自然九天生神玉章經解》頁 55～113，《太上洞玄靈寶自然九天生神章經注》頁 114～148。

〔註23〕《太上正一延生保命籙》收入《正統道藏》第 48 冊，頁 261～266。

〔註24〕《正一解厄醮儀》收入《正統道藏》第 30 冊，頁 627～630。

〔註25〕《太上玄靈斗母大聖元君本命延生心經》收入《正統道藏》第 19 冊，頁 3～4。

〔註26〕《太上玄靈北斗本命延生眞經》收入《正統道藏》第 19 冊，頁 5～9。

〔註27〕三篇收入《正統道藏》第 28 冊，《太上玄靈北斗本命延生眞經注》頁 539～599、《太上玄靈北斗本命延生眞經注解》頁 600～638。《太上玄靈北斗本命延生眞經注》頁 639～677。

〔註28〕五斗經的收入《正統道藏》第 19 冊，《太上說南斗六司延壽度人妙經》頁 12～16、《太上說東斗主算護命妙經》頁 17～18、《太上說西斗記名護身妙經》頁 19～20、《太上說中斗大魁保命妙經》頁 21～22；《太上說中斗大魁掌算伏魔神呪經》頁 23。

〔註29〕《太上說北斗二十八章經》收入《正統道藏》第 19 冊，頁 24～37。

〔註30〕宋代的張君房所編《雲笈七籤》，卷之二十四〈日月星辰部・總說星〉頁 545～550、〈二十八宿〉頁 551～552、〈北斗九星職位總主〉頁 552～558，卷之二十五〈日月星辰部・北極七元紫庭秘訣〉頁 561～571，卷之二十九〈稟生受命・稟受章〉頁 653～656，卷之三十七〈齋戒・齋戒敘〉頁 805～806，卷之五十四〈魂神・說魂魄〉頁 1188～1192，卷之五十五〈受生天魂法〉頁 1206～1208（北京：中華書局，2003 年）。

以上所列參考文獻資料，只是本研究的基礎史料，在此基礎上，結合相關筆記、方志等，俾求對本研究的主題呈現更完整的研究資料。

第三節　研究方法

為了使研究問題得到合理解決，筆者以文獻分析與田野調查法，對研究資料歸納進行詮釋與試圖提出解釋，研究方法說明如下：

一、文獻分析法

「文獻分析法」乃透過參考資料與文獻搜集作為分析工具，對研究主題作推論。本書是系統且客觀地整理歷史文獻資料，以分析摩利支天、斗母信仰的流變與地域分佈的真實性、影響力或因果關係。其主要目的在於「瞭解過去、洞察現在與預知未來」。可見文獻探討的目的，在將先前之研究文獻作整理與綜合，以作未來研究之建議。具體而言，本書利用文獻分析法，以域外材料及佛教史研究為基礎，首先論述佛教神摩利支天的信仰起源。通過運用下文論述之比較分析法，將摩利支天與印度次大陸諸多女武神、太陽神做橫向比較，可得出該神靈在進入佛教萬神殿之前的神職情況。之後，以中文譯經為線索，探究摩利支天的入華途徑，她在密宗中的神職和分佈特點。並利用經文材料探討隋唐五代摩利支天信仰的發展內涵，論述其從女武神向菩薩轉變的過程。至宋代摩利支天信仰已基本定型，道教斗母信仰逐漸產生。道藏材料記錄了斗母出現時的原初狀態，及其由周御王紫光夫人上昇為先天道母的變化過程。宋元時期，此兩者的關係發生變化，此時最主要還是依賴於教內經文作為分析的對象，解決的問題是摩利支天與斗母到底以什麼要素為中介，在何等背景之下完成了二者的融合。除了教內材料，筆者還結合教外典籍如正史、筆記等文獻對摩利支天與斗母融合期間的信仰情況做了初步探討。明清時期，融合後的摩利支天大聖斗母元君信仰逐步取代了過去的摩利支天及斗母信仰，成為民間信仰中較為重要的一位神靈。因此，這一時期有關於摩利支天及斗母信仰的資料，主要保存在民間文獻中，如筆記、文集、地志等等，都是筆者需要參考分析的對象。綜上而言，本書的整體結構都是建立在文獻分析的基礎上，從歷史上遺存下來的材料出發，對摩利支天及斗母兩大神靈發展演變、趨同融合、地域分佈等問題做全面細緻的梳理和探討。

二、比較分析法

　　比較分析法在歷史學中的應用被稱爲是「比較史學」，是通過對不同時間、不同空間條件下的歷史現象進行縱向或橫向比較，分析異同以求探索歷史發展規律的一種史學研究方法。比較分析法可以運用於對不同體系之下的歷史事件的對比，也可以運用於一個歷史研究項目內。當某個特定的歷史問題被提出後，研究者需要設計不同的觀察角度對其進行分析探索，以求在變化的情況中找出哪些歷史成分應當被包含在這一問題的討論當中。本書將在宏觀及微觀兩個層面上運用比較分析法進行論述：1、宏觀層面，需要對佛道二教的發展變化情況進行分析，爲整篇論文的寫作確定背景及框架。2、微觀層面，則要具體探討摩利支天、斗母兩個研究個案的起源、發展、演變等各個階段的內容，對比其異同並從中發現促使二者合而爲一的複雜歷史原因。

三、田野調查

　　田野調查方面，主要是對宮廟進行了實地調查，共有五處。簡要敘述如下：

　　1、北京白雲觀：2010 年 10 月進行查訪。白雲觀位於北京市西便門外濱河路，是當時北方道教的最大叢林，並藏有《大金玄都寶藏》。其前身爲唐代天長觀，創建於唐開元二十七年（739）。後幾經廢興，至金大定十四年（1174）重修，命名十方大天長觀。泰和二年（1202）毀於火，次年重建，改名太極宮。元太祖十九年（1224），邱處機西遊返京後居此，改名長春宮。二十二年，邱處機逝世，其弟子買長春宮東下院，以葬邱處機，後稱此下院爲白雲觀。〔註31〕

　　據唐劉九霄《再修天長觀碑略》記載，唐玄宗爲齋心敬道，奉祀老子，建此觀。存有漢白玉石刻老子坐像，被稱爲鎮觀之寶。金代以後，曾改名太極宮、長春宮，明初改名白雲觀，爲北京市文物保護單位。現存白雲觀殿堂爲明清時重修。

　　東路有斗姥閣；西路有、元君殿、元辰殿等。

　　2、泰山斗母宮：據史料記載，山東境內可考的斗母宮共有兩座，其一在

〔註31〕李養正編著《新編北京白雲觀志》一書，對白雲觀的歷史和保存現狀進行了詳細的記載，宗教文化出版社 2002 年版。

東嶽泰山，另外一處在於斗母泉村。〔註 32〕泰山斗母宮建於山路東側，海拔約三百米處。其創建時間不詳，古稱龍泉觀，爲道教崇拜場所。明嘉靖二十一年（1542）重修，此後便由尼姑改造成爲佛教寺院。但即便如此，中院正殿的「斗母娘娘」像卻並未挪走。〔註 33〕比丘尼只是在殿後新添了觀音殿，塑觀音像。乾隆年間斗母宮迭有修造，斗母娘娘像也多次翻新，又在宮內添加子孫聖母像配祀。文革期間，斗母宮遭到了破壞，檀木所造斗母娘娘像被焚毀，寺廟荒廢。文革之後該地居民想恢復寺廟舊制，但是苦於沒有神像供奉，於是從山下觀音廟請來觀音像供於正殿內。「斗母宮」之稱不變，但此時宮內卻已經沒有了斗母。直到 1996 年，該寺才在臺灣清淨道教協會的幫助下，重塑了三眼四面八臂的「斗母娘娘」像，供奉在東側配殿內。該神像神額稱「斗母娘娘」，高約 1.5 米，銅塑，六臂分別持日、月、璽、鈴、槍、戟，中間雙臂合十。斗母身前侍奉金童玉女一對，周圍環繞九皇——即北斗七星與紫微大帝、勾陳大帝。斗母正面慈悲相，兩側面塑造不詳，疑爲豬臉，背後一面做忿怒相。這一尊斗母像身後又有一處神龕，供奉一位高約 40 釐米的小型斗母像，斗母手持法器與大象不同，最末兩臂持弓箭。這一尊小像身邊有三臺官環繞。該殿如此設置，不知道是什麼原因。泰山斗母宮如今仍然爲佛教道場，寺內梵音繚繞，卻又供奉著一位道教神靈，也算是佛道融合、三教共處的典範之一。〔註 34〕

　　3、濟南斗母泉村位於濟南市郊一處山丘上，海拔達 745 米。該處出清泉，爲濟南七十二泉當中最高的一處。如今前往斗母泉村已經有環山公路，但交通仍不算便利。斗母泉村規模很小，村口便是斗母泉，泉水對面是斗母宮。斗母宮始建時間不詳，明中葉時香火旺盛、遠近聞名。〔註 35〕如今能看到的斗母宮只有一個神殿，殿內供奉塑造成普通婦女形象的斗母娘娘，神額曰：「先天大聖斗母元君」。殿內兩側有兩位「娘娘」配祀，一爲眼光娘娘，一爲送子娘娘。斗母宮內現在還有一位道士看守，據他所言，斗母宮的香火如今還算

〔註 32〕 2011 年 11 月 11 日至 11 月 13 日期間，筆者對山東境內的兩處斗母宮進行了田野考察。

〔註 33〕 （明）汪子卿《泰山志校證》，黃山書社 2006 年，第 242 頁。

〔註 34〕 此處爲筆者查訪斗母宮內工作人員所得。

〔註 35〕 現有關斗母泉村的資料記載極爲少見，唯尚山曾發表《斗母泉村：走進不設防的幸福》一文，對斗母泉村的基本情況略有提及，本書所載斗母泉村多爲實際田野考察之後得到的信息。尚山文載於《祝你幸福（午後）》雜誌，2011 年第 6 期。

旺盛，往往有濟南市民前往拜祭。當筆者問及爲何斗母娘娘象形同普通婦人時，該道士回答說：斗母本應該是三目四首八臂，但因爲當地村民對於道教瞭解不深，因此不太能接受模樣奇特的神靈。故而爲了迎合信眾，只能將神像塑成普通婦人的樣子，作爲斗母的化身來理解。這一神像是在 2006 年重修的，之前的舊像已經在文革時期摧毀了。

4、韶關南華寺：〔註 36〕大殿後門兩側壁上繪佛教護法神二十諸天禮佛圖。全部壁畫均採用工筆重彩、瀝粉貼金或描金，色彩豔麗，線條流暢；服飾華麗，輕紗透體；瞪眼怒目，護愛幼童；袒胸露臂，雙手合十；賓主分明，相互顧盼；處處精細入微，個個維妙維肖，栩栩如生。其中有一尊摩利支天菩薩像，爲女性神形象，三頭八臂，每頭三眼，八手或合十或執法器。

5、肇慶水月宮：〔註 37〕位於肇慶市星湖中心區石室岩南麓，北靠崧臺，面臨紅蓮湖，曾因立有高 6 米、重 7 噸的銅鑄佛像摩利支天而聞名省港澳和東南亞各國。明崇禎九年重建（1636 年）水月宮原爲觀音堂，建於明嘉靖年間（1522～1566 年），但「頻年爲風雨所折」，後得官民「樂於趨事」，遂於明萬曆二年（1574 年）冬「闢廣升高，壯址展基」。據傳，觀音能顯現 32 種不同的應化色相，其中以「水月」色相最爲高潔，因名「水月宮」。宮殿建成後再爲風雨所折。明崇禎九年（1636 年），兩廣總督熊文燦傾貲十餘萬重建。1943年，水月宮遭日寇空襲炸毀。1957 年，水月宮按原樣再行重建。水月宮佔地面積 6000 平方米，建築面積 2500 平方米，爲鋼筋混凝土倣古殿式結構，由大殿、東廂、西廂、後殿 4 部分組成：大殿，飛簷斗拱、彩釉生輝、華麗堂皇；東西兩廂，精美質樸、寬敞明亮，建有迴廊相連；後殿，一座兩層高的樓閣，依岩建在高臺上，尤顯其巍峨雄壯。水月宮大殿昔有摩利支天菩薩（身高 6 米）偕二天女（身高 5 米），金身巍然，赤足鼎立；摩利支天雙目稍向下凝望，微笑、溫厚、慈祥，楣榜「苦海慈航」。佛像鑄於明崇禎九年（1636 年），爲表彰鄭芝龍得摩利支天庇祐戰勝劉香所鑄。〔註 38〕

綜合以上五處現存斗母宮殿，特別是結合歷史文獻的記載，追源朔流，澄清史實，以求個人研究的內容深入。

〔註 36〕2011 年 8 月筆者對南華寺進行了田野考察。

〔註 37〕2011 年 12 月 25 日作者對七星岩進行了田野考察。

〔註 38〕劉明安等編《七星岩志》一書，對七星岩及水月宮的歷史和保存現狀進行了論述。廣東省地圖出版社 1989 年版。

第二章　隋唐以前佛教摩利支天信仰的空間轉化

第一節　摩利支天信仰的起源

　　大約公元一、二世紀，佛教開始發生變化。新的哲學思想篡入釋迦摩尼所創立的原始佛教之中，其中最顯著的一點在於佛陀與菩薩的數量激增。就思想方面而言，最重要的革新可謂是主張無差別的涅槃與輪迴。早期佛教學說認爲，想要達於涅槃必須切斷輪迴。〔註1〕由於涅槃與輪迴都是恒常存在的，故世人無法跳出塵世之外洗淨污穢，修行者唯有在現世輪迴中了悟涅槃的眞諦。這種觀點爲「菩薩」這一新的佛教偶像的產生留下了空間。佛教提倡「空」的哲學概念，並以此作爲泯滅我者與他者、自身苦難與他人苦難之區分的手段。菩薩對待世人無差別的慈悲，便是由「空」象理念生發而來的。〔註2〕

　　在大乘佛教菩薩的「波羅蜜多」（度）中，般若（智慧）與達納（喜悅）被視爲是最重要的因素。〔註3〕隨著印度佛教發展到秘乘階段，對般若依然十分重視，而達納的位置則逐漸被「噶如喇」（慈悲）取代。與慈悲同等重要的

〔註1〕　對於早期佛教的思想及宗教理念，可以參見任繼愈主編《佛教史》，第11～20頁。江蘇人民出版社，2006年版。

〔註2〕　任繼愈主編《佛教史》，江蘇人民出版社，2006年，第70頁。

〔註3〕　《金剛般若波羅蜜經》，《大正新修大藏經》，第8冊，第235號。

還有「方便」。修行者通過冥想喚醒智慧，並由此得以行慈悲或方便法門於現世。這兩種因素的聯合使得修行者成為菩薩。〔註4〕

佛教教義的變革延續到公元三、四世紀並有了新的發展。出於對經院哲學和社會危機的反應，佛教中人開始將其關注點引向別處。以往人們認為成為佛陀或菩薩需要經歷許多劫難，變革後的新潮流卻強調個人內在佛性的覺悟。也就是說，在這一世、這一軀殼內，通過了悟「空」的真諦達到涅槃的境界。通過塑造佛像、運用巫術及金剛杵等法器，「空」成為這一新運動的象徵符號。不久之後，性神秘主義也加入進來。秘乘佛教由此興起，曼荼羅、陀羅尼等是這一宗派的基礎。秘乘佛教也被稱作密乘或金剛乘，它強調對身、口、心的修煉，並吸收了薩滿教的諸多特點。〔註5〕

印度秘乘佛教相信所有有感知力的生物都有佛性潛能，而一切的修行亦都是為了返回佛性。秘乘通過其豐富的象徵和儀式將人類最基本的及最高精神層面的需求籠絡在一起，對人的困惑作出解答。由於人性具有諸多不穩定因素，因此秘乘佛教也就顯現出極大的折衷主義。它包容了大量的非佛教化、印度因素及各類地區信仰，與此相適應的是秘乘佛教龐大的萬神殿。印度的、東南亞的、西藏的、中國的、日本的，各個國家和地區的神靈都可以被改造為秘乘佛陀。同時，大量的咒語、魔法和手印被運用到秘乘佛教的儀式中。〔註6〕為了更好的瞭解本書的主題之一——摩利支天菩薩，在此有必要簡短的論述一下秘乘的文獻。

秘乘的印度原典所存甚少，不能從中看出摩利支天產生時的情況。如今的研究者所能獲得的最早的秘乘文獻大多保留在中文譯經之中，由此可以推斷出印度經典的蛛絲馬迹。日本學者將秘乘的中文譯經劃分為兩個階段：雜密時期和純密時期。前者保留了諸多非佛教因素，後者則擁有更為體系化的大日如來信仰。〔註7〕

在早期印度文化中，符咒和咒語佔據了極為重要的地位。其中的曼陀羅、陀羅尼、維迪亞等咒語形式成為日後秘乘佛教最主要的工具手段。各種咒語不僅名稱不同，具體的操作過程也有差別。三至十一世紀，秘乘經典被大量

〔註4〕釋印順《印度佛教思想史》，第400～409頁。中華書局，2010年版。
〔註5〕有關秘乘佛教的內容，可以參見釋本學彙編的《密教史論集》一冊。
〔註6〕任繼愈主編《佛教史》，江蘇人民出版社，2006年，第210～214頁。
〔註7〕見丁福保《佛學大辭典》，「密宗」條。

漢譯，其中的咒語也有了中國化的形式。梵文的「曼陀羅」、「陀羅尼」等詞彙被翻譯爲「咒」、「神咒」、「眞言」等。勸誡是咒語最原始的目的之一。通過特殊的表達方式，咒語的使用者得以遠離不幸與邪惡勢力。另外一些時候，人們還可以利用咒語得到某種超越的力量。〔註8〕

　　佛教吸收陀羅尼咒語作爲引人入教的手段，是因爲相當一部分信徒只關注現世的利益與恐懼而非輪迴、涅槃、佛性等抽象的東西。爲了獲取他們心中所要求得到的東西，秘乘佛教的信徒們會去閱讀和記憶一些他們根本不懂的經文，因此，經文的篇幅也就不能太長。陀羅尼等短小的咒語有利於記憶，這就使得它更容易在信徒當中流行。

　　最近學界中逐漸有更多的學者開始研究秘乘佛教與濕婆教的關係。〔註9〕此外，也有人提出過瑣羅亞斯德教在「太陽崇拜」方面對秘乘佛教產生了一定的影響，阿彌陀佛和毗盧遮那佛信仰便是其例證。〔註10〕觀世音、摩利支天、咕嚕咕咧佛母、金剛亥母等佛教偶像都與烏萇國有關。此國位於巴基斯坦北部，與瑣羅亞斯德教的傳播區域重合。〔註11〕或許從地緣關係上可以推導出對以上神靈的崇拜和瑣羅亞斯德教的影響有關，但如今可獲得的材料卻無法完全支持這一觀點。

　　五世紀時，東傳佛教中最初的曼陀羅開始翻譯爲漢字，保祐戰爭勝利的神功也包含在這些漢譯經典中。至五世紀上半葉，經咒中的「維迪亞」已經開始人格化成爲中文語境裏的「明王」和「明妃」。〔註12〕八、九世紀時此類人格化的神靈得以進一步擴張，他們往往被描繪成忿怒兇惡的樣子，擁有不可思議的力量。神功是摩利支天經典中的一個重要方面，但她卻從未像明王、咒王那樣作爲一個單一的崇拜對象存在。摩利支天在印度佛教中是一位女神，〔註13〕並且具備了相當多的神職與屬性。五世紀時，摩利支天開始出現

〔註8〕　李南《略論印度密教的眞言咒語》，載《南亞研究》，2005 年第 2 期。

〔註9〕　【美】司馬虛（Michel Strickmann），"Homa in East Asia, "Agni：The Vedic Ritual of the Fire Altar, Vol. II, Edited by Frits Staal（Berkeley, 1983），p. 427.

〔註10〕　冢本善隆《不安と欣求中國淨土》，卷八，第 250 頁。角川書店，1968 年。

〔註11〕　D. C. Sircar, The Śâkta Pîṭhas, 2nd revised edition, Delhi 1973, p. 16.

〔註12〕　這些名稱最早出現在《大藏經》第 986 號、987 號及 988 號密教經文中。有的學者認爲「明王」的稱呼與印度史詩中的某些英雄的名稱在發音上有相似之處。

〔註13〕　在十二世紀的梵文文獻中，有時會將摩利支天稱爲「提婆」，即表明了她的女神身份。但這一稱呼從未成爲該神靈名號的後綴寫入經典之中。

在用梵文寫作的相關經典中，大概與早期的明王明妃同時。六世紀漢譯本的
《摩利支天經》是對這一神靈進行闡述的最早經典之一。

上文已經提到過，一、二世紀時，佛教構建新的宇宙觀，大量擴充其萬
神殿。除了新的偶像和傳統的佛陀外，秘乘佛教還開始崇拜咒語和魔法，而
且將印度當地的神靈與儀式採納進佛教的信仰體系中。秘乘經典中收容了一
系列佛教化的印度神，其中有些神只是在表面上淺飾了一層佛教光芒罷了。
這樣一來，異教徒在改宗佛教之後依然能和他們以往崇拜過的神靈保持聯
繫。摩利支天即是新的佛教神靈之一，經文的記載對於該神靈的起源沒有提
得很明白，這大概是因爲其先祖乃是婆羅門教、伊朗與非雅利安因素的混血
兒。佛教的摩利支天仍同其在印度教中的性質相仿，被賦予了一系列超自然
的能力，其中最主要的有兩點：1、該神靈與光和火存在強烈的聯繫，故而經
常被視作是日光或天體的象徵；2、它具備軍事上的卓越能力。在接下來出現
的陀羅尼經典中，摩利支天的好戰神格變得更爲確定。基本上可以說，保祐
戰爭獲勝是印度佛教接收摩利支天時最爲推崇的一個因素。

摩利支天經常與日神聯繫在一起，事實上，該神靈身上的諸多因素都顯
示出了光的特質。首先，她與日光關係緊密。摩利支天的眾多身份之一是黎
明女神。在西藏，喇嘛們每日清晨日出時都要向她祝禱。〔註 14〕今天日本的
眞言宗法師仍然保持著日出時禮拜的習慣，以此祈求摩利支天賜予他們力
量。日本的武士同樣在日出時讚頌摩利支天，以求在戰爭中取得勝利。在這
一點上，摩利支天很像是吠陀中的黎明女神烏舍（Usas）。《梨俱吠陀》將烏舍
描繪成一位日出時活動的女神，她的諸多特徵在日後漢譯的摩利支天經典中
都有所保留。根據傳說來看，烏舍是一位美麗的少女，她身披炫目光芒，駕
駛著由七頭母牛或是公牛拉動的發光戰車。烏舍本身亦能發光，她行走於太
陽之前，並起著阻擋邪靈入侵的作用。〔註 15〕

在許多後期的秘乘經典中，摩利支天的形象亦顯示出她與光的關係。該
神靈被刻畫成坐在七隻野豬拉動的戰車裏，而野豬在印歐語系的神話系統中
往往代表著日光或是太陽。〔註 16〕如挪威神話中的野豬古林博斯帝。有的學

〔註 14〕 具體的情況可以參見 Alice Getty, The gods of Northern Buddhism：their history, iconography and progressive evolution through the Northern Buddhist countries, C. E. Tuttle Co, 1962.

〔註 15〕 F. Max Muller, Contributions to the Science of Mythology, London, 1897, p. 464.

〔註 16〕 Gertrude Jobes, Dictionary of Mythology, Folklore and Symbols, Metuchen, N.J., 1961, p. 231.

者指出，摩利支天的野豬戰車是與太陽神蘇利耶的七馬戰車平行的。蘇利耶是印度的神靈，他的御者是一隻腿的阿魯納。〔註 17〕與之相仿，摩利支天的御者則是一條腿的羅睺。〔註 18〕在印度婆羅門傳統中，蘇利耶亦被稱作「Maricimali」。基於這些材料可以大膽推測：也許摩利支天的神格乃是提毗、薩克蒂等印度女神身上所反映出的日光因素的總和，她的產生與性力派、紹拉派崇尚女性力量的觀念崛起有關。與摩利支天地位相似的佛教女神還有提毗、準提、度母等。在印度次大陸，摩利支天的神格也往往與其他女神合併在一起，如金剛亥母、難近母、怖軍等。

另外一點顯示出摩利支天光的特質的是她與阿疊多的關係。阿疊多是印度一組日神中的一位。此二者的聯繫保存在大正藏中一則用於女神崇拜的咒語裏。這則既有梵文也有中文的咒語沒有在正統的摩利支天經典中傳揚，而只是出現在「一印法」這種較為偏門的修行守則中。〔註 19〕阿疊多是女神阿迪提的孩子。阿迪提類似於摩利支天，也擁有多重神格，她能將人從精神與物質的苦難中釋放出來。〔註 20〕阿疊多的譯名可以稱作「光的基礎」，在佛教的某些曼陀羅中也有這位神。她騎乘在七匹馬的戰車上，手持蓮花和日輪。吠陀經典中的「marici」一詞往往被聯想為光的微粒或者是閃爍的塵埃。因此，摩利支天也就被看成是星辰之神，她同烏舍一樣主宰著大熊星座。

印度的星辰與日光象徵是摩利支天演化歷史上的重要節點。此外，伊朗瑣羅亞斯德教及密特拉太陽神崇拜也對摩利支天的產生起到了作用。〔註 21〕密特拉崇拜起源於瑣羅亞斯德教，這位神靈是太陽的夥伴，同時亦與大熊星座有關。密特拉的許多特徵都與日後佛教的摩利支天相似。他駕著四匹白馬所拉的戰車周行於天際，太陽則尾隨在他的身後。即使到了夜間他仍然為世

〔註 17〕 John Dowson, A Classical Dictionary of Hindu Mythology, London, 1972, p.p. 23 ～24.

〔註 18〕 這一點我們在後文論述摩利支天的形象時會談到。

〔註 19〕 這則咒語保留在《大正藏》第 1259 號《摩利支天一印法》中，中文音譯為「唵啊爾底也摩利支娑嚩賀」，其中「啊爾底也」明顯是「阿疊多」的轉譯。

〔註 20〕 關於阿疊多的神話傳說可參見埃爾曼·捷姆金著，董友忱譯《印度神話傳說》，上海譯文出版社，2002 年。

〔註 21〕 有關印度文化與伊朗信仰體系的關係，外國學者有許多研究，尤其在「太陽崇拜」這一領域著作頗豐。具體可以參見：Jitendra Nath Banerjea, The Development of Hindu Iconography, Calcutta, 1956. A.L. Basham, The Wonder that was India, New York, 1954.

界送來光和熱。沒有人能欺騙密特拉，他並且會幫助其追隨者贏得戰爭。古
伊朗的統治者在戰爭前夜向密特拉祈求勝利。作為武士的保護神，密特拉的
伴侶是未累什拉加納。〔註 22〕同樣的星辰與日光聯繫，同樣的戰爭因素無疑
都透露著摩利支天的信仰受到過西北印度和中亞密特拉崇拜影響的影子。

　　除了光的特質之外，摩利支天第二個重要的因素便是戰神，這與該神靈婆
羅門教的祖先「摩裏支」有關。摩裏支的神名經常出現在後吠陀時代印度的雅
利安人之中。〔註23〕例如，在《羅摩衍那》中，便有一個名為摩裏支的羅剎。
只是在佛教之前，印度神話中的摩利支提婆並沒有成為一個獨立的女神。

　　婆羅門教摩利支天的戰神因素在《薄伽梵歌》中表現出來，在該文獻中，
摩利支天是作為馬魯特（Maruts）的一員出現的。馬魯特是吠陀戰神，同時也
是風暴之神，是因陀羅（Indra）的同盟者。作為武士的保護者，摩利支天也
同時具備了馬魯特和因陀羅的特質。在《阿闥婆吠陀》中，因陀羅是戰爭護
符用以迷惑敵人，馬魯特則用來摧毀敵人。馬魯特還可以召喚黑暗阻擋敵人
的視線。由此可以很明顯地看出，在婆羅門教中，因陀羅、馬魯特和摩利支
天的戰爭因素間有著密切的聯繫。〔註 24〕大概是在公元五世紀，隨著佛教對
婆羅門教神靈的吸收，這種迷惑敵人、阻擋敵人視線的因素也被引入到佛教
的摩利支天崇拜中。後來傳到中國和日本的摩利支天信仰依然十分強調其戰
爭特性。

　　五到十二世紀，正當秘乘摩利支天經典形成時期，北印度的民間信仰也在
蓬勃發展，其中顯現出一些戰爭因素。同樣是在五世紀，一批與豐饒有關的女
神開始闖入人們的視線。此類信仰昭示著初期性力派理論的出現，此後，這一
學派的理論將對秘乘佛教的發展起到極其重要的作用。許多帶有武力色彩的性
力派神靈成為日後佛教摩利支天的尊號，如難近母、迦梨、準提等。〔註25〕

〔註 22〕有關密特拉的神話可以參見：Franz Cumont, The Mysteries of Mithra, New York,
　　　　1956.
〔註 23〕有關「摩利支」的相關內容可以參見【法】疊朗善譯，馬香雪轉譯：《摩奴法
　　　　典》，商務印書館，1996 年，第 12 頁，以及【印】毗耶娑著，金克木、趙國
　　　　華、席必莊譯《摩訶婆羅多》，中國社會科學出版社，2005 年，第一卷第 81
　　　　頁。
〔註 24〕以上神靈的基本情況，可以參見魯剛主編的《世界神話辭典》中相關詞條。
　　　　遼寧人民出版社，1989 年。
〔註 25〕Narendra Nath Bhattacharyya, History of the Sakta Religion, Munshiram
　　　　Manoharlal Publishers, 1996.

　　摩利支天的眾多尊號中，難近母（Durga）是較早出現的一位神靈。四世紀時，她從民間神話的女魔頭中脫胎出來，成為一位女戰神，並順利發展為濕婆的薩克蒂（即其妻子）。她獨立且強大，能夠戰勝所有男性武士和惡魔。她在戰場上極為殘忍兇暴。同摩利支天相似的，她也具有催眠、遮蔽等力量，並常常以此來迷惑敵人。她的力量有時被稱為「大幻化」，這成為她與摩利支天的又一個聯繫點。難近母酷愛血祭，直到 1835 年，還有向這位女神獻祭活人的記載。如今在北印度的難近母女神節時，人們還將她視為「戰爭女王」來崇拜。迦梨（Kali）可以追溯到公元 600 年左右，她往往被安置在戰場上，是難近母或者說雪山女神的憤怒的人格化。〔註26〕

　　印度教的準提（Cundi）在公元 1200 年左右的文獻描述裏，幾乎與迦梨一模一樣。至少在印度東部，準提具有戰爭特質。多羅那他注意到，八世紀由瞿波羅取得帕拉王朝的王位時曾經得到過準提的幫助。所有先於他獲得王位者都遭到了邪魔的殺害。當由瞿波羅獲選時，準提賜給他一支可以殺死邪魔的棍棒。這個故事不僅告訴人們由瞿波羅是一位強有力的王者，還提醒當代的研究者注意他或許是一位準提的崇拜者。〔註27〕此後的各種文獻表明摩利支天與準提的相似度越來越高，以至於二者在稱呼上亦開始混淆。

　　五世紀之後，對以上這些印度武神的崇拜持續升溫，這或許與當時混亂的社會狀況及武士地位的提高有關。五世紀上半葉，匈奴入侵西北印度。他們不斷施加戰爭壓力，並最終於五世紀末佔據了次大陸。〔註28〕與匈奴一起到來的是強有力的伊朗化影響和一批打算永久定居此地的部落居民。一些部落逐漸與印度文化同化，而戰爭與衝突更推動了同化的過程。匈奴的入侵結束了北印度和平統一的局面，此後的兩個世紀幾乎是在連綿不斷的王國與地區爭霸中度過。八世紀時，西北印度又開始承受穆斯林入侵的壓力。這種壓力在十世紀時不斷加劇，並且於十三世紀達到頂峰。〔註29〕持續不斷的戰爭，為了應付敵情而不斷擴大的征兵數量。這一切都為難近母、迦梨、準提及佛教摩利支天等武神的信仰提供了強大動力。作為佛教神靈的摩利支天可以算

〔註26〕見魯剛主編《世界神話辭典》，遼寧人民出版社，1989 年，第 757 頁。

〔註27〕多羅那它著，張建木譯《印度佛教史》，四川民族出版社，1988 年，第 195～200 頁。

〔註28〕林承節著《印度史》，人民出版社，2004 年，119～123 頁。

〔註29〕多羅那它著，張建木譯《印度佛教史》，四川民族出版社，1988 年，第 93～113 頁。

得上是最為和藹的戰鬥之神。但她這種溫和的本性在九、十世紀時發生了極大的變化。這或許是由於穆斯林入侵的壓力，也或許是她與以上暴虐的印度武神同化之後的結果。當摩利支天等女武神被用於勸誡武士階層改宗佛教時，她也就有必要招募一批武僧。當然，佛教教義是反對殺戮的。但是相關證據表明，在中亞地區、中國及日本等國家，僧侶擁有一定的自衛和戰爭技能的例子並不少見。〔註30〕

當佛教越出印度次大陸向外擴張時，僧侶亦開始沿印度至中亞的商路建立起由武僧保護的設防的寺廟。中國早在北魏時期（386～535 年）的文獻就已經提到佛教僧侶擁有弓箭、矛、盾等武器。〔註31〕從隋朝（589～618 年）開始直到 1930 年代的中日戰爭，有關中國武僧的記載層出不窮。在日本中世紀時，被稱作「僧兵」的武裝力量亦是不能小覷的。僧人掌握武裝的情況使得摩利支天即使走出了印度的寺廟，依然可以吸引一大批崇尚武力的信徒。

現存最早的摩利支天經典為中譯文獻，此外尚有一部分梵文材料。對此進行梳理可見，梵文文獻中與摩利支天有關的大致是：寂天菩薩所著《學處集要》（大約於公元 800 年成書）；《大摩利支菩薩經》的片段（大約於公元 980 年成書）；一部由無畏笈多大師所著的密宗法本集（大約於公元 1100 年成書）；《成就法鬘》（大約於公元 1165 年成書）。《學處集要》留存有最初的藏文和中文譯本。中文譯本是北宋時期傳入京城由法護等人翻譯而來的二十五卷本。它是一部大乘佛教的綱領，此外還引用了許多其它的經典文字。有關摩利支天的部分是第六章（中譯本第九卷），摩利支天被描述為防禦盜匪及災難的保護神。經文中有一段長篇咒語，以供修行者誦讀來獲得摩利支天的庇祐。這是摩利支天的基礎咒語，在與該神靈有關的其它文獻中也可以找到。〔註32〕

《大摩利支菩薩經》的中文本完整地保留到了現在，但它的梵文本卻只留下了一個片段。中文本中包含著現存最長的摩里支陀羅尼真言，而在梵文本中，這道真言不過三十行。無畏笈多的著作存有梵文和藏文兩種版本，但卻沒有中文版。它有二十六個章節，每一章都包含了向一位神靈祈求庇祐的曼荼羅。其中，就有摩利支天的一部分。《成就法鬘》也沒有中文本。這本著

〔註30〕 日本佛教中有僧兵，中國亦有習武的僧人，在中亞及西藏的大型寺院中，僧侶掌握武裝的例子比比皆是。

〔註31〕 見《魏書》卷一一四，《釋老志》，中華書局，1974 年，第 3034 頁。

〔註32〕 法護將此書譯作《大乘集菩薩學論》，見《大藏經》第 1636 號。

作包含了一系列成就法，其中有十八條是關於摩利支天的。以上所有留存下來的梵文經典都要比最早的中譯摩利支天文獻晚出幾百年。

第二節　佛教傳入中國的路徑

佛教並非中國的本土宗教，它起源於古代印度，經過漫長的發展演變後才傳入到包括中國在內的東南亞各國。佛教入華的路徑大體上分爲三個方向：張騫通西域、交廣通印度之陸路是佛教東漸最主要亦是最早的傳播路徑；而海上絲綢之路的開闢則稍晚於此，爲東漢及以後佛教入華之新途徑。西域地區是印度佛教向中國進軍的前站，該地區屬於草原游牧地帶，民族關係特殊複雜，亦是東西文化交流薈萃之地。張騫通西域，使得中原漢族王朝與于闐、疏勒、龜茲等西北少數民族的聯繫加強，並進一步與大夏、安息等統治勢力接觸。大夏、安息等政權對佛教都採取支持的態度，一度還以其爲驅逐瑣羅亞斯德教的重要力量。這種態度無疑影響到了佛教傳入中國的步伐。〔註33〕公元前 2 世紀，大月氏使臣伊存口授浮屠經與西漢博士弟子，雖其內容不詳，但卻可以視爲是佛教入華之始。佛教剛剛進入中國，往往與巫術道家聯繫在一起。浮屠與黃老並稱、方士和沙門同重。公元 65 年，楚王英供奉伊蒲塞、桑門，齋戒祭祀浮屠；同時亦與方士結交，造作圖讖。早期佛教徒也沒有意識將自己和中國本土的信仰劃分開來。沙門往往亦自稱道者。第一批來到中國內地乃至於京城的佛教譯經者多爲西域諸國之人，如月氏人支婁迦讖、安息人安世高等等。河西走廊作爲中西交通的孔道，是當時佛教傳播的重鎮，竺法護等即在此處譯出了《法華經》等重要佛典。〔註34〕

漢魏之際，由南亞經交廣道，或是經海路到達中國的路徑日漸繁榮。位於中國西南地區的交州成爲佛教傳播的又一重要基地。漢末交趾太守士燮，在郡 40 餘年。與中原喪亂對比，交州境內較爲安定，世人前往避難者頗多。士燮安撫流民，倡導儒學，對佛教、道教亦相當重視，故而造成了交州一時

〔註33〕任繼愈《中國佛教史‧第一卷》，中國社會科學出版社，1985 年，第 67～87 頁。

〔註34〕湯用彤先生在其《漢魏兩晉南北朝佛教史》一書中，對佛教入華傳說進行了詳細考證，認爲佛教東漸首先經由西域之大月氏、康居、安息諸國，其交通多由陸路。參見該書上冊「漢代之佛教」，中華書局，1983 年重印，第 1～83 頁。

文化繁榮，宗教昌明的景象。牟子在漢末避亂來到交趾，著《牟子理惑論》，是當時士人對佛教義學理解的代表性著作。《理惑論》力圖調和佛教與儒學五經、道家《老》《莊》之間的矛盾，並全力將佛教與方仙道隔離開來。從當時的材料看來，交州佛教亦有可能是源自於北方內地，由中原難民帶入該地。但亦不能就此排除海陸輸入說。〔註35〕三國時有名僧康僧會，自幼在天竺學佛，後來因爲父親商賈中土而隨居交趾。在交趾獲得一定的地位後，康僧會北上建鄴，「營立茅茨、設像行道」，並通過因果報應之說，將儒學注重血緣關係的傳統與外來佛教信仰相結合，使得佛教在江南地區得到了廣泛的傳播。成就了交趾佛教向中原傳遞的一大盛事。〔註36〕魏晉之際，又有天竺高僧耆域經交廣道入華，並至洛陽傳播佛法；罽賓高僧曇摩耶舍至廣州，有交州刺史之女從其學，在江南女尼中影響頗重；〔註37〕南朝時，有交州僧釋慧勝、道禪等都曾進入京都傳教，聲名遠播〔註38〕。自漢末以來，交州憑藉其地理位置上的優勢，成爲佛教沿海路傳入中原的重要門戶。

對於「佛教傳入中國之路徑」這一問題，學界還曾引發過爭論。民國時，著名學者梁啓超就曾先後撰寫《佛教之初輸入》、《佛教與西域》、《又佛教與西域》三篇文章中，主張佛教是由海路輸入中國的說法。〔註39〕他認爲「佛教之來，非由陸而由海，其最初之根據地，不再京洛而在江淮」。著名的法國漢學家伯希和也贊同這種觀點，詳見其《交廣印度兩道考》一書〔註40〕。在海路輸入的對立面，又有一群提出陸路輸入說的學者，其中便以湯用彤先生爲代表。在他的《漢魏兩晉南北朝佛教史》中，湯用彤提出「佛教東漸，首由西域之大月氏、康居、安息諸國，其交通多由陸路，似無可疑。」〔註41〕湯用彤先生的這一觀點在一段時間內取得了學界中大多數學者的認同。後

〔註35〕 張曉華《對佛教初傳中國內地的時間即路線的再考察》，載《史學集刊》2001年第1期。

〔註36〕 余鵬飛《康僧會與東吳佛教》，載《襄樊學院學報》2001年第3期。

〔註37〕 （梁）慧皎《高僧傳》卷八，卷一。見《大正新修大藏經》史傳部，第2059號。

〔註38〕 （唐）道宣《續高僧傳》卷十六，卷二十一。見《大正新修大藏經》史傳部，第2060號。

〔註39〕 參見《佛學研究十八篇》，中華書局，1989年，第19～30、79～88、89～102頁。

〔註40〕 【法】伯希和《鄭和下西洋考交廣印度兩道考》，中華書局，2003年。

〔註41〕 湯用彤《漢魏兩晉南北朝佛教史》，武漢大學出版社，2008年，第57頁。

來，隨著考古資料的不斷發現，海路說和陸路說的爭論再掀高潮。江蘇連雲港的孔望山摩崖造像似乎爲佛教海路入華說提供了新的證據。但後來又有吳焯在其《佛教東傳與中國佛教藝術》一書中澄清了上述看法，他認爲「印度佛教由海路傳入中國，最早亦當在桓帝末世，此時中原地區已流行佛教，並有譯經的胡僧，則海路遲於陸路，固不待言。」〔註42〕對於這一問題的爭論引起了學界眾多知名學者的關注，但總體而言，佛教先由陸路入華再由海陸入華的判斷基本不可否定。絲綢之路和交廣道是漢代以來佛教入華主要通道的說法亦隨之確定下來。

隨著佛教的東傳以及交通回闢，包括摩利支天在內的佛教神也日漸在中國普及開來。摩利支天在佛教產生之前便已經存在，在幾個世紀的時間內，該神靈容納了許多個角色。在印度、西藏、中國和日本等文化體系內，她被視爲是「光的微粒」、是北斗女神、是大熊星座的神靈、是天后、是黎明女神、醫藥之神、行旅的保護者、是引導眾生覺悟的菩薩、戰神。神格的多樣化塑造了她形態各異的法相，她有時是一位盤坐於蓮花臺上的美麗婦人；有時卻又變化出兇惡的面孔，駕駛著由七隻野豬拉動的熾熱戰車。作爲一位佛教女神，她經歷了 1500 年的演化，但卻從未確定下單一神職。

印度、中國、日本，不同的國家地域造成了信徒的不同，但總的來說，摩利支天的基本功能卻是相似的。首先，她要完成一個世俗性的目標，即保護武士。她擁有隱身、極佳的洞察力和治癒力等超能力，並可以將這些能力賜予她的追隨者。其次，摩利支天還是一位富有慈悲心的菩薩，她的第二個目標便在於引領眾生獲得覺悟。她的這一職能在早期摩利支天經典中並不可見。事實上，摩利支天的菩薩身份是經歷了漫長的過程才發展起來的。有人認爲，這種更爲佛教化的摩利支天是對其印度武神暴虐形象的矯正。值得注意的是，無論摩利支天在何種程度上與佛教同化，她作爲武士保護神的功能卻從未被忽視。因此可以說摩利支天既是兇惡的武神，又是慈悲的菩薩。

本書將要討論的摩利支天信仰，主要是隨佛教入華而傳入中國的摩利支天菩薩崇拜，她的基本神格與佛教教理相容，傳播方式也主要依託於佛教僧侶的發揚。故而基本可以認爲，佛教入華的路徑即是摩利支天信仰入華的路徑。對於其傳播的具體情況，下文將詳細討論。

〔註42〕轉引自榮新江《陸路還是海路？——佛教傳入漢代中國的途徑與流行區域研究述評》，載《北大史學》第 9 輯，2003 年 1 月。

第三節　隋唐以前摩利支天在佛教的神職及其信仰分佈

　　從五世紀到十二世紀，北印度和西北印度的摩利支天崇拜發展了數百年的時間。這是一個充滿戰爭的混亂年代。與摩利支天相關的經典很快就傳入中國並被翻譯爲漢字，現存最早的譯經可以追溯到六世紀，最晚的則形成於十一世紀。如今已經沒辦法弄清楚最初這些經文是如何被看待和運用的。因爲唐中期以前有關摩利支天在中國流傳的文獻相當匱乏。但到了後期尤其是北宋王朝時，摩利支天和準提的部分因素被道教吸收改造成爲「斗母」女神。

　　如果摩利支天在中國主要被視爲是戰神而受到崇拜，又或者她的信徒大部分都是武士。那麼，與摩利支天有關的文獻必然稀少且難以尋覓。這是由戰事本身的保密特性所決定的。當然，如果信奉摩利支天的人數量不多，也會造成文獻材料的缺失。考察六到十世紀的史料可以發現，涉及到摩利支天的世俗文獻十分罕見。因此，本書只好把大部分研究建立在佛經等教內文獻的基礎上。

　　在這四個半世紀的漫長時間內，佛教信仰曾多次遭受毀佛事件的打擊。此外，由於軍事冒險所引發的政治及文化衝突也造就了一批掌握武裝力量的僧侶和俗信徒。爲了更好地理解印度的摩利支天信仰是如何輸入中國的，這裡有必要對當時的歷史情況進行概述。

　　從四世紀開始直到六世紀隋朝建立，中國都處在劇烈的變革和混亂之中。在南方，幾乎每五十年就有一次朝代更替。北方自北魏覆滅（534 年）之後，戰事亦變得更爲頻繁。當然，也有部分地區在混亂的時局中保持著自身的和平與穩定，從而達到了商業、文化及宗教各方面的持續發展。正是在此時，最早的摩利支天經典譯進入中國。這一時期尤其是在北方，叛亂與軍事活動往往與佛教信仰有關。佛教逐漸成爲北方政權統治的工具，這對後世的日本佛教產生了極大的影響。在南方，佛教保持了一定的獨立地位，但同時亦受到了統治者的保護。

一、北魏王朝：386～534 年

　　北魏是這一時期最強大且統治時間最長的王朝。它的建立者是鮮卑拓拔氏。至公元 440 年，這一少數族群佔據了整個中國北部。佛教在北魏的發展狀況是眾所周知的。但即使是在其勢力上昇到達頂峰的階段，佛教仍然被視

爲國家的統治工具。北魏是一個征服者政權，可以說宗教與國家的聯合更有利於其管理和鎮壓黎民百姓。〔註43〕

在北魏時期，反政府的佛教叛亂也時有發生。其中最早的一起是公元446年因不滿太武帝的滅佛舉措而爆發的革命。可惜，叛亂者未能達到其虜奪太武帝政權的目的。他們的行動將太武帝的仇佛情緒推向頂峰，長安的佛教僧團因此遭受了毀滅性的打擊，寺廟被推倒經像被焚毀。〔註44〕

太武帝之後，佛教再次成爲統治工具。但打著佛教旗號的政治叛亂卻仍然繼續著他們的破壞行動，其數量甚至還成倍增長。根據已有的研究，公元402～517年北魏曾先後發生過九次佛教叛亂。〔註45〕其中最具代表性的是公元515年在河北發生的法慶起義。法慶以大乘佛教爲名並鼓吹新佛出世。他任命其軍事首領李歸伯爲「定漢王」、「平魔司令」、「十住菩薩」。法慶手下共有五萬多名兵士，其中大部分併非眞正的僧侶。〔註46〕

「十住菩薩」是一個針對佛教修行者的稱呼，它意味著該人已經通過了成爲菩薩所要經歷的十個階段。但在法慶看來，菩薩的稱號不來自於修行的所得，而來自於他殺了多少人。一個追隨法慶的人所殺者越眾，他能夠得到的封號也就越高。當殺夠十個人時，他就能成爲「十住菩薩」。〔註47〕在伏魔斬妖的過程中，殺戮是合情合理的。法慶還將迷幻藥賜給他的部下，使他們不辨父子兄弟，從而能夠對所有人都痛下殺手。法慶所招募的都是些不識字的農民，他們的信仰顯得狂熱而盲目，他們堅信自己在爲新佛的誕生而奮鬥。救世主彌勒佛的崇拜在那個時代極爲高漲。〔註48〕但究竟法慶是自稱彌勒佛現世還是自詡爲宇宙秩序的先知，卻是傳世材料無法解答的一個謎題。公元517年，這場叛亂被鎮壓下去。

〔註43〕 業露華《論北魏佛教的幾個特點》，載《法海一得》，寶慶講寺叢書・中國佛教學者文集，2007年。

〔註44〕 見《魏書・釋老志》，此外，《劍橋中國秦漢史》第十六章「南北朝時期的佛教」部分也對此次叛亂有所論述。中國社會科學出版社，2006年，第565～573頁。

〔註45〕 冢本善隆《不安と欣求中國淨土》，卷八，角川書店，1968年，第247～285頁。

〔註46〕 王雪梅《關於法慶起義幾個重要問題的重新檢討》，載《西北大學學報（哲學社會科學版）》，2011年第2期。

〔註47〕 「十住」原本是指大乘菩薩修行的階位，在法慶起義中被定義爲軍功等級。「十住」的本義可見《乾隆大藏經・大乘律》第1087部，《菩薩瓔珞本業經》。

〔註48〕 張淼《北朝彌勒信仰研究》，西北大學碩士論文，2003年。

其它的佛教叛亂與此相似，都不僅反對王朝的控制力，而且反對正統的佛教教義。彌勒佛救世的空想激勵著叛亂者，他們中的大部分人並沒有眞正受戒。大量的農民被自封爲「先知」的僧人所引領，朝著新的太平王朝前進。這種特殊的叛亂模式持續了數世紀之久。〔註49〕

很明顯的，這些叛亂的人群是需要可靠的保護神的。但通讀佛教的經典材料，在北魏時期卻沒有發現任何有關摩利支天的文獻。另一方面，這一時期將佛教與武力聯繫在一起的做法顯得極爲突出。通過呼籲「斬妖除魔」，法慶等人成功地將自己的佛教武裝合法化了。同樣的說辭在稍後出現的摩利支天經文中亦有所體現。最早的摩利支天中文譯經出現在與北方對立的南朝統治之下。

二、南朝

佛教在南方宋（420～479 年）、齊（479～502 年）、梁（502～557 年）諸朝發展地相當順利，佛教造像及廟宇的建設都大爲繁榮。在《宣和畫譜》等史籍中記載有如下兩條材料：南朝宋明帝時，宮廷畫師陸探微曾奉敕畫摩利支天像；梁武帝時亦有張僧繇奉敕畫摩利支天像。此類記載是否屬實已無從查考，但佛教在南朝的興盛卻是毋庸置疑的。〔註50〕梁武帝尤其尊崇佛教。武帝雖然出生於一個道教世家，但卻在清涼寺高僧的影響下皈依佛教。他以印度的阿育王爲榜樣，立志做一位佛教聖王。梁武帝多次組織水陸道場，並親自注釋佛經。他甚至還邀請波斯、于闐及高麗的使者與他一同參與佛會。〔註51〕

諷刺的是，因爲他的大力推廣佛教，梁武帝逐漸將自己的王朝推向了滅亡。在他的國內沒有發生過佛教叛亂，可是其它形式的起義與革命卻此起彼伏。導致梁朝滅亡的另一個原因是地方武裝的崛起。早在劉宋時期，朝廷已經開始使用半官方的武裝護衛王權。這類雇傭兵性質的集團追尋利益的最大化，往往會在勢力上升時威脅中央的統治。他們在政治崩潰的過程中得到好處，並最終滅亡了梁武帝的朝代。〔註52〕

〔註49〕張淼《北朝彌勒信仰研究》，西北大學碩士論文，2003 年。

〔註50〕《宣和畫譜》，卷一，道釋一，明津逮秘書本。

〔註51〕湯用彤《漢魏兩晉南北朝佛教史》，武漢大學出版社，2008 年，第 323～327頁。

〔註52〕《劍橋中國秦漢史》第十六章「南北朝時期的佛教」，中國社會科學出版社，2006 年，第 565～573 頁。

　　經文提供的信息無法明確計算出梁朝有多少僧侶或者士兵信奉摩利支天。在那個時代，該神靈還被稱作是「光明」之神。除了最早的譯經外，梁朝有關摩利支天信仰的文獻極爲罕見，這與北魏的情況相似。

　　早在六世紀的南朝，中國人已經知道了摩利支天的存在，最初的摩利支天經典也已經翻譯成了中文。《摩利支天陀羅尼咒經》〔註53〕是一部篇幅很短的作品，但其中已經包含了後世摩利支天譯經的核心內容。爲了對摩利支天的神格進行復原，本書接下來將對經典做盡可能完善的解讀。

　　跟其他佛經一樣，《摩利支天陀羅尼咒經》開頭描繪了佛祖在舍衛國祇園精舍與眾比丘說法的場景。佛談及摩利支天時說：「有天名摩利支天，常行日月前。」上文提到過摩利支天常常被當作黎明女神。這條經文認爲她是太陽和月亮升起前的光線，有可能是在暗示摩利支天乃是啓明星。

　　這之後，佛提到了摩利支天的特點是：「彼摩利支天，無人能見，無人能捉，不爲人欺誑，不爲人縛，不爲人債其財物，不爲怨家能得其便。」聽者還被告誡說「若有人知彼摩利支天名者」也能獲得她的種種能力。通過使用不同神靈的名字來獲得其力量的做法並不只存在於印度和中國。埃及人、猶太人等都有類似的行爲。這一段經文不斷重複出現，其背誦的特徵因此顯現出來。

　　接著，佛令諸善男信女吟誦如下誓詞：「我弟子某乙，知彼摩利支天名，故無人能見我，無人能捉我，不爲人能欺誑我，不爲人能縛我，不爲人能債我財物，不爲怨家能得我便。」在這裡，摩利支天的特性再次被重複。之後，是一些祈求庇祐的咒文，其中一部分保留了梵文的音譯：

　　　　多侄他　過迦摩私　末迦摩私　支婆羅摩私　支婆羅摩私　摩訶支婆羅摩私　安陀利陀那摩私。

　　　　於行路中護我，非行路中護我。晝日中護我，夜中護我。於怨家中護我。於王難中護我。於賊難中護我。於水難中護我。於火難中護我。於疫病中護我。阿鳩隸　阿鳩隸　摩利支帝　吉利　吉利　安帝　安帝　於一切處一切時護我。弟子某乙。娑婆訶。

這段陀羅尼以梵文開頭，吟誦神名：「多侄他　過迦摩私　末迦摩私　支婆羅摩私　支婆羅摩私　摩訶支婆羅摩私　安陀利陀那摩私」——所有的這些都可以作

〔註53〕《大藏經》，第 1256 號。

爲摩利支天的稱號。另外，「安陀利陀那摩私」在宋代有一個新的翻譯版本：「安多哩馱那摩斯」。這段經文還提到了許多祈求摩利支天保護的場景，如「在路上」等，這也是非常接近於梵文原典的。

接下來的兩段經文提到了「阿鳩隸」，它的意思大概是「驚奇之人」或「迷惑之人」。〔註 54〕回到梵文原典，這裡的內容是關於摩利支天的數量與性別的。「阿鳩隸」可以理解爲摩利支天的別稱，暗示了她使敵人「驚奇」、「迷惑」的能力，就像《阿闥婆吠陀》中的馬魯特一樣。「吉利 吉利」在許多守護咒中都出現過，是一組擬聲詞。「安帝 安帝」表示神靈現身，但在這裡表達了什麼卻不清楚。

接下來佛祖召集僧侶，對他們說無論是僧人、俗信徒還是國王，只要專心念誦《摩利支天陀羅尼咒經》就能遠離災害。接著是一段將抄寫經文和背誦咒語連接起來的簡單儀式，善男信女須「一心齋戒，淨治一室，以香泥塗地。七日七夜誦持是摩利支天陀羅尼咒，滿一百八遍。」由此達到「所經諸陣，一切怨賊，並皆息刃」的效果。這顯然是在指導人們將摩利支天崇拜運用於軍事當中。在這一部最早的摩利支天經典中，她所具有的隱身、迷惑敵人等基本特性已經有所體現。可以說，這是她後來得以成爲中國道教神和日本武士神的關鍵因素。

佛勸告聽眾抄寫摩利支天陀羅尼，並將抄好的經文藏在髮髻和衣服中護身。「書寫是陀羅尼。若有著髻中，若著衣中，隨身行。一切諸惡不能加害，悉皆退散，無敢當者。若遇疾病，當請一淨。」把經文放在髮髻和衣服中的做法在此後的摩利支天經典中亦反覆提到。後來，甚至有人建議將摩利支天的畫像縫在衣服裏。

下一段佛經提到摩利支天還可以保護人們免於疾患。這種儀式依然要求人們打掃居室並以香油塗地，但是卻與之前的做法略有不同：

> 燒種種名香，設七盤果餅。布五色壓，設五色飯。請摩利支天。
> 然燈續明七日七夜，誦是摩利支天陀羅尼咒經，滿二百遍。一切病
> 鬼，皆生慈心，放於病人，即得除差。

如果沒有注釋光憑經文是很難推測出這種種儀式對於修行者來說意味著什麼。「七盤果餅」、「然燈續明七日七夜」的做法大概和北斗七星有關。「布五

〔註 54〕 本書中的大部分梵文翻譯都來自【日】荻原雲來所編寫的《漢譯對照梵和大辭典》，四川巴蜀出版社，2004 年。

色壓　設五色飯」也許和五方佛信仰相近。只不過確切的意義筆者尚未掌握。

最後，佛祖還告訴聽眾，摩利支天同樣能保護他們免受官員的拘押。所要行使的儀式與驅除病患的步驟相同，只是念誦經文須達五百遍。信徒還可以向摩利支天祈求別的恩惠，只要貢品足夠豐盛即可。

綜上所述，可以看出幾乎所有後世的摩利支天特質都在這部最早的經典中反映了出來：摩利支天的功能，護身咒語，祈求避禍的儀式等等。唯一沒有提到的是摩利支天所駕乘的野豬、她的模樣和如何製作她的雕像。這些大概是口傳的內容，因而未能寫入最早的譯經之中。

通過解讀六世紀的經文，筆者可以明確如下觀點：在摩利支天的眾多前身中，其武士保護神的身份被挑選出來並與佛教因素融合。雖然經過改造，但摩利支天所表現出的佛教色彩卻仍然十分稀少。她沒有菩薩的美德，不採用密宗儀式中的護摩爲其祭品，不具備將信徒與神靈合而爲一的聖體特質。所有的這些後來都將被添加進摩利支天陀羅尼經咒中。而此時，經文向人們描述的只是一位披上淺淺佛教外衣的戰神。

武力是摩利支天最顯著的神通，並且是摩利支天崇拜中最關鍵的一點。在這一基礎上，隱身、洞察力、捉捕、捆縛等能力逐漸附加於她。在其它印歐語族中，也有相似的咒語用來束縛敵人。它們能夠使敵人在戰場上麻痺並喪失武力。「無人能債其財務」在經文中顯得尤其特別，它不是戰爭咒語。但如果回到七世紀的文獻去看，就會發現許多敬奉摩利支天的儀式都與錢財有關。錢財在一定程度上代表了一個人的智慧，而聰明的頭腦對戰事來說也是極爲重要的。對比梵文的摩利支天經咒，「無人能債其財務」的意思應當與「無人能蒙蔽其心智」類同。因此，對錢財的關注也就轉化爲對戰爭成敗的關注。

「不爲怨家能得其便」是一種佛教化的創新。印度武神如摩利支天、難近母、迦梨、準提等，本身就擁有極爲暴躁的性格。她們往往要求信奉者向自己貢獻犧牲。〔註55〕而經過佛教改造的摩利支天則並非如此，她告誡自己的信徒遠離怨恨的情緒，在爭鬥中保持不一樣的心態。

大熊座的北斗七星與摩利支天的關係在最早的經文中沒有提到。但「七」這個敏感的數字卻反覆出現了。摩利支天在日後將被改造爲道教的斗母神，也就是北斗七星的母親。筆者認爲這種改造並不是一種中國化的創新，而是

〔註55〕在印度的難近母節中，有時是會使用血祭的。

在保留印度本土摩利支天與北斗七星聯繫的基礎上昇華出來的。印歐的神話和文學保存了相關的證據。懷特海德曾經寫過一篇名爲《古代軍事系統》〔註56〕的文章，其中他指出，許多印歐武士會都服膺於大熊星座的哲學，而北斗七星則被視爲大熊星座的戰車。他進一步指出，在同族部落中爆發的征戰，一方或以熊爲圖騰，另一方則以野豬爲圖騰。

野豬在印歐語族中往往被看作是戰爭和富饒的象徵。傳說亞瑟王曾經追逐七隻大野豬，其中一隻代表了豐收。凱爾特人認爲這種神奇的豬蘊藏著冥界的力量。他們會在節日或戰爭的宴席上爭奪烤熟的野豬後腿和臀部。〔註57〕

回到北斗七星，懷特海德指出每一顆星都代表著一種神秘的準則。它們象徵著黑色，而黑是最初爲人類所重視的色彩之一。〔註58〕懷特海德的研究沒有深入下去，但他的研究卻提示了筆者注意到摩利支天與北斗七星存在著天然的、尚武的聯繫，並將這種聯繫的時間上溯到六世紀之前。在七世紀時，這種聯繫日益凸顯出來。

從歷代總體的分佈狀況而言，摩利支天信仰區域分佈的時空特點，可以簡單概括爲「分佈廣泛、相對集中，隋唐明清、兩次高峰」；而據筆者的不完全統計，此等信仰在歷代出現的總量達到 187 處；此外根據其信仰的類型、用途和分佈省份，以及通常我們所劃分的中國自然區域，大致可以分成華北區、華東區、東北區、西北區、華中區、西南區、華南區等七大區域。

其中，華北區包括北京、天津、河北、山東、山西、河南等省市及內蒙中東部等地，東北區包括吉林、遼寧、黑龍江等省，西北區包括寧夏、陝西、青海、新疆、甘肅等省區及內蒙西部等地，西南區包括四川、重慶、西藏、貴州和雲南等省市自治區，華中區包括湖北和湖南等省，華東區包括安徽、江蘇、上海、浙江、江西和福建、臺灣等省市，華南區則包括港澳、廣東和廣西等省區。

〔註56〕Whitehead, "An Ancient Military System", Journal of the United Service Institution of India, April-June, 1961. p.p. 110～118.

〔註57〕H. R. Ellis Davidson, Myths and Symbols in Pagan Europe, Syracause, NY, 1988, p.p. 48～49.

〔註58〕Whitehead, "An Ancient Military System", Journal of the United Service Institution of India, April-June, 1961. p.p. 110～118.

現在留存的史料尚能復原隋唐及之前摩利支天信仰在中國分佈的相關狀況，大體而言，都城長安、密宗聖地五臺山是該信仰的核心分佈區。分佈階層而言，在密宗信仰形成的過程中，摩利支天信仰在皇室和民間也有一定的分佈。

就民間而言，山東、四川、江蘇、上海等省市都有現存摩利支天或斗母相關寺廟的存在，從分佈的廣度而言，涉及到華東、西南地區，與後世的分佈狀況不可相比，但卻反映了當時及此後民間的摩利支天信仰已經有了最初的萌芽。其中，華東區域的包括江蘇和上海，相關摩利支天的信仰有 7 處，占全部擁有摩利支天信仰的 10 個寺廟中的 70％，在區域分佈中占絕對優勢。華北區域的只有山東，並且由於佛教傳播的問題，它的摩利支天信仰還要往後推一段時間，隋唐之前山東的摩利支天信仰是否已經存在，還有待繼續考證；但考慮到歷史探究的問題，所以我們暫時把山東先納入這個範疇，這樣山東就擁有 2 處摩利支天信仰，占到總數的 20％。西南區域還有一處，便是在四川，占到了總數的 10％。

從當時摩利支天信仰的用途來看，我們可以發現，華東區域的摩利支天信仰，從一開始便佔據了絕對優勢，而這種分佈狀況跟皇室的推廣是有一定關係的。由於南朝歷代君主均對佛教樂此不疲，修建了大量的寺院，這也就給摩利支天信仰的傳播帶來了一定福音。而摩利支天信仰所代表的報平安和戰鬥勝利的內在因素，對於抵抗北朝進攻有一定的心理作用，所以則更是為各代南朝君主所向往。因此當時南朝修建的大量廟觀，為後世摩利支天相關信仰的逐步擴展，提供了較為有力的物質保障。

此外，皇室的摩利支天信仰則主要分佈在六朝古都——建康，但至於當時的帝王是否真正的將摩利支天當成自己的信仰還未曾可知，因為當時的皇室僅僅是將幾幅名家的摩利支天像存置於皇宮之中，是想用摩利支天的神靈來作鎮宮之寶，還是對此已有四時供饗，我們也無從得知。但從涉及到的朝代、君主的行為風格來看，他們對於佛教的信奉應當是非常虔誠的，如南朝宋明帝和南朝梁武帝，梁武帝甚至多次威脅削髮為僧，因此不排除當時的作畫者是為討封建君主的歡心所畫，這證明摩利支天信仰至少是被當時的帝王所認可的。所以，摩利支天信仰的勃興，不僅具有皇室因素，也充滿了某些偶然因素，加上物質基礎的支持，摩利支天信仰在江南開始呈規模性出現也就不足為奇了。表一為隋唐以前摩利支天信仰的分佈表。

表一：隋唐以前摩利支天信仰分佈表

區域	名　稱	分佈地點	出現時期	信仰主體	類別	史　源
華北	斗母宮	兗州泰山	漢初建	皇室	廟觀	《山東省志》「泰山志」
華北	太清宮	徐州嶗山	西漢建元	皇室	廟觀	《太清宮志》
西南	青羊宮	益州	三國—明	官府	廟觀	馬景全《成都青羊觀、二仙庵史略》
華東	龍華寺	吳郡	三國吳	官府	廟觀	《上海宗教志》
華東	玄妙觀	毗陵	晉永嘉	官府	廟觀	《江蘇省志》「宗教志」
華東	摩利支像	建鄴	南朝宋（明帝）	皇室	書畫	《宣和畫譜》卷一
華東	摩利支像	建鄴	南朝梁（武帝）	皇室	書畫	《宣和畫譜》卷二

注：本表的分佈地點主要以今地名爲主，以便利於方家指正。其中在「信仰主體」上，
　　皇室主要指爲帝王所信仰或建造，官府則指爲官府建造；而在「類別」上，廟觀
　　指有關摩利支天信仰的寺廟或道觀，書畫則爲有關摩利支天信仰的典籍或繪畫作
　　品。

　　從上表可得，摩利支天信仰在它的初步發展時期，還是比較成功的。另
外，從摩利支天寺廟的修建目的來看，皇室特別是帝王存在著通過修建寺廟
以免除災禍的心理。由南朝至唐代，摩利支天的信仰已經逐漸深入皇室，所
以也就有了唐代密宗發展時摩利支天信仰的提升與變化。這種信仰傳承，相
較於後世的傳播廣度，傳播面太過狹小。

　　此外，摩利支天信仰出現的地點多爲成都、建康等大型城市，也證明在
當時摩利支天信仰的流佈受到了當時經濟交通發展狀況的限制。而從當時的
出現時期來看，漢代出現了 2 處，三國出現了 2 處，晉代出現了 1 處，南北
朝出現了 4 處。隨著佛教的逐漸傳入，摩利支天信仰從一開始並沒有呈現出
幾何式的增長，證明此等信仰的傳播不暢，應當是受到了人們對於佛教經典
教義理解局限性的限制，而有哪些人對佛教經典教義理解更爲深刻呢？很顯
然，對於受過良好文化教育的皇室成員和高級官員來說，他們更能理解這些
佛教經典教義的內涵。所以在當時，他們更習慣於用作畫這種高雅的方式來

展現自己對於摩利支天信仰的崇信，同時也會選擇離自己較近區域建造廟觀的方式。

　　綜上所述，隋以前摩利支天信仰的流佈特點，大致可以作如下歸納：信仰階層較高，發展緩慢；傳播不暢，流傳面窄。儘管摩利支天信仰在一開始只是受皇室和朝廷重臣的崇信，流傳的廣度與深度都還很欠缺，但不論是出於對因果報應說的恐懼，還是從維護本朝統治作為出發點，摩利支天信仰都有逐漸向中下層擴展的內在動機，從而也就為唐代成為摩利支天信仰傳播第一個高峰，奠定了內在的傳播動力與擴展基礎。

第四節　小結

　　摩利支天信仰的起源，可以追溯到古老的印度教。她進入佛教萬神殿的契機，在於公元一、二世紀時新佛教思想的變革。稍後，公元三、四世紀興起了以「空」為真諦、以曼荼羅等咒語為手段、相信所有有感知力的生物皆有佛性潛能的秘乘佛教。它帶有極大的折衷色彩，吸收了大量非佛教、印度因素及各種地區信仰的內容。摩利支天因而被編入了佛教神靈體系之內。佛教經文並沒有明確記載摩利支天信仰的起源，這大概是因為其先祖乃是婆羅門教、伊朗與非雅利安因素的混血兒。

　　大致而言，佛教中的摩利支天仍保留了她自身的許多神通，其中最主要的兩點是與光的相關聯性及武神特徵。摩利支天有時像是黎明女神烏舍，或是女性版本的太陽神蘇利耶；有時又像是日神中的阿疊多或者密特拉。在論及守護戰爭及獲取勝利時，她又彷彿是暴虐喋血的難近母、準提。因為印度半島的戰爭持續，僧侶的武士化傾向加強。摩利支天作為佛教中少有的女武神，自然而然得到了具備軍事組織特色的僧團的崇拜。即便是在中國，文獻經典亦不排斥僧侶擁有武器及自衛的能力，這就提供了信奉摩利支天的信眾群體。但是，隨著筆者的考察深入卻發現，摩利支天的戰勝因素在傳入中國後似乎經歷了一個逐漸消磨的過程。與此同時，一個大慈大悲解救眾生的菩薩形象漸漸掩蓋了摩利支天原有的尚武特性。

　　南北朝時期，最早的摩利支天譯經出現在中國，其名稱為《摩利支天陀羅尼咒經》。這篇經咒的篇幅不長，卻已經包含了後世摩利支天經文中最核心的內容。從經咒本身來看，摩利支天最值得崇拜的地方在於其「無人能見，

無人能捉，不爲人欺誑，不爲人縛，不爲人債其財物，不爲怨家能得其便」
的能力。上文提到的摩利支天「光」與「武力」的因素也有所體現，經文稱
她「常行日月前」，且信奉者能夠獲得「所經諸陣，一切怨賊，並皆息刃」的
庇祐。後世摩利支天經典中的神通、護身咒、儀式等等在《摩利支天陀羅尼
咒經》中都已經具備，唯一沒有談到的是她騎乘野豬及如何製作該神靈雕像
的說明。筆者判斷這部分內容當保存在口傳文本中，至後世才寫入相關經典。
六世紀經文中的摩利支天佛教色彩十分稀少，她既沒有菩薩的美德，也不具
備普度眾生的關照。這些因素後來逐漸加入到經文的渲染之中，由此逐步將
一位印度女武神改造成了佛教眾多菩薩中的一員。這在後文將詳細論述。

　　除了對摩利支天經做出分析外，本章節還需要關注隋唐以前摩利支天的
信仰分佈情況。按照數據，筆者將全國劃分爲華北區、華東區、東北區、西
北區、華中區、西南區、華南區等七大區域，其中華東區在分佈數量上佔據
首位，其成因與華東地區特殊的政治、經濟及交通條件有關。早在魏晉南北
朝時期，摩利支天信仰在皇室及民間的分佈就已經初步形成。由於南朝統治
者推崇佛教，故而華東區在一開始便成爲摩利支天信仰在中國的重要發源
地。依靠禮拜摩利支天，南朝統治者寄託了軍事勝利及企盼福報等訴求。皇
室行爲往往是普通百姓爭風倣仿的對象，因此也便爲摩利支天崇拜向普通民
眾中傳播埋下伏筆。而隋唐之前摩利支天信仰的流佈特點可以歸納爲信仰階
層較高，發展緩慢；傳播不暢，流傳面窄。

第三章 隋唐時期摩利支天信仰 及其分佈

第一節 藏傳佛教傳入中國的摩利支天菩薩

　　六世紀時，在大乘經典中加入陀羅尼咒語的做法已經相當普遍。〔註1〕七世紀，秘傳佛教如密宗等勢力崛起。中國的朝聖者玄奘、一行等的著作中也記載了他們沿途見到的佛教巫術。〔註2〕在一百多年時間裏，孟加拉國、阿薩姆邦等先後改宗秘乘佛教。大約在八世紀晚期，秘乘傳入西藏。

　　七世紀左右，秘乘內部曾經開展過一次運動，意圖將雜亂的壇場和儀軌進行一次規範化整合。七、八世紀被認爲是印度秘乘佛教的黃金時期，因爲幾乎所有前代學說都在此時寫入到正式經典裏，其中包括了法術的運用和標誌著大乘向秘乘轉變的神秘主義傾向。這也是中國密宗的黃金時期，大量外國經典被翻譯爲中文的同時，本國的經文創作也大批湧現。善無畏、一行、金剛智、不空、惠鑾等密宗高僧也大多活躍於這個階段。〔註3〕九世紀，大部分學說和經典又通過最澄、空海等僧人傳至日本，造就了日本的天台宗和眞言宗。〔註4〕

〔註1〕 具體情況可見於北魏時期菩提流支所譯《入楞伽經》，《乾隆大藏經》第 0172 部。

〔註2〕 Robert Hans van Gulik, Sexual life in ancient China, Leiden, 1974, p. 350.

〔註3〕 呂建福《中國密教史》，中國社會科學出版社，1995 年，第 201～246 頁。

〔註4〕 【日】靜慈圓著，劉建英、韓昇譯《日本密教和中國文化》，文匯出版社，2010 年，第 73～76 頁。

　　隋唐時期，佛教和密宗的宣揚都達到了頂峰。公元 845 年再次發生毀佛事件，之後，佛教的勢力有所下降。特別是曾經受到過帝國禮遇的密宗更是遭到了嚴重削弱。可以說公元 845 年之後密宗再也沒能達到復興，雖然十二世紀北印度佛教滅亡之前仍然有大量寫經傳入中華。〔註5〕密宗的部分學說保留在後來的佛教學派裏，如宋朝時的禪宗。

　　早在六世紀，摩利支天的經典便已經傳入中國。八世紀時，在不空的宣揚和唐王朝的保護下，對她的推崇達於極致。之後的幾個世紀，佛教勢力下降。摩利支天逐漸被改造為道教的斗母和北斗神，並因此成為相當流行的民間信仰。上章已述，摩利支天在印度常常被看成是大熊星座的戰神。她在中國獲得的斗母和北斗神的身份同樣具有一種武力特質。〔註6〕當摩利支天成為斗母時，她也承擔了保護神宵派五雷法的責任。這一派別崇尚驅魔和尚武的儀式，受到宋末及明朝的統治者的推崇。

　　道家學者吸收了印度摩利支天的折中主義色彩，沒有完全磨滅她「摩利支天」的稱呼，同時亦吸收了其準提模樣的造像風格。摩利支天陀羅尼經是探討印度的及中國的摩利支天發展狀況的主要文獻材料。在不同的時間不同的地點，許許多多不同版本的摩利支天陀羅尼經翻譯進入中國，可惜其中留存下來的並不很多。摩利支天有時也作為次要的角色出現在其它佛經中。部分佛經顯示出她作為秘乘神靈的特質，但更多的情況下她只不過是佛教神譜中的普通一員，或者是咒語系統裏的一份子。她的別稱是「陽焰」和「威光」。

　　翻譯成漢語的摩利支天陀羅尼經可以劃分為三個歷史階段進行討論：1、最初階段，即梁朝至唐代早期進入中國的基本摩利支天經典。2、同化階段，即中唐時期經過標準化改造的儀式和經典。3、後期，即宋朝初年出現的新的摩利支天經典。除摩利支天陀羅尼經之外，還可以找到一些補充材料，前文提到的《大乘集菩薩學論》〔註7〕就是一部相當重要的經文文獻。雖然其中有關於摩利支天的材料只是一些陀羅尼咒語，但它卻有助於筆者將不同版本的中文陀羅尼復歸於其秘乘語境之中。

　　最重要的三大摩利支天經典〔註8〕之一出現在七世紀中期，是《陀羅尼集

〔註5〕呂建福《中國密教史》，中國社會科學出版社，1995 年，第 311～369 頁。
〔註6〕李志鴻《雷法與雷神崇拜》，載《中國道教》，2004 年第 3 期。
〔註7〕《大藏經》，第 1636 號。
〔註8〕這三部經典分別是《大藏經》第 901 號，第 1255 號和第 1257 號。

經》第十卷中的《佛說摩利支天經》〔註9〕。該經的主要內容是論述摩利支天的神通。它幾乎包含了六世紀摩利支天經的所有要素，但有一點不同的是，此經詳細闡述了獲得神力的「成就法」。此外，還包含了一系列手印、咒語及塑造神像的方法。這就使得這部經文成為後來日本摩利支天信仰的重要參照物。

　　該經的詳盡程度也超過了六世紀的文獻。眾多的羅漢、菩薩及所有天龍八部聚集一堂，聆聽佛祖講述這部摩利支天經。舍利弗離開座位靠近佛祖，在施行了恰當的禮節後，他詢問說：「世尊，在未來末世到來的時候，眾生該用何種方法逃離苦難？」佛祖回答他：

> 日前有天名摩利支。有大神通自在之法。常行日前。日不見彼
> 彼能見日。無人能見無人能知。無人能捉無人能害。無人能欺誑無
> 人能縛。無人能責其財物。無人能罰。不畏怨家能得其便。

知道摩利支天神名的人亦可以獲得她的能力——這裡所謂的「知道摩利支天神名」即能夠頌揚其神號。

　　接下來，便是反覆背誦摩利支天的特性。這裡的大部分內容與六世紀文本相似，此外還添加了一些新的內容。在給出陀羅尼咒語之前，佛祖對聽經的眾人說：「此呪有大神力。所作成就破一切惡。若用結界。百由旬內一切諸惡無敢入者。」這是第一次提到摩利支天的「結界」。〔註10〕後來許多經文都採用了這種施行神通與運用結界相結合的論述。

　　這之後便是陀羅尼咒語。本經的譯者阿地瞿多顯然接觸過一系列摩利支天陀羅尼，在這裡他引用了其中的三條。第一條是：

> 南無佛陀耶　南無達摩耶　南無僧伽耶　怛侄他　遏囉迦末斯　摩
> 囉迦末斯　蘇途末斯　支鉢囉末斯　摩訶支鉢囉末斯　摩唎支夜末斯
> 安怛陀那夜末斯　那謨粹都底　莎訶。

在這段咒語裏，大概是出於規範佛教陀羅尼經咒的需要，開頭的地方加入了「佛陀」、「達摩」和「僧伽」等內容。接下來的部分基本上與六世紀經咒一模一樣，只不過多了「蘇途末斯」、「摩唎支夜末斯」和「那謨粹都底　莎訶」。

　　阿地瞿多在這之後又列出了一個「別本」，並對其進行了注釋。由此可以判斷，《佛說摩利支天經》不僅僅是一部陀羅尼經，它還加入了阿地瞿多對多

〔註9〕《大藏經》第901號。
〔註10〕關於「結界」的解釋可以參照《佛學大辭典》相關詞條。

種梵文經典的理解和評論。這些經文有些是他從印度引進的，有些則是早先就存在於長安的。在阿地瞿多看來，所有的梵文經典都有相同的源頭，而不管是先出的還是後出的，它們的效應都沒有區別。第二則咒語是：

　　南無佛陀耶　南無達摩耶　南無僧伽耶　遏囉迦摩斯　末迦摩斯

　阿豆摩斯　至婆囉摩斯　安檀馱那夜摩斯　摩唎支婆囉摩斯　那謨率都

　羝　莎訶。

　　王難中護我。賊難中護我。行路中護我。失於道路曠野中護我。晝日護我。夜中護我。水難中護我。火難中護我。羅剎難中護我。茶枳尼鬼難中護我。毒藥難中護我。佛實語護我。法實語護我。僧實語護我。天實語護我。仙人實語護我。

同樣，這段咒語中出現了一些新的內容，如「羅剎」、「空行母」（茶枳尼）和「毒藥」，此外還有「實語」。通過這些更爲詳細的描述和術語，經文中的佛教色彩明顯得到了加強。接著又是一段梵文。這一段文字拗口而且隱晦，所以筆者不再在此處列舉。

　　接下去是摩利支天身咒：

　　娜謨囉跢那跢囉夜耶　摩唎支馱耶　摩婆帝移沙彌　跢侄他　婆囉

　梨　婆馱梨婆囉呵目溪　薩婆徒瑟誓　槃馱槃馱　娑婆訶。

　　這其中的梵文文法可能沒有被翻譯爲中文，也可能在早前的梵文原典中就已經不明顯。「囉跢那跢囉夜耶」是「三寶」的意思，在這裡代表了佛、法、僧——也就上上文提到的佛陀、達摩、僧伽。「摩唎支馱耶　摩婆帝移沙彌」是指伴隨著摩利支天的大光明和如火的能量。「婆囉梨」和「婆馱梨」應該是兩位神靈的名字，他們也時常出現在其它摩利支天經典中。「婆囉呵目溪」在這裡意味著豬臉——這是最值得注意的一點。

　　　　薩婆徒瑟誓」是「所有污穢」的意思。它在梵文原典中是以短
　　語的形式出現的，意味著「遮蓋或者消除所有污穢」。在這裡它後附
　　「槃馱」，則是意味著「俘獲所有污穢」。

佛祖再一次告誡諸比丘：「若有人識彼摩利支天菩薩者。除一切障難、王難、賊難、猛獸毒蟲之難、水火等難。」強調她將在任何情況下保護其信徒，這已經成爲摩利支天經的核心思想。摩利支天法是諸多咒語中最上乘的，念誦此法，一百由旬〔註11〕之內的鬼神惡人都不能對其造成傷害。

〔註11〕測量單位，一由旬大概等於 7.2 公里。

接下來，是一些修行摩利支天法的指南。早上起來，信徒要誦念身咒。他應當捧一掬水向四方播撒，最後灑在自己身上，沾濕衣襟、衣袂或袈裟角。他要一呪一結總共三次。如果他有極難的問題需要解決，則要持續背誦經咒。如果是在軍事困難中向摩利支天禱告，則她會使敵人如迷醉般失去知覺。這是對摩利支天在武力上的神通的又一次強調。雖然這裡的描述和之前的「所經諸陣，一切怨賊，並皆息刃」有所不同，但它們迷惑敵人的本質是相同的。可見摩利支天經咒的主要用途在於軍事勝利。

這篇經文首次涉及到摩利支天的形象。當困難來臨時，佛像可以幫助信徒向摩利支天祈求恩惠，信徒們還可以在禮拜時為摩利支天供奉祭品。摩利支天的模樣如下：

> 若人欲得供養摩利支天者。應用金若銀若赤銅若白檀若赤檀等。隨力所辦作摩利支天像。其作像法。似天女形。其像左手屈臂向上。手腕當左乳前作拳。拳中把天扇。扇如維摩詰前天女把扇。於扇當中作西國卍字。字如佛胸上卍字。字四曲內。各作四個日形。一一著之。其天扇上作焰光形。右手申臂並申五指。指頭垂下。身長大小一寸二寸乃至一肘。其中最好者一二寸好。

這是最早的有關如何雕塑和安放摩利支天的記載，當時二肘大小的佛像也相當普遍。工匠需要在領受「八戒」後才被允許進行這項神聖的工作，他還必須每日沐浴更衣。無論工匠提出什麼樣的價錢，僧團都會照樣接受。

摩利支天身旁還有兩位侍者，「侍者亦作天女形。種種嚴飾。」立於摩利支天左右。當造像完成，對其進行使用也是非常莊嚴的：「若比丘欲行遠道。於袈裟中裹著彼像。若是優婆塞。頭髻中藏著於像。大小行時離身放著。不得共身上屏大小行。」

接下來需要解釋一下摩利支天儀式中採用的七種手印。在七世紀時，這些手印大概與北斗七星相關，只不過到了後世此種關聯性逐漸消失了。詳細情況後文會進行討論。

1、身印

> 反叉二小指二無名指。在掌中右壓左。二頭指直豎頭相拄。以二中指。各拈在二頭指背上頭相拄。二大指並豎。各博頭指側。大指來去。

擺動手指是爲了邀請神靈，這種做法在密教儀式中相當普遍。「身印」是摩利支天崇拜中最重要的兩種手印之一。

2、頭印

準前身印。各屈二中指上節頭。向大指垂。甲相背。即是頭印。

3、頂印

準前身印。唯改二大指。屈上節頭入掌中。即是頂印。若比丘欲行遠道。於袈裟中裏像。若俗人頭髻中著像。即作此頭頂印。以安像頭上。二十一遍誦呪行道。所至之處無有怖畏。

4、護身印

準前身印。惟改開二頭指二分許。即是護身印。用之護身。

5、歡喜印

左手大指頭。壓無名指第一節文。又以餘四指把拳。即是歡喜印。若作此印誦呪。羅闍及沱屈邊者。即前人歡喜。

這裡所說的「歡喜」是指信徒內心所擔憂之事得到了解決。比如說，通過供奉貢品、念誦咒語，信徒們得以不再受惡鬼的侵擾，疾病也得以康復，這就是「歡喜」。所以「平和」一詞也許更適合用來解釋「歡喜」之義。

6、摩奴印

左手屈臂。掌向於胸前。以頭指已下四指把拳。以大指壓頭指甲上。少開掌中作孔。以右手甲掌。從左手節上。向手掌摩之。到於孔上。即以右手覆蓋孔上。心想念之。左手掌是摩利支心。右手掌是摩利支身。於左手掌心中。我身藏隱在摩利支天心內。斯文藏我身著。摩利支在我頂上護我身。

之前已經提到，摩利支天的最重要的咒語都是關於隱身的。雖然其名稱有所不同，但幾乎所有的經文中都必定包含了隱身咒的內容。

7、使者印

以左手四指屈。以大指捻二中指頭。使作孔。以右手指。於左臂腋下。不覆手。五指並展。誦呪七遍。即以此手合左孔上呪曰：
那謨摩唎支曳 薩婆薩埵 阿咥唎沙哩 莎訶。

接著是對如何修建灌頂祭壇的解說，此乃最重要的秘傳儀式。洗禮的重要性

是眾所周知的。信徒在運用成就法取得摩利支天神通之前，必須先作壇受法。通過受法，信徒從他的師父那兒繼承了法統。而這一法統一向被認為是從佛陀流傳下來的。

　　祭壇建立在兩種或三種空間圖形基礎上，其前身大概是美索不達米亞和伊朗的金字塔型神殿。金字塔型神殿大多建立於王城或者是宮殿中，它代表了宇宙圍繞王權不斷旋轉的定律。王權有時被看作是極星，有時又被視為神山。六世紀時，密宗開始運用這種建築形製表達自己理想的宇宙觀，即絕對的分裂會不斷走向絕對的統一。〔註12〕摩利支天被安放在祭壇中央，象徵著宇宙最高君權的法輪與她同在。這種將佛教神靈與王權聯繫起來的做法在後世不斷強化，以至於佛像頭上都裝飾著君主的冠冕，而淨土也被視為是「佛陀統治的國度」。

　　這部經典所記錄的七世紀的灌頂儀式中還看不到以上君權的象徵。臘月十五日，信徒開始修建祭壇，整個工程需要費時十一個日夜。信徒必須尋找一處極佳的地點，將該地所有污穢之物清除一空後留備壇場之用。然後「堅築平正。即作護身結界法事。」經文沒有將具體的修建過程列舉出來，可能在七世紀時，規範化的密宗儀軌已經得到普遍認可，不需要再一一詳述。

　　　　若作護身。預起是月。從十一日日別一遍。誦呪三遍。依前印
　　法以護自身。三遍結界。其結界法。還用以前護身印法。作印誦呪。
　　至五遍竟。以印右轉即成結界。至十四日晨朝。更作一大結界。呪
　　灰七遍。遣於四方。為結內界。作泥圍數滿十枚。一一各呪一七遍
　　已。擲著八方及上下方。是名大結界。如此結界護已。即取香水和
　　土作泥。遍塗壇地。立道場已。

按照上述規定建好壇場後，信徒還要用各種幡蓋寶物和五色線條進行裝飾。然後他還要在壇內燒香作印。在經歷了種種物質上和精神上的準備後，信徒得以呼喚及供奉摩利支天，他在壇場內繞行，然後將神靈送走。

　　經文中沒有提及究竟是如何呼喚、供奉以及送走摩利支天的。之前提到過，身印用作邀請，這大概是其中一個環節。因為供養的細節都必須十分精確，才能確保獲得神靈的歡心。所以有理由推斷說，歷史上曾經有相應的口傳文本指導信徒操作複雜的信奉儀式，只不過這些材料未能留存到今天。

　　　　至十五日晨朝。更取淨牛糞和香水泥。泥道場地更結界已。又

〔註12〕《曼荼羅——神聖的幾何圖形和象徵藝術》，載《佛教文化》，2005年第5期。

> 用種種名香和水。兼少淨土更塗壇地一遍。待乾。取五色粉遍佈壇
> 地極令莊嚴。作四肘壇。其壇中心作蓮華座。於其座上即安摩利支
> 天之像。東面安置使者之座。名婆多羅室唎夜。南面安置使者之座。
> 名摩利尼。北面復安使者座處。名計室尼。西門安置呪師坐處。

值得注意的是，在摩利支天像的西面安放的是呪師座處而非使者座處。從此
以後，呪師就一直坐在摩利支天西面了。

> 至夜然燈二十五盞。將五水罐。中心一罐四角各一。安置罐竟。
> 種種香華餅果飲食。而爲供養。莊嚴水罐如餘部說。安置種種諸供
> 具竟。呪師坐青草上。然後作印喚摩利支天等。以作其印種種供養。
> 及出壇外。將諸飲食散施一切諸鬼神等。散施竟已。呪師手把青草
> 誦呪。以草從頭向腳。摩之一百八遍作護身印。於其印中又把青草。
> 向頂上著。遣一弟子將壇中心水罐。灌受法人頭頂印上。

用呪師手中的一捆青草來施行洗禮的做法在八世紀的密教儀軌中已消失不
見。而筆者也沒有資料表明任何日本眞言宗或天台宗的法師這麼做過。也許
它已經演變成了別的類似的辦法，而失去了其歷史本來面目。

> 灌頂完畢後，信徒「著新淨衣。將入道場與作護身。一心念佛
> 禮拜摩利支天之像。作是法壇。呪師自身受法弟子。惟食粳米乳粥
> 爲食。事訖發遣。於後掃除壇處。泥塗摒當總竟。獻殘飲食。呪師
> 自身受法弟子皆不得食。」

壇法到此就算是結束了。這一早期儀軌不僅使得當代的研究者可以窺見當時
摩利支天信仰的情況，還體現出了密宗範式在印度和中國的流行。隨著善無
畏、金剛智和不空金剛等大師的出現，密宗儀式變得更加規範化。《大毗盧遮
那成佛神變加持經》〔註13〕、《蘇悉地經》〔註14〕、《金剛頂經》〔註15〕等經
文亦在此時譯介爲中文。不僅在中國，此後日本眞言宗和天台宗等的許多受
法儀式也都受到了以上經典的影響。〔註16〕

接下來，信徒該運用摩利支天的神通了。經文警告說：「初欲受法證效驗
者。必須作壇及其手印。若不如是徒喪其功。」這裡所要求作的壇場和上文
提到過的相似：

〔註13〕《大藏經》，第 848 號。
〔註14〕《大藏經》，第 893 號。
〔註15〕《大藏經》，第 865 號。
〔註16〕呂建福《中國密教史》，中國社會科學出版社，1995 年，第 384、399 頁。

　　作水壇。淨治一室牛糞塗地。方圓一肘或二肘或四肘。中心安
摩利支像。行者日日灑浴。若不灑浴者。應當灑手漱口入道場。呪
師在此壇西坐。正面向東。

摩利支天被喚來安放在壇場中央，信徒向她供奉各種名貴的香料，並用各種方式禮拜。每天信徒需要念經一百八十遍、或一千八遍若一萬八千遍。

　　「呪師以手撮取胡麻粳米相和。於壇前著火爐中燒。一撮一呪燒。如是滿一百八遍一千八遍。」這裡又給出一處警告，命信徒不可分散注意力。從這個月的一日至十五日，信徒要按照自己的能力向摩利支天供奉飲食、酥蜜、果華、香燈。酒肉還有「五辛」是不可以作爲祭品的。如果信徒想要誦念經咒滿十萬遍，那他還可以將貢品的數量翻一倍，放置於祭壇之中。祭壇最好是在臘月十五日作成的。除此之外，庚子日正月初一以及其他月份的首日也可以作壇。

　　從經文的種種方面來看，祈求神通的祭壇都與灌頂儀式的祭壇十分相似。在五色的修飾下，摩利支天像安放於祭壇中央，東北南三面是使者，名婆多羅室唎夜、計室尼、摩利尼。接著再用一倍於之前的貢品來獻祭，以求有更大的機會獲得神通。誦呪一千八遍，供養七日後，信徒把摩利支天神送走。阿地瞿多還在經文中提到說，如果能在日蝕、月蝕的日子裏舉行儀式，那獲得神通的機會將會大大增加。他也許是在暗示摩利支天與導致日月蝕的羅睺之間的關係。

　　接下來是有關成就法的內容。剩下的大部分描述都是關於儀式的，簡要說來有如下幾點：1、在遠行途中護身；2、得大聰明論師；3、在山中免受禽獸毒蟲之害；4、得見摩利支天；5、獲得平和（即「歡喜」）；6、熱病痊癒；7、夜入冢墓無所畏懼；8、獲得智慧；9、獲得莫以名狀的神驗；10、瘡患癒合；11、戰勝瘟疫；12、啞病治癒；13、使婦人順產；14、毒蟲所傷者癒合；15、治癒燙傷；16、消除焦慮；17、獲得摩利支天神力；18、獲得財富；19、戰服魔鬼；20、獲得喜悅等等。

　　以上內容涉及摩利支天的核心屬性——軍事職能，僅有第 19 點。本書只簡略地論述其大意。比如說第三點，在山中免受禽獸毒蟲之害。這裡的儀式主要是對前面內容的模仿，即建造祭壇、獻祭貢品、誦讀經咒等等。而大多數想要獲得摩利支天神力的儀式都有著類似程序。

　　在經文的最後出現了一段摩利支天的自述，她稟明佛祖：「我有別法。今

欲說之。用紫檀木廣三指長三寸。其木一面刻作摩利支像。似天女形。其像左右各刻作摩利支侍者。亦似天女形。復以別紫檀木。作蓋蓋之於像。作此像已。欲行遠道。將於此像不離自身。隱著藏之。莫令人知。數數誦呪。若有所願。即作水壇。壇中心安像。喚摩利支安置。以種種供養。復取蓮華一百八個以供養之。其供養法。手取一一蓮華。一一呪之用以供養。復以胡麻粳米。火燒一千八遍並呪訖。把像行時種種得驗。」

這實際上是換了一種語調和方式對摩利支天造像進行規範。佛祖聽完後連稱「善哉善哉」，並再一次告誡僧侶、俗信徒和國王大臣等要一心受持這部摩利支天陀羅尼，以避免災難的發生：

> 諸比丘若有人能書寫讀誦受持之者。若著髻中若著衣中。隨身
> 而行。一切諸惡悉皆退散無敢當者。是諸四眾天龍八部。禮佛而退
> 歡喜奉行。

這部經文到此結束。在中日摩利支天信仰中，這部經典是極其重要的文獻材料。它包含了雕塑摩利支天像的方法，七種手印以及建造曼荼羅（壇場）的步驟，在日後不斷爲人所徵引。阿地瞿多收集了許多不同版本的摩利支天經，編撰成這部作品，其注釋一直保留到十世紀。在六世紀的基礎上，阿地瞿多還對摩利支天的各種神力進行了規範化整合。〔註17〕經文中最關鍵的創新之處在於提出了一個新的神名，即身呪中的「婆囉呵目溪」——豬臉。對此經文中雖然沒有給出任何解釋，但卻深深地影響了此後摩利支天信仰的發展。

伴隨著八世紀中國密宗的興起，摩利支天崇拜的規範化及佛教化進程亦有所加強。這一時期出現了一批短小的佛教經文，其中摩利支天及其經呪往往與其它神靈如「日天」等並存於列表當中。〔註18〕這類經文提供的信息十分有限，不足以進一步探討摩利支天崇拜的相關細節，但可以作爲唐代摩利支天信仰情況的補充說明。

善無畏及其弟子一行撰寫的經文中有些涉及到了摩利支天。在《攝會》〔註19〕這一部供養手冊中存有一條與摩利支天相關的經呪：「南麼三曼多勃馱喃

〔註17〕阿地瞿多以「善陀羅尼法門」而名聞遐邇，他所譯的《陀羅尼集經》十二卷，成爲有系統的密法思想輸入之始，也開創了中國密教的「純密」時代。見王亞榮：《論唐代初期的佛經翻譯》，載《南亞研究》，1994年第4期。

〔註18〕見《大藏經》，第852號、第853號等。

〔註19〕這部經書的全名叫《攝大毗盧遮那成佛神變加持經入蓮華胎藏海會悲生曼荼羅廣大念誦儀軌供養方便會》，在《大藏經》第850號。

摩裏支 莎訶」，與之對應的還有一條蘇利耶經咒：「南麼三曼多勃馱喃 阿疊耶 莎訶」。這兩條咒語明顯存在著關聯性，只是筆者限於所學，無法究其根源。在此之前還有一條與隱身咒十分相似的「摩利支天寶瓶」陀羅尼。它指導信徒在遇到困難時假象自身隱匿於「智慧拳」中（左手），然後用右手覆蓋。這樣一來他便等於是隱身了，災難也就沒有辦法俘獲他。

　　在中國度過了大半生的不空是摩利支天信仰規範化的主要推動者。八世紀的大部分摩利支天經典都是他翻譯或者撰寫的。此外，他還譯出了一部摩利支天儀軌作爲對這一神靈進行崇拜的標準指南。書中提到了摩利支天的神話背景。雖然此書後來失傳了，但是在十二世紀的日本書獻中尚能看見一些引用的片段。筆者盡力將該故事的主要內容復述如下：

> 當羅睺進攻因陀羅的宮殿，意欲劫持莎姿（帝釋天的妻子）和日月之神時，呈現孩童相的摩利支天出現了。她將日月之神隱藏於宮殿中，以至於羅睺無法尋覓到他們的蹤影。後來，由此產生隱身術。

日文經典對這個故事進行了詳盡的鋪陳與描寫，但其中的核心內容才是最接近不空原文的。日本的譯經學家亦將此故事視爲是摩利支天顯示其隱身與迷惑神通的例子。〔註20〕

　　不空將摩利支天信仰帶入了唐朝宮廷，並成功說服唐玄宗（712～756）參與到祈求摩利支天保護的儀式中。〔註21〕他的影響力延續了許多年，至代宗時仍是摩利支天信仰的有力傳播者。〔註22〕安史之亂爆發後唐王朝陷入戰爭和危機中，摩利支天信仰也許能在一定程度上寄託統治者對人身安全和戰爭勝利的企盼。

〔註20〕　見《阿娑縛抄》、《覺禪鈔》等。見《大藏經》圖像部。

〔註21〕　《勝語集》卷上稱「爲護持之故不空三藏爲唐朝王子被進摩利支天並大佛頂陀羅尼也。玄宗皇帝不空三藏傳授灌頂時始受此法」。見《大藏經》，第2479號。

〔註22〕　《大唐故大德贈司空大辨正廣智不空三藏行狀》稱不空前後爲玄宗、肅宗行灌頂法，並於唐朝宮廷內建立密宗道場。由肅宗朝臣顏眞卿奉敕抄寫《摩利支天經》的記載可以看出，肅宗當亦受到不空金剛的影響，對其所譯《摩利支天經》予以一定程度的重視。《大唐故大德贈司空大辨正廣智不空三藏行狀》見《大藏經》，第2056號。又由《代宗朝贈司空大辨正廣智三藏和上表制集》可見，代宗對不空的尊崇亦不遜於其前代數字皇帝。見《大藏經》第2120號。由此推測摩利支天法得不空推動，應當對玄宗、肅宗、代宗三朝都有所影響。

　　與七世紀的《陀羅尼集經》不同，雖然八世紀仍有譯經出現，但其中有關摩利支天的新內容已經寥寥無幾。存於《大藏經》第 1255 號的《佛說摩利支天菩薩陀羅尼經》和《佛說摩利支天經》與《陀羅尼集經》中的內容非常相似。對此，筆者不禁懷疑也許是有人從早先的經文中摘取出一部分，然後再加上不空的名字，而並非不空自己翻譯了這些經文。《佛說摩利支天菩薩陀羅尼經》將摩利支天視為是一位「菩薩」。此外，該經文中也盡量抹去了《集經》所論述的複雜的神通儀式，這是因為後世已經不再鼓勵這樣的修行方法。

　　《佛說摩利支天經》對比《集經》而言有了新的變化。首先，摩利支天從「行於日前」變成了「行於日月之前」。而六世紀經文中的「日」、「月」在這裡成為「日天」和「月天」兩位神靈。前代經文中的部分內容在位置上也發生了變化。此外，該經中摩利支天首次被稱作「天母」，這可能就是她日後獲取道教神名的由來。經文還添加了一些規範化的咒語，如心真言「娜莫三滿多沒馱南唵摩哩唧娑嚩賀」等。

　　心真言後的經文是對摩利支天救助患難的場景的列舉，如王難、賊難等。此外還添加了新的內容，即「刀兵軍陣難中護我」、「鬼神難中護我」、「惡獸難中護我毒蟲難中護我」以及「一切怨家惡人難中護我」。經文告誡眾人：「一切人等有諸難時。但當至心誦此摩利支陀羅尼。不待加功隨誦隨成」。這對於無法花費大量時間建造祭壇用以禮拜的平信徒來說，無疑是極大的方便。依照經文的描述，如今要想獲得摩利支天的基本神通如護身、隱身等，只需要背誦經文而不必再參與繁瑣的儀式了。

　　在誦經的同時，信徒還要以香灰塗手並結各種手印。經文裏提到的手印也與七世紀時阿地瞿多所提到的手印不同。其中的部分手印已經成為密宗規範化儀式中的組成部分。不空所譯的新摩利支天經將手印分為三個等級：一切如來心印、蓮部心印和金剛部心印。這種劃分方式在密法事部和行部當中是極為普遍的，而手印的具體含義又可以上溯到《蘇悉地經》。所以說，《佛說摩利支天經》是一部相當重要的文獻經典，透過它我們能夠大體瞭解八世紀摩利支天崇拜從散漫、混雜向一體化、規範化方向發展的進程。

　　有關新的手印的具體內容如下：

1、一切如來心印

　　這一手印是為了邀請一切如來——或者說佛部諸神進入壇場。結印的方法為「二手內相叉為拳並豎二大拇指」。同時念誦真言「唵爾囊爾迦」。

2、蓮部心印

這一手印是爲了邀請蓮部諸神進入壇場，結印的方法與一切如來心印相似，只不過要將左大拇指彎曲入掌，右大拇指直立。同時念誦眞言「唵阿嚕力迦」。

3、金剛部心印

這一手印是爲了邀請金剛部諸神進入壇場，結印的方法與一切如來心印相似，只不過要將右大拇指彎曲入掌，左大拇指直立。同時念誦眞言「唵嚩日囉地力迦」。

4、護身如來拳印

這一手印並非摩利支天所特有。原來的摩利支天護身印在這裡被一種新的手法取代了。「以右手屈大拇指橫於掌中。便以四指握大拇指爲拳。以此拳印加持自身五處。先額右肩左肩心喉每處各誦眞言一遍眞言曰：唵僕入嚩羅吽」。

5、摩利支菩薩根本印

這一手印是摩利支天所特有的，也可以稱爲「身印」。其特殊之處在於二小指和二無名指乃是相鉤連的，而並非單純的交叉。結好的手印放於胸前，念誦之前提到的摩利支天身陀羅尼及心陀羅尼各七遍。每念一遍，則大拇指彎曲以招引摩利支天。所以這一手印也被稱作是「迎請印」。結印後，信徒以此加持自身五處。最後，在頭頂散開手印——這也是密宗儀軌的標準內容之一。

6、大三昧耶印

這一手印具有儀式化的功能，它能將神聖領域固定化從而使之與世俗世界分開。「以右手大指撚小指甲上。餘三指直豎如三股杵形。左手作金剛拳按於心上。隨誦眞言以右手印於頂上。左轉三匝辟除一切作障難者。便右旋三匝並揮上下。即成結十方界。一切天龍人非人等不能附近眞言曰。唵商迦 摩訶三麼琰娑嚩賀」。建立結界這樣特殊的過程是爲了保護神聖的壇場不受玷污。

7、摩利支安怛袓那印，即隱身

這一手印也是摩利支天所特有的，且與阿地瞿多描述的隱身咒有許多相

似之處。「以左手虛掌作拳。大指微捻頭指甲如環。已下三指握拳令密。又令掌中作孔。安自心前。想自身入此印孔中藏。以右手平掌。右旋摩此印便蓋孔上。想此印即是摩利支天菩薩身。我自身隱藏於摩利支天菩薩心中。」此處需要念誦摩利支天根本咒和心真言，沒有要求次數但信徒必須誠心念禱。這一手印能夠使信徒獲得隱身的能力，擺脫惡人和災難。

接著，經文談及摩利支天像的塑造。這部分內容基本上與《集經》中的描述相同，只不過添加了少許新的因素。摩利支天像或坐或立，她身邊的侍從也都是站立著的。佛像雕塑完成，信徒可以將其戴於頭頂、肩膀，或是藏在衣服裏。不論是俗信徒還是僧侶，在修造佛像的功德上都沒有區別。在菩薩威神力的保護下，信徒不會遭逢災難，在與對手爭鬥時亦能取勝。

「若欲成驗願見摩利支天真身求勝願者。誦此陀羅尼滿十萬遍。依法建立曼荼羅。畫摩利支菩薩像。安置壇中種種供養。並作護摩火壇。摩利支天女必現其身。所求勝願決定成就除不至心。」念誦陀羅尼十萬遍、建立曼荼羅（壇場）等內容明顯與《集經》相同。

在經文的最後，佛祖向聽眾解釋他傳授摩利支天經的原因：「我為當來惡世苦難恐怖有情。略說摩利支天法。此菩薩有大悲願。常於苦難恐怖之處。護諸有情不令天龍鬼神人及非人怨家惡獸所能為害。」這又是一種新的對佛教化傾向的強調。它告訴信徒如果崇信摩利支天，不僅能夠獲得隱身等世俗的能力，還能夠獲得一位常懷大悲之心的菩薩的垂青。

《摩利支菩薩略念誦法》〔註23〕是一部短小的有關摩利支天崇拜的作品，亦為不空所譯。這部作品並不是傳統意義上的經文，而是一部冥想摩利支天時需要遵守的指南書。在這部經典中，摩利支天不再是提婆或者是帝娃坦，她唯一的身份是——菩薩。除了經咒，這部作品中沒有一點涉及儀式的內容。

傳統的七印此時僅保留下四條，其中第一條顯得尤為重要。它將摩利支天與如來佛祖和大毗盧遮那佛聯繫在一起。由於毗盧遮那佛代表著太陽——即所謂的大日如來。所以摩利支天與太陽光的關係也就顯得更為緊密。

1、毗盧遮那佛印。

結印的方法與《佛說摩利支天經》中的「一切如來心印」相似，都是雙手交叉並豎起大拇指。接著誦經七遍：「曩莫三滿多沒馱南阿尾羅吽欠」。

〔註23〕見《大藏經》第1258號。

2、此印與《集經》中的「身印」、《佛說》中的「摩利支天菩薩根本印」相同，只不過又被冠以一個新名字：「摩利支天菩薩根本眞言印」。結印完成後，修行者以印觸碰身體的五處，即額頭、右肩、左肩、心和喉嚨，每觸碰一處念經一遍。

3、摩裏支菩薩心印。此印沒有具體的手部動作，信徒們一上來就先背誦一段眞言：「曩莫三滿多沒馱南唵摩利哩制曳沙嚩訶」。

4、心眞言印，即隱身印。

結印過後，信徒能夠獲得摩利支天的「殊勝加持」，由此他便得以隱身，惡人孽障不能看見他、傷害他。不僅如此，就連一切惡意的言語都被除滅。蟲狼虎豹水火盜賊皆不能侵害。

經文的結尾處充滿了佛教色彩。修持摩利支天法的信眾將「智慧增盛獲得聞持。不忘失菩提心法。誦眞言時深起悲愍。爲一切有情拔除苦惱。皆獲無障解脫。速證無上菩提道。」最後信徒被要求秘密並且謹愼地傳授這一經文。這樣的結尾在筆者看來，就像是在摩利支天基本經咒之後硬生生地添加而成的。它的作用在於進一步將摩利支天信仰與佛教教義融合起來。根據這些文字可以看出，崇信摩利支天已經成爲獲得覺悟、進入佛國的新契機。這些都是不空在翻譯經文時有意加入的。與此相比，直至十世紀印度的摩利支天崇拜依然停留在禱告戰爭勝利等世俗目的之上。

《末利支提婆華鬘經》是八世紀據稱是由不空翻譯的最後一部摩利支天經典。〔註 24〕它與阿地瞿多在七世紀時的譯經非常相似。該經文看起來像是由其它版本的梵文《陀羅尼集經》中的片段翻譯而來的。其最顯著特徵在於不空使用了「末」而非「摩」來對譯梵文中的「ma」。這是現存唯一一部使用「末」的摩利支天經典。

《摩利支天一印法》〔註 25〕和《摩利支菩薩略念誦法》相似，只不過更爲短小。如今已經不能確定這部《一印法》的年代。此經只對摩利支天陀羅尼中的兩條手印進行了解釋，即身印和隱身印。其中的身印與「大金剛頂印」雷同。經咒使用了中文和悉曇文兩種形式。隱身印的威力和之前提到的經文區別不大，但有一些新添的內容，即七種行時：1、睡眠時；2、覺悟時；3、沐浴時；4、遠行時；5、逢客時；6、飲食時；7、行廁時。在這七種時刻，以身印加持自身五處。

〔註 24〕見《大藏經》，第 1254 號。
〔註 25〕見《大藏經》，第 1259 號。

在印度和中國，早些時候摩利支天總是與太陽聯繫在一起，有時她就像是太陽神蘇利耶。但隨著佛教化程度的加深，摩利支天與太陽的聯繫漸漸轉移到她與毗盧遮那佛的關係之上，後者被稱為「大日如來」。

通過分析八世紀的經文可以看出摩利支天信仰正在經歷一個普遍的規範化過程。七世紀經典中的五條陀羅尼咒文被替換成密宗儀式化的說講詞。這一階段經文的篇幅亦大幅度縮小，前代經典中的諸多內容都被棄置不用。八世紀留存下來的經文沒有一部提及摩利支天的灌頂儀式。這也許是因為在梵文的《集經》原典中並沒有包含灌頂的內容，而七世紀時阿地瞿多在翻譯的過程中加入了這一部分。到了八世紀，譯經者為了尊重原典，又刪去了阿地瞿多添加的內容。另外，也有可能在不空譯經的年代，標準化的密宗灌頂法已經確立下來，摩利支天灌頂法因而為之取代。筆者認為第二種解釋──即標準化趨勢抹殺了摩利支天灌頂儀式的說法更為可靠。

不空的翻譯保持了早前摩利支天經典中對「七」這個數字的重視。雖然在《摩利支菩薩略念誦法》中，傳統的七印只有身印和隱身印保留了下來，但在念誦經文次數的規定中，「七」還是被提了出來。

摩利支天對於不空來說顯然是一位重要的神靈，他以官封的「三藏法師」身份譯介摩利支天經典，對於唐王朝宮廷的影響必定是極為深遠的。可惜由他所翻譯和引介的摩利支天神話到現在保留下來的已經數量有限，不足以展開進一步的論述。另外，善無畏在《攝會》中將摩利支天的隱身功能與寶瓶聯繫起來的做法，亦透露著某種與印度伊朗語系將精靈囚禁在瓶子中的做法相類似的影響。

雖然經過了八世紀中國密宗的規範化改造，摩利支天的基本特性如隱藏、保護其追隨者，迷惑敵人等都得以保存下來。不空翻譯編纂的摩利支天經典是後世日本佛教及武士階層崇拜這一神靈的基礎文獻。除了經文之外，摩利支天像也隨著造像規則的確立而出現，敦煌 P3999 是在中國發現的最早的摩利支天彩色畫像。畫面摩利支天形體較大，三頭八臂，正面女相，三目，右面童女相，左面豬相。上身裸露，下身短裙，右腿彎曲，左腿伸展。跣足，雙足各蹬一蓮花。左手執羂索、弓、無憂樹枝及線，右手執金剛杵、鍼、鈎、箭，頂戴寶塔（見附圖·摩利支天像·1）。其繪圖手法無疑與經文記載相符合，這也是後世的研究者能夠直觀接觸的最早的摩利支天形象。

第二節　隋唐五代摩利支天信仰分佈

隋唐時期是密宗信仰的萌發期，因此密宗的推廣也就爲摩利支天的信仰提供了傳播載體，爲之後摩利支天信仰的勃發創造了比較好的條件。特別是唐代，由於高僧弘法帶來了非常多的利處，因此下文將就三個層面來描述隋唐時期摩利支天信仰的分佈與變化。

1. 唐代不空金剛對摩利支天信仰推廣的貢獻

上文概述了不空金剛在譯經方面對摩利支天信仰所作的貢獻，論及寺廟的修建及信仰的傳播時，不空金剛亦是一位關鍵人物。開元八年（720），不空金剛隨密宗大師金剛智來華，於洛陽廣福寺受具足戒。此後便參與到唐梵經論和密法的翻譯之中，爲金剛智的助手。

金剛智死後，不空曾返迴天竺，廣泛搜求密藏和各種經論，攜回唐朝，於天寶五年（746）到達長安，設場譯經。不空深受唐王室的重視，曾被延請入宮，設立道場，爲玄宗灌頂。不空因此名聲大噪，廣泛開壇授法，從者不計其數。

安史之亂時，不空仍然堅持向肅宗奉表起居。後來肅宗還朝，自然對不空禮遇備至。乾元元年（758），敕將長安慈恩等寺、東京聖善等寺及各縣寺舍之舊有梵夾全部收歸長安，交由不空在興善寺翻譯整理。代宗時加號不空爲「大廣智三藏」。之後不久，不空差弟子往五臺山造金閣寺，從此五臺山成爲密教中心。〔註 26〕由不空譯介的摩利支天經有《佛說摩利支天菩薩陀羅尼經》一卷，《佛說摩利支天經》一卷，《摩利支菩薩略念誦法》一卷。不空自幼來到中國，熟諳中國文化，又精通天竺梵文及密教法藏，故對譯經事業做出了卓越的貢獻。

不空歷唐朝安史之亂前後，雖然興衰異勢，但忠貞熱忱不變。從玄宗、肅宗再到代宗都對他寵信有加，加封不斷，這無疑有利於增強不空所代表的密法在中國的傳播和壯大。唐代宰相兼著名書法家顏眞卿在官任上曾奉皇命抄寫不空所譯《摩利支天經》〔註 27〕；又有傳說玄宗曾就不空金剛受摩利支天灌頂法〔註 28〕，由此可見其影響之大和摩利支流傳的情況。

〔註 26〕常正《中國佛教四大譯師之四——不空三藏》，載《法音》，1988 年第 10 期。
〔註 27〕《顏魯公文集》，卷三十，清三長物齋叢書版。
〔註 28〕《大唐故大德贈司空大辨正廣智不空三藏行狀》見《大藏經》，第 2056 號。

此外，因為西行求法、戰亂流離等緣故，不空遊歷過許多地方，他又有許多弟子將其法脈發散至全國各地。以上這些都為不空所傳摩利支天法能突破京師的限制，往全國各地發展創造了條件。因不空的努力，摩利支天信仰的分佈在唐代已經不僅僅限於長安或洛陽兩都，而是傳播到了更廣泛的地區。

2. 對摩利支天信仰的推廣產生作用的幾座重要唐代寺院

五臺山之金閣寺，即為不空弟子手創，如今該寺仍存有明清及民國復原的佛像及建築。該寺第一重大院中有一座大閣，內供高 17.7 米的千手（實為 48 臂）觀音銅像，這是五臺山最高最大的聖像。觀音菩薩兩側又有文殊菩薩和普賢菩薩塑像。殿閣兩壁各供有十二尊塑像，即為佛教「二十四諸天」，摩利支天亦在其中。〔註 29〕雖然金閣寺為後世重建，佛像亦為後世重修，但其密教性質卻未改變。摩利支天作為密教武神，在其中得到供奉也是理所當然。

除了金閣寺外，五臺山善化寺、羅睺寺等唐代新修的密宗道場，均有供奉摩利支天的傳統。善化寺摩利支天像乃遼金時代的遺物，但其信仰無疑源自於唐代密宗大發展的時期。該佛像高度將近 4 米，作寂靜相、菩薩裝束，身六臂，面容端正，束髻高冠，冠飾層層疊疊，額頭現白毫相；祖上身、配瓔珞珠鏈，肩披帛，下著長裙，跣雙足；二主臂當胸合掌，上左臂與上右臂高舉，中左臂持三鈷杵，中右臂持短兵（見附圖‧摩利支天像‧2）。〔註 30〕雖然該佛像與摩利支天最初入華時的形象已有所出入，但卻不失為今日的研究者觀察古代密教摩利支天信仰的重要依據。經過唐代到遼金長久的中國化改造，這位經文中所說的三面八臂，具野豬像、忿怒像的武力之神已經洗脫了暴戾的影子，變成安詳慈愛的女性菩薩。豬臉被隱藏，諸種進攻法器（弓箭等）亦不見了蹤影。唯有降魔的金剛杵和分辨不出是何物的短兵器仍然昭示著她對信徒們的守護。

五臺山又有羅睺寺，現存天王殿、文殊殿、大佛殿、藏經閣、廂房、配殿、廊屋、禪院、建築裝飾及各殿塑像均保存完整無損。門前尚有唐代石獅也保存完好。是五臺山中建築文物保存最完好的大寺廟之一。〔註 31〕現今羅睺寺雖然已不再單獨供奉摩利支天，卻仍有二十四諸天菩薩在其中領受香火。

〔註 29〕高明和《金閣寺建築與塑像概述》，載《五臺山研究》，1997 年第 3 期。
〔註 30〕何莉莉《善化寺》，載《五臺山研究》，2010 年第 3 期。
〔註 31〕蕭雨《羅睺寺佛教史略》，載《五臺山研究》，1998 年第 1 期。

3. 摩利支天信仰在其他地區的分佈

　　除了在密宗盛行區域流行外，摩利支天信仰還廣布浙江、陝西、河南、雲南、江蘇等地。由於隋代文帝崇信佛教，親自賜予佛教重要人物為「大法王」，所以在江南地區繼續維持佛教的興盛局面。比如，在浙江法淨禪寺就擁有相當重要的摩利支天像，對於摩利支天在江南地區的傳播打下了相當重要的基礎。而在雲南，南詔統治者對於佛教的信仰也比較濃厚，所以在雲南的摩利支天像也是帝王貴族支持此等信仰的重要表現。

　　而在江蘇，繼唐代滅亡後，繼起的王國南唐秉承了唐代皇家崇信佛教的特色，加之以前南朝時期皇家對佛教及摩利支天的信仰，南唐對摩利支天也是推崇有加。《宣和畫譜》中那惟妙惟肖的摩利支天像證明，在南唐時期摩利支天的信仰在皇家信仰中具有相當重要的地位，同時也證明了皇家對佛教和摩利支天正統性的認可。〔註 32〕此外，比較可喜的是，摩利支天信仰在華東區逐漸向中小城市擴展，改變了此前僅限於皇室宮苑內廷的范圍，並為後世百姓所認可。

表二：隋唐五代時期摩利支天信仰分佈表

區域	名稱	分佈地點	出現時期	信仰主體	類別	史　源
華北	白雲觀	幽州	唐開元	皇室	廟觀	《新編北京白雲觀志》
華北	善化寺	代州五臺山	唐開元	官府	廟觀	何莉莉《善化寺》
華北	羅睺寺	代州五臺山	唐宋間	官府	廟觀	《五臺縣志》
華北	金閣寺	代州五臺山	唐大曆	皇室	廟觀	高明和《金閣寺建築與塑像概述》
華北	斗母廟	洛陽	唐代	官府	廟觀	譚傑《香山居士賦》
西北	摩利支經	長安	唐開元	皇室	書畫	《顏魯公全集》
西北	摩利支像	京兆府	唐開元	皇室	書畫	《大藏經》
西南	圓通寺	善闡府	唐南詔	官府	廟觀	《雲南省志》「宗教志」
華東	西禪寺	吳縣	唐貞觀	官府	廟觀	《百城煙水》卷二

〔註32〕《宣和畫譜》，卷三，明津逮秘書本。

區域	名稱	分佈地點	出現時期	信仰主體	類別	史　源
華東	摩利支像	金陵	五代南唐	皇室	書畫	《宣和畫譜》卷三
西北	摩利支像	沙州	唐五代	民間	書畫	張小剛《敦煌摩利支天經像》
華東	法淨禪寺	杭州	隋開皇	皇室	廟觀	《法淨寺志》

注：本表的分佈地點主要以今地名爲主，以便利於方家指正。其中在「信仰主體」上，
　　皇室主要指爲帝王所信仰或建造，官府則指爲官府建造；而在「類別」上，廟觀
　　指有關摩利支天信仰的寺廟或道觀，書畫則爲有關摩利支天信仰的典籍或繪畫作
　　品。

　　此外，從上文表中還能得出：隋唐時期的摩利支天信仰仍然集中於華北
區和華東區，也就是集中於當時的政治、經濟與文化中心地帶。其中，由於
皇室的重視，擁有東都洛陽和佛教聖山五臺山的華北區占到了 5 處，擁有西
京長安支撐的西北區則有 2 處；華東區則由於政治中心的轉移，數量有所下
降，但畢竟是經濟發達之所，固而占到 3 處；西南區則由於南詔政權的興起，
占到了 1 處。

　　從分佈區域的角度來看，摩利支天信仰逐漸向西北與西南地區擴展，證
明摩利支天信仰在前期主要是靠皇室或政府的支持擴展，而不是以民衆爲主
導的信仰擴展。但由於隋唐時期仍然是摩利支天信仰的形成期，並且還出現
了更加可喜的變化，因此隋唐時期的摩利支天信仰相比前代，有了比較大的
發展。除此以外，摩利支天信仰分佈特點，卻呈現出一種規律性的變化。在
隋以前，此等信仰分佈於江南，特別是在南京至杭州這個狹小的區域內。這
一區域內的信仰，是具有相當的規模性。但是到了隋唐時期，華東區特別是
江南區域的此等信仰轉而向其他地方擴散，特別是北方地區；此外四川的摩
利支天信仰，也開始向南擴散到雲南地區，實現了西南區內部的信仰遷移。

　　如果把這種信仰的擴散用地圖來展示的話，我們會驚奇的發現，隋唐時
期摩利支天信仰開始由集中於江南地區，轉變爲以洛陽爲中心的北方信仰
圈，和以南京爲中心的南方信仰圈。而這兩大信仰圈卻有一定的關聯：在南
方有杭州、吳縣、南京，它們都在隋代江南河沿線；而在北方則有洛陽、長
安和涿郡，它們則都在隋代北方運河沿線。那麼聯繫起來，除了雲南和山西
五臺山的幾處信仰以外，其他信仰的地點都位於隋代大運河沿線。最後，如

果我們把隋以前和隋唐時期這僅有的二十幾處信仰地點整合起來，那麼則可以看到唐朝及唐以前的摩利支天信仰總體是沿主要的交通線分佈的。換一句話說，唐朝及唐以前的摩利支天信仰，是隨著大運河的逐漸擴展和主要交通線的發展，而逐漸向全國各主要城市擴展，比如金陵、杭州、洛陽、長安、幽州等重要城市，而這些城市除當時的都城外，還有的是全國性的城市。

由於摩利支天信仰的信眾，仍然主要是皇室以及官府，分佈在上層統治者集中的都城及大中城市。但是民間的信眾已經逐漸顯現出來。但從摩利支天信仰的分佈和發展情況來看，隋唐時期特別是在唐代，應當是摩利支天信仰發展的第一個高峰期。而這第一個高峰期內，摩利支天是作為一個較為高級的佛教神而存在，因此它的信眾也必然是有一定的文化素養，所以一些未能出任官僚的普通知識分子，或者說一些隱居深山的文人，也會逐漸的信奉摩利支天信仰。而從摩利支天傳播的路徑來看，通過交通特別是水運而逐漸擴展的方式，也必然逐步通過一些文化人，逐漸的將此等信仰加以改編，並有可能或多或少的向中下層百姓擴展。而這種有所改變或者說開始中國化的信仰，與我國傳統道家也會逐步的產生一些關係。

綜上所述，摩利支天信仰在隋唐時期的傳播，不論是深度還是廣度上來說，都是相當廣泛的，對後世摩利支天的傳播與發展起到了承前啓後的作用。而隨著道教斗母信仰的傳播，摩利支天信仰的發展也就得到了更多帝王的支持與神化。此外，摩利支天的信仰剛好處於初創階段，所以信仰僅限於皇室為主是必然的。如果沒有歷代皇室的推廣與褒揚，摩利支天信仰也就無法堅持到與中國內地的本土信仰出現融合的時期。因此，摩利支天信仰的前期主要是依賴皇室與官方政府的推廣，它對於下層百姓的生活還沒有產生太大的影響。

第三節 小結

唐代是秘乘佛教在中國發展的關鍵時期，此間，摩利支天信仰亦迎來了高潮。阿地瞿多譯《陀羅尼集經》中的《佛說摩利支天菩薩陀羅尼經》、不空譯《佛說摩利支天菩薩陀羅尼經》及《佛說摩利支天經》是最重要的三部摩利支天經典。其中，以阿地瞿多譯經出現的時間最早。該經文幾乎包含了所有六世紀譯經的要素，但卻增加了諸如「佛陀」、「達摩」、「僧伽」、「羅刹」、

「實語」等術語，因而加強了摩利支天經的佛教化色彩。梵語「婆囉呵目溪」是該經文中最值得關注的一個創新之處，因其對譯所得的含義指的是「豬臉」。這也是筆者第一次在中文文獻中找到的，提及摩利支天豬臉形象的材料。阿地瞿多亦就摩利支天的形象及經像的製作做了特別說明，手持天扇的摩利支天菩薩身邊伴有兩位天女，卻並沒有顯露其豬臉忿怒像。經文列舉了摩利支天儀式中的七種手印，大概與北斗七星相關，但此後的經典中再沒有出現此類論述，筆者沒有更多的材料進行深入說明，只能存疑待考。此外，經文還提供了建造曼荼羅壇場的步驟。該步驟與密教中的灌頂祭壇極為相似，並在此後密教的規範化過程中為後者所取代。總之，阿地瞿多在六世紀經文的基礎上對摩利支天的神通、信仰的方式及陀羅尼咒語等進行了一次規範化整合。經過此番重新塑造，摩利支天的佛教化色彩得到了明顯加強。

真正對摩利支天信仰做出傑出貢獻的是密宗三大士之一的不空金剛。唐中期幾乎所有新出的摩利支天經典都是由他翻譯或撰寫的，由於他曾經深入唐王朝宮廷，並得到玄宗的信任，故而在其影響下李唐皇室也接觸到了摩利支天信仰。他的譯經更加強調摩利支天的菩薩身份，對於阿地瞿多提到的那些繁瑣的崇拜儀式也進行了盡可能的裁減。不空首次將摩利支天喚作「天母」，大概正是由於這個稱呼，使得後世的道教徒將其聯想成「眾星之母」。在崇拜摩利支天時，除了其特有的隱身印還保留原貌外，其他各種手印都被規範化的密宗儀軌取代，如如來心印、蓮部心印、金剛部心印等等。除了兩部影響較大的經典外，不空還譯有《摩利支菩薩念誦法》、《末利支提婆華鬘經》等較為短小的經文。他除了反覆重申摩利支天的佛教色彩外，還將其與毗盧遮那佛聯繫在一起，這是佛教經文中罕見的追加承認摩利支天太陽神性質的做法。不空所譯的經典成為後世日本佛教及武士階層崇拜摩利支天武神的基礎文獻。

唐朝是密宗發展的黃金時期，其推廣也便成為摩利支天信仰傳播的載體。不空金剛是來華密教大師中為摩利支天信仰出力最多者，上文提及他所譯經文及經文中信仰內涵的變遷。不空的貢獻不止在於教義的深化，還在於造像、建廟等確實的信仰行為。玄宗、肅宗、代宗均受到不空金剛的影響。長安慈恩寺、東京聖善寺、五臺山金閣寺等等名剎也為不空及其徒子徒孫所創設並發揚。在他的影響下，宰相書法家顏真卿還專門抄寫了不空所譯摩利支天經流傳於後世。因此可以說，不空不僅是摩利支天信仰中國化、規範化

的一大功臣，亦是此信仰超越兩京的範圍深入民間的重要推手。

此外值得注意的是，華東地區仍然是摩利支天信仰傳播的重要地區。浙江法淨寺存有摩利支天像即是最好的證明。南詔等周邊國家因爲國主奉佛，亦在一定程度上鼓勵佛教密宗的發展，爲摩利支天信仰留下了發展空間。唐亡之後，五代十國中的南唐等國繼承了前代皇室對摩利支天的推崇。《宣和畫譜》中記載的南唐摩利支天像即是明證。

在獲得隋唐摩利支天信仰的分佈地點之後，筆者還利用地圖展示出此種分佈擴散的趨勢及規律。其信仰開始時集中在江南地區，後來逐漸發展爲以洛陽爲中心的北方信仰圈，和以南京爲中心的南方信仰圈。除了雲南和山西五臺山的幾處孤立的信仰分佈點以外，這兩大信仰圈都分佈在河流或是運河的沿線。則事實上隋唐時期摩利支天信仰在很大程度上依靠交通線的發展而擴展，由此形成了遍佈金陵、杭州、洛陽、長安、幽州等重要交通城市的局面。但從信仰階層來看，主要集中在官僚上層集中的都城和大中城市。

從總體上而言，這一期摩利支天信仰的分佈情況尚處於初創階段，但卻爲後世的發展打下了基礎。皇室及官方的推廣是其蒸蒸日上的主要動力，對民間尚未產生廣泛影響。直到後代道教斗母信仰加入進來，摩利支天崇拜才爲更多人所理解和接受。這在下文將有詳細論述。

第四章　宋代斗母信仰的產生與摩利支天信仰的發展

第一節　摩利支天信仰的發展

　　不空之後，唐朝直至滅亡都再沒有關於摩利支天的新的經典產生。其原因與中國國內的毀佛浪潮以及不再派送留學者西行取經的做法有關。同樣是在這一時期，中國的佛教開始大規模傳入東亞和東南亞地區。

　　十世紀，最後的也是最詳盡的摩利支天經典進入中國。這部陀羅尼經在梵文中有許多名稱，宋朝的天息災在公元 986～987 年將其譯爲《佛說大摩里支菩薩經》〔註1〕。它是一部篇幅較長的七卷本作品，其中包含了新的經咒、儀式，並對前代譯文作出相應的修正。經文還增加了大量的曼荼羅（壇法），以此吸引樂於秘修的人們。《佛說大摩里支菩薩經》可謂是一部密宗晚期的儀軌綱要，其中有很多內容涉及到了軍事求助。經文揭示了摩利支天所擁有的隱身力和武力的本質，這對本書的探討無疑具有重大意義。經中列舉出的摩利支天神通大體與前代譯經相同，但增加了部分內容。比如說：摩利支天菩薩遠離一切「怖畏」（恐懼）、「無敢」（怯懦）和「輕慢」（驕傲）。與這三種情緒的疏離事實上說明了摩利支天的戰爭特性，因爲以上三者都會導致戰事失敗。另一個創新之處在於天息災改變了之前一貫使用「怨家」的做法，代之以「冤家」一詞作爲經文的術語。這使二者在意義上產生了極大的區別。就佛教教義而言，前者指的是充滿恨意的惡人，後者則是指敵人。

〔註 1〕見《大藏經》，第 1257 號。

接下去，經文開始說演陀羅尼，然後將摩利支天護身的場景一一列舉出來。這一回摩利支天不再是單純地保護修行者，而是直接使之隱身——這是對隱身印的一種顯著改進。除了保護信徒免受世俗危難外，摩利支天還能起到克服煩惱、迷惑、沮喪等精神苦悶的作用。天息災所譯的經文提供了一系列新咒語，它們往往需要與求取神通的儀式聯繫在一起使用。

與天息災譯經同時期的印度正處在艱難的景況中。王國與地區爭鬥不斷，穆斯林的進攻又於此時達到頂峰。在這一時期，印度秘乘佛教蓬勃發展，建立起一系列寺廟。這些寺廟成為當時各地區的文化中心，它們擁有大量的財富和強有力的武裝，結果也就成為入侵者搶奪和破壞的主要對象。為了反抗軍事壓力，佛教內部掀起了一場運動。形成於十至十二世紀的《時輪金剛經》甚至發出了佛教與印度教聯合起來抵抗穆斯林的呼聲。〔註2〕

據文獻可以推測，摩利支天信仰在那個混亂的時代應該極為流行。和她同時盛行的還有時輪金剛信仰。此二者都在一定程度上受到了印度半島穆斯林因素的影響。

野豬突然成為摩利支天的戰騎，就是以上推測的最好例證。十世紀，摩利支天不僅騎乘在野豬背上，就連野豬血也成為了摩利支天隱身等儀式中的因素之一。在《陀羅尼集經》中，摩利支天已經獲得了「豬臉」神的綽號。所以也可以說野豬的出現是由七世紀經文自然演變而來的。野豬和熊是印歐神話中常見的武士化身。野豬面對敵人時的無畏與勇敢顯然可以在對抗穆斯林的戰役中得到發揚。《佛說大摩里支菩薩經》中野豬的再度亮相也可以視為是對其無畏、勇敢、堅定等品質的褒揚，並以此作為信徒們應當追尋的摩里支菩薩的美德。

目的在於征服、摧毀、迷惑、控制敵人的儀式在這部經文中比比皆是。其中不少儀式在使用時必須書寫冤家的名字，通過摩利支天的幫助，信徒可以獲得敵人的「敬愛」——這個詞大概是用以替代前代經文中的「歡喜」，其含義在於因迷惑而平和下來。

在天息災描述的這些可怕的儀式中，第一卷中的一段短文提到了如何殺死敵人。用毒草、鹽、芥子油和修行者的血混合而成毒藥即可。這種混合物還用以書寫冤家的名字。梵文的「護摩」在這一段中反覆出現，它被盛放在骷髏中。修行者隨之念經八千遍，其冤家將必死無疑。

〔註2〕中村元著，許洋主譯《印度的佛教》，臺北法爾出版社，1988年，第339頁。

對「護摩」的重視也反映出《佛說大摩里支菩薩經》的戰爭要素。經文中提到護摩可用於四種儀式功能：1、息災；2、增益；3、敬愛；4、降服。在標準的密教大法中，護摩還可以「鈎召」，即召攝欲得之人走向覺悟。

《佛說大摩里支菩薩經》中列舉了多種觀想摩利支天菩薩的方法。第一種提到菩薩手持針線，用來縫惡冤家的口眼令其不能爲害。在《成就法鬘》等梵文經典中，這是摩利支天最具代表性的兩種形象之一。它實際上是在解釋爲什麼摩利支天能夠遮蔽、迷惑敵人。這裡還沒有提及她的坐騎。經文接著又提出了許多新的摩利支天像，只不過從前經文中描述的那種持扇摩利支天沒有再出現過。

經文中還論述了一種新的摩利支天曼荼羅。與《集經》中簡略的內容相比，這一曼荼羅十分複雜且詳盡。此處的摩里支菩薩呈現「深黃色亦如赤金色。身光如日頂戴寶塔。體著青衣偏袒青天衣種種莊嚴。身有六臂三面三眼乘豬。左手執弓。無憂樹枝及線。右手執金剛杵針箭。」她的身邊圍繞著八位菩薩，其中只有位於西方的「桉多里曩摩細」菩薩和摩利支天一樣，騎乘著野豬。這位菩薩實際上是摩利支天隱身能力的人格化。通過這段描述可以判斷，摩利支天、隱身力、野豬這三者之間存在著特殊的聯繫。回到曼荼羅中，順時針方向由東南到東北，處於中間位置上的是烏那野摩細菩薩、虞羅摩細菩薩、嚩曩摩細菩薩和支嚩囉摩細菩薩。這幾位菩薩都有三張臉，而其中之一是豬面。

宋朝天息災所譯的摩利支天經流傳情況不明，在古籍中也僅有一處記載，即宋代書法家袁正已抄寫摩利支天經。〔註3〕因後者的年代斷限不明，故無從判斷其所抄摩利支天經是否爲天息災所譯。但我們依然能夠通過材料判斷，宋代個人信奉摩利支天的情況依然存在，這大概也正是促使天息災重新譯經的動力所在。

在這部最後的摩利支天經文中，出現了比以往更多的儀式、象徵、壇法。但即便如此，其主要內容卻並未超出唐朝摩利支天經典所確立的信仰範圍。戰爭的因素、隱身的能力、保護修行者的種種成就法等等組成了中國信徒眼中摩利支天菩薩最基本的特徵。此外的諸多咒語、壇法卻隨著密宗佛教的逐漸衰弱而少人問津。但密宗的漸衰卻並未造成摩利支天神格的泯滅，該神靈在不久之後便又借用道教斗母神的身份重新回到了信奉者的神臺之上。

〔註3〕　（明）安世鳳《墨林快事》，卷七，清鈔本。

第二節　斗母信仰的起源與發展

一、從星辰崇拜到拜斗儀式

在中國古人的觀念中，星辰的形成大體上可分為三種方式。1、物精說，即星辰乃地上萬物之精華上昇天空變成的。《管子・內業篇》言：「凡物之精，比則為生，下生五穀，上為列星。」〔註 4〕《說文》云：「萬物之精，上為列星。」〔註 5〕2、水生說，即認為水蒸發為氣，氣上昇天空成為銀河（雲漢），星就從銀河中生出。三國時人楊泉《物理論》曰：水「吐元氣」，「氣發而升，精華上浮，宛轉隨流，名之曰天河，一曰雲漢，眾星出焉。」〔註 6〕3、日生說，即認為星辰是由日月派生出來的。《淮南子・天文訓》言：「日月之淫為精者為星辰」〔註 7〕。

在猜想星辰的產生方式的基礎上，中國古人還進一步將星象與氣候、人類本身及人類社會聯想在一起。通過長期觀察，人們發現有些星的變化與氣象的變化有密切關係，能主宰颶風和下雨。《尚書・洪範》言：「星有好風，星有好雨。」〔註 8〕另外一些星辰的變化則預示著季節的更替，能起到提醒農時的作用。《鶡冠子・環流》稱：「斗柄東指，天下皆春；斗柄南指，天下皆夏；斗柄西指，天下皆秋；斗柄北指，天下皆冬。」〔註 9〕此外，星象還往往與人間的禍福吉凶聯繫在一起。由於偶然的關係，當人間發生某些不平常的事件時，天上似乎總有一顆星會預先發生變化。由此，中國古人總結出一套不科學的觀測經驗來，並往往依據這些經驗對未來將要發生的事情進行推測。《星經》云：「凡五星，木與土合為內亂，饑；與水合為變謀，更事；與火合為旱；與金合為白衣會也。」「火與水合為焠，用兵舉事大敗；與金合為鑠，為喪，不可舉事，用兵從軍為憂；……與土合為憂，主孽卿；與木合，饑，戰敗也。」〔註 10〕古人還認為茫茫星空中，大小星辰棋布，就如同生活在大地上的人一樣。因此，古人將星與人對應起來，認為天上的每一顆星代

〔註 4〕 黎翔鳳《管子校注》，中華書局，2004 年，第 931 頁。

〔註 5〕 許慎《說文解字》，卷七上，清文淵閣四庫全書本。

〔註 6〕 楊泉《物理論》，清平津館從書本。

〔註 7〕 何寧《淮南子集釋》，中華書局，1998 年，第 167 頁。

〔註 8〕 孫星衍《尚書今古文注疏》，中華書局，1986 年，第 316 頁。

〔註 9〕 《鶡冠子》卷上，四部叢刊景明翻宋本。

〔註 10〕 《史記》卷二十七，中華書局，1959 年，第 1321 頁。

表了地上的每一個人。星星有大小明暗之分，人也有貧富貴賤之別。《鹽鐵論·論災》言：「星列於天，而人象其行。常星猶公卿也，眾星猶萬民也。」〔註11〕

　　星辰與氣象、與人類自身的關係在中國古人眼中顯得十分神秘，這就使他們自然而然地聯想到是星辰在主宰著氣候的變化和人類的生發榮辱。由此，星辰崇拜的觀念產生了。人們禮拜星辰以祈求風調雨順、國泰民安、身康體健；人們占卜星象來預知未來的禍福吉凶以趨利避害。當人們將星和人、星界與人間相混同時，原本物態的星星便漸漸獲得了神的性質和地位。當然，並不是所有的星都能成爲神，而是一些古人認爲較重要的星才被搬入神殿。星神當中較爲重要的幾位有司命、司祿、北斗和南極等。〔註12〕

　　北斗七星的崇拜在星辰崇拜中的地位較爲突出。首先，北斗在上古時代曾與天極十分靠近，是當時人觀象授時的重要標準。《夏小正》曰：「正月初昏……斗柄懸在下……六月初昏斗柄正在上……七月……斗柄懸在下則旦。」〔註13〕因爲北斗與天極非常接近，所以古人也將北斗與極星作爲一個整體來認識，稱之爲「斗極」。斗極處於星空旋轉的中心，群星繞其旋轉，就好像天空的主宰。《論語·爲政篇》曰：「北辰，居其所而眾星共之。」其次，由於北斗似乎處在天穹的中央，而先民以之釐定節候，故北斗又成爲四時秩序的制定者，成爲萬物化生的中心。《太平御覽》曰：「北斗當崑崙，氣注天下，春夏爲露，秋冬爲霜。」《後漢書》言：「斗斟酌元氣，運平四時。」〔註14〕因爲北斗的特殊性，所以很早就被人們奉爲神靈，其職司包括了爵祿、壽夭、豐歉等。《老子中經》言：「璿璣者，北斗君也，天之侯王也，主制萬二千神，持人命籍。」〔註15〕

　　漢民族文化中的北斗七星信仰既起源於遠古時期，又隨著歷史的發展呈現出階段性的變化。在先秦信仰的基礎上，漢代的人們已經開始將北斗七星運行的規律性與當時盛行的陰陽五行學說融彙在一起。《史記·天官書》說：「斗爲帝車，運於中央，臨制四鄉。分陰陽，建四時，均五行，移節度，定

〔註11〕王利器《鹽鐵論校注》，中華書局，1992年，第556頁。
〔註12〕有關星辰崇拜還可參見何星亮《中國自然神與自然崇拜》，三聯出版社，1992年，第227～232頁。
〔註13〕《新唐書》卷二十七上，中華書局，1975年，第603頁。
〔註14〕韋兵《道教與北斗生殺觀念》，載《宗教學研究》，2005年第2期。
〔註15〕《雲笈七籤》卷十八，華夏出版社，1996年，第100頁。

諸紀，皆繫於斗」——在這段材料中，北斗的職能已經不僅僅是「居其所而眾星共之」的籠統概括了，而是掌握著君主職分、代表著自然界規律的最高主宰。發展到魏晉南北朝時期，道教的產生、興起爲北斗信仰帶來了新的內容。北斗的職能進一步細化，甚至於七星中的每一個都代表了一方面的執掌和一塊地區的統轄。「南斗主生、北斗主死」的說法也是在這段時間固定下來的。人們相信北斗是萬物化生的中心，掌管著人間的壽夭，崇祠北斗可以消災去厄，延命致福。當時世道混亂、戰爭頻仍，處於水深火熱中的人們更是虔誠地祭祀北斗，希望可以在亂世中保存性命。《三國志・吳志》中提到周瑜曾請人爲之祈斗請命，《搜神記》中則有顏超拜斗的故事。

　　唐宋是中國文化大發展的時期，儒釋道三教並重，將北斗崇拜推上了高峰。此時傳入漢地的佛教以密宗特爲興盛，本土的道教理論也有了很大的發展，二教既相互爭鬥又相互滲透，呈現出融合的態勢。密宗佛教保留了許多印度教的原始崇拜色彩，對星辰北斗也極爲重視。唐朝三大士之一的金剛智譯有《北斗七星念誦儀軌》等崇祀北斗的密教經文。其弟子僧一行大師則對密教星辰崇拜進一步作出符合漢地文化的闡釋，有《宿曜儀軌》、《七曜星辰別行法》、《北斗七星護摩法》等經典傳世。與此同時，道教信仰中的北斗七星進一步發展，產生了北帝、北辰、北斗九星等諸多新的神格。太微帝君成爲北斗七星的師尊、北斗九星中的最後一位。他「上理斗極，下統酆都」，〔註16〕地位極爲尊崇。此外，北斗九星還包括了紫微帝君，他又被稱爲「北帝」，是道教「三官」（上元一品天官、中元二品地官、下元三品水官）的總管者。從七星到九星，兩位天帝的加入進一步提高了北斗的神品。在當時的人們看來，主持本命生死的北斗星君是必須要祭拜以及討好的。《太上玄靈北斗本命長生妙經》言：「北辰垂象，而眾星共之。爲造化之樞機，作人神之主宰，宣威三界，統御萬靈，……五行共稟，七政同科。有回生注死之功，有消災度厄之力。……凡夫在世，迷謬者多，不知身屬北斗，命由天府。」《太上玄靈北斗本命延生妙經》言：「我故示汝妙法，令度天民，歸眞知命。可以本命之日，修齋設醮。啓祝北斗，三官五帝，九府四司。薦福消災」。這就更是明確告誡道友要在本命日祭祀北斗以取得福祿。

　　此外，祭祀北斗的齋醮科儀還有《北斗七元紫庭延生秘訣》、《葛仙翁禮

〔註16〕杜光庭《道教靈驗記》，見《雲笈七籤》卷一一九，中華書局，2003 年，第2637 頁。

北斗法》、《北斗七星燈儀》、《北斗本命延生燈儀》等。〔註17〕通過此類科儀文書，拜斗的儀式在道教傳統中確定下來。唐宋時期的北斗崇拜進一步發展，並且在一定程度上呈現出融合的趨勢，為斗母神的出現奠定了基礎。

總之，從原始社會的星辰崇拜，到文明社會的拜斗儀式，再到佛道教中地位崇高的斗神出現，北斗七星一直是中國信仰體系中舉足輕重的一員。斗母神的產生雖然較為晚近，卻是基於這種在極長的歷史時期內不斷延續、發展的北斗星辰崇拜的。在開始論述斗母神信仰的歷史及地域分佈之前，有必要對星辰崇拜、北斗信仰做一個背景性的論述。

二、北斗主神的塑造和斗母的出現

為了方便對北斗七星進行崇拜，人格化的北斗星神傳說也就伴隨著信仰的完善而漸漸發展起來。據記載，至遲在公元一世紀，就已經有了北斗星神的模樣。山東嘉祥武開明墓石祠有「北斗星君圖」，圖中北斗七星前四後三組成車駕騰雲駕霧而行，上有一頭戴斜頂高帽的神靈角色。該星君還有一位輔佐仙人，手持小星站在北斗第六星旁。〔註18〕此後，北斗星神人格化的步伐繼續前進，但卻不是沿單一線條發展，而是表現出眾說紛紜的狀況。東漢時的緯書《河圖始開圖》曰：「黃帝名軒轅，北斗神也，以雷精起。」這就將上古帝王黃帝視為是北斗主神，以祖先崇拜與自然崇拜相互配合、闡釋。齊梁間陶弘景所作《真靈位業圖》言：「第七左位：鬼官北斗君周武王。」又把北斗星神的位置讓給了周武王。這之後，北斗星君在茅山道派體系內的位置便確定下來，成為七個等位的神仙序列中第七等左邊的領班。北宋道教名著《雲笈七籤》則列舉了更多的說法：「北斗君字君時，一字充。北斗神本江夏人，姓伯名大萬，挾萬二千石。……北斗君姓陳名奉常，字百萬，江夏人。」這不僅提到了北斗星神的姓名字號，甚至還提到了其籍貫。與前代不同的是，《雲笈七籤》中的北斗星神都是由人轉變而來的，他們在史籍上名不見經傳，因此便將北斗星神的地位拉低了。

在北斗星君之外，還出現了北斗九皇這一組人格化的神靈。「九皇大帝」

〔註17〕韋兵《道教與北斗生殺觀念》，載《宗教學研究》，2005年第2期。
〔註18〕王琛發《從北斗真君到九皇大帝——永不沒落的民族意象》，該文曾於2001年由馬來西亞道教組織聯合總會宗教文化研究中心刊印單行本，後又於2008年修訂。

的名號最早見於《雲笈七籤》中，是在保持北斗星君的同時將北斗每一顆星辰的執掌和稱呼具體細化後的結果。起初，北斗九皇指的是七顆北斗星再加其旁的兩顆輔星。但到了後來，九皇的身份發生了改變，紫微大帝和勾陳大帝二者加入到由七星組成的神靈隊伍中，成爲九星。這樣一來，北斗便不再是一個神，而是九個神。九皇的地位甚至可以和玉皇大帝平起平坐，乃至於有人認爲他們實際上是「古佛」的化身。北斗星神由一而化爲九並伴隨地位的提升，這就爲日後九皇之母斗母元君的出現埋下了伏筆。相傳爲唐代道家名人呂洞賓所作的《呂祖志》中首次出現了「九皇眞母」的稱號。但由於此處的「九皇」是否專指北斗七星及紫微、勾陳二君尚無定論，故無法判斷這位「眞母」是不是後世所稱「斗母」。

斗母（姆／姥）作爲北斗主神、九皇之母，其出現的時代大約爲宋朝。在成書於北宋時代的《太上北斗二十八章經》〔註19〕中可以看到如下的一段記載：

> 昔漢明帝遊終南山，見一女人，身著素衣，披髮跣足，端然坐石不起。帝曰：朕爲天下兆民之主，卿是何人，見朕失儀？女子答曰：吾是昊天玉皇帝車之臣，北極七元掌籍之星，君是何人，教吾施禮？帝龍顏失色，稽首拜謝：朕爲兆民之主，不遇眞仙，今幸得遇，稽首再拜，得濱眞聖慈採，夙生有緣，即非今日之因。伏願元君慈憫，傳付眞訣，將治身命國家，群臣各各信受，伏願元君不惜大淵之寶，重舉雷音，朕將宣佈天下，流遍山河，萬民同朕遭遇洪範。稽首再拜，起身進步，以目觀之，見雲霧布頂，身足霞采，瑞氣騰空五尺，七聖居住其上，二官在後。元君曰：吾非一聖，乃七人也。二星官者，是斗中注人間善惡星官，名號左輔右弼之星。帝曰：七星何名？元君曰：一名貪狼，二名巨門，三名祿存，四名文曲，五名廉貞，六名武曲，七名破軍也。

經文中披髮跣足的素衣女子，雖然尚未有「斗母」的稱號，卻已經自稱是「七元掌籍之主」，乃是北斗七星人格化的神靈，漢明帝稱之爲「元君」。值得注意的是，此處的女神還並不是居於北斗之上的神靈，而是北斗七位星君及兩位輔弼之星共同合併而來的。由一人而兼領九位星君，這種神格的出現已經爲斗母元君化生九皇的傳說奠定了基礎。

〔註19〕見《正統道藏・洞神部・本書類》，第 656 號。

北斗七星之母這一前所未見的新神靈首次在道教經文中正式出現，是在宋世所傳《玉清無上靈寶自然北斗本生眞經》之中。〔註20〕經曰：

> 在昔龍漢，有一國王，其名周御，聖德無邊，時人稟受八萬四千大劫。王有玉妃，明哲慈慧，號曰紫光夫人。誓塵劫中，已發至願，願生聖子，輔佐乾坤，以禪造化。後三千劫，於此王出世，因上春日，百花榮茂之時，遊戲後苑，至金蓮花溫玉池邊，脫服澡盥，忽有所感，蓮花九包，應時開發，化生九子。其二長子，是爲天皇大帝、紫微大帝；其七幼子，是爲貪狼、巨門、祿存、文曲、廉貞、武曲，破軍之星；或善或惡，化導群情……紫光夫人，亦號北斗九眞聖德天后、道身玄天大聖眞后；應現上天南嶽，是名慶華紫光赤帝之尊。

這是道經中首次提出北斗本生傳說，以「紫光夫人」作爲北斗七星的母親。在這裡需要注意的一點是：爲什麼紫光夫人所化生出來的「九子」，不是傳統意義上的北斗九星，而是天皇、紫微二大帝君和北斗七星呢？對於這個問題，王家祐先生在其《道教論稿》中的分析也許能夠幫助理解。自古以來，極星崇拜便是北斗信仰中不可或缺的一部分。正所謂「譬如北辰，居其所而眾星共之」——極星處在眾星之樞紐，往往對應人間的帝王，因此也稱爲「帝星」。但由於歲差的存在，人們才開始直到北極星會碎時間的推移向東略微移動，約七十年而相差一度。故從周代到明清，玉皇、紫微、勾陳三星都曾經位近北極，因而被視爲帝星。〔註21〕玉皇早在唐代已經被封爲天宮主尊，紫微亦有帝號，與北斗同列爲祭祀的對象。因爲天皇、紫微與北斗的特殊關係，故而在「九皇」傳說的產生和演變過程中被視爲是一個整體。這大概可以解釋紫光夫人化生九子，天皇、紫微稱爲北斗七星的大兄、二兄的原因所在。

　　爲了圓融《北斗本生經》中紫光夫人化生斗星與天皇、紫微二帝君加入其間的矛盾，《太上玄靈斗母大聖元君本命延生心經》對斗母「元君」的身份和九子的地位作出了重新定義，經文曰：

> 斗姥尊號曰：九靈太妙白玉龜臺、夜光金精祖姥元君。又曰：
> 中天梵炁斗姥元君、紫光明哲慈惠太素元后、金眞聖德天尊。又化
> 號：大圓滿月光王。又曰：東華慈救皇君、天醫大聖。應號不一。

〔註20〕見《正統道藏・洞眞部・本書類》，第 45 號。
〔註21〕王家祐《道教論稿》，巴蜀書社，1987 年，第 17 頁。

主治中天，寶閣祖劫，在玄明真淨天，修行玄靈妙道，勤奉元始至
尊。慧香氤氳，智燈朗曜。每發至願，願生聖子。補禪造化，統制
乾坤。願力堅固，終始如一。因沐浴於九曲華池中，湧出白玉龜臺、
神獅寶座。斗母登於寶座之上，怡養神真，修煉精魄。沖然攝炁，
炁入玄玄。運合靈風，紫盧蔚勃，果證玄靈，妙道放無極微妙光明，
洞徹華池。化生金蓮九苞，經人間七周夜，其華池中光明愈熾愈盛，
其時一時上騰九華天中，化成九所大寶樓閣。寶樓閣中、混凝九
真……應現九皇道體，一曰天皇，二曰紫微，三曰貪狼，四曰巨門，
五曰祿存，六曰文曲，七曰廉貞，八曰武曲，九曰破軍。天皇紫微
尊帝二星，居斗口娑羅上宮，真光大如車輪。得見之者，身得長生，
位證真仙，永不輪轉。二星分作餘暉，為左輔右弼，為擎羊陀羅。
神化無方，總嶺玄黃。正炁 七元星君，斡運陰陽造化。功沾三界，
德潤群生。其功德力不可思議。〔註22〕

以上《斗母心經》與《北斗本生經》對比，其特點有三：首先，「斗母」的稱
呼取代了之前的「紫光夫人」之號，更好地體現出斗母作為北斗之母的身份。
此外，斗母還增添了眾多神名，以表示其地位崇高慈悲遠大，與之前紫光夫
人身為凡婦可謂是天壤之別。其次，斗父即周御王不再出現於經文之中。斗
母化生九皇，原因在於侍奉元始天尊，發願誕生聖子。隨著斗母地位的提高，
周御王這一凡間的聖人已不足以匹配。且斗母與元始天尊陰陽相對，也便不
能再與別的什麼人物結為夫妻。其三，九皇第一天皇、第二紫微二位尊貴星，
分作餘暉，為左輔右弼。這便是將北斗九星中的輔弼二星視為是天皇、紫微
二星神的化身。因此，即使天、紫二星神不在北斗之中，但仍有化身處於九
曜之內。這就從根本上調節了斗母化生九子而二子不在斗星之內的矛盾。此
後，北斗七星與輔弼二星便可以正式視為是九皇，是斗母所孕育之九子。同
樣以這個理論來理解斗母身份的變化，則「紫光夫人」也可以視為是斗母在
凡間的化身了。

三、斗母的神格

宋代斗母剛剛步入道教的眾神殿，其最重要的神格及信仰內涵，大多是

〔註22〕《正統道藏・洞真部・本書類》，第 648 號。

從九皇之處延伸而來的。概括來說，斗母最初的神格主要爲如下幾點：首先，她是九皇之母，化生了天皇、紫微二位重要的道教神靈。她亦是天上眾星之母，是統御一切星辰和至上帝星的最高主神。她與元始天尊陰陽對應，位次更是可以與三清並駕齊驅。因其爲先天元始之陰神，故斗母的法相便象徵著「道體」，謂爲「象道之母」。〔註 23〕以上便是斗母在道教教義中的地位。在實際的崇信活動中，普通道教徒的關注點往往並不在於該神靈具有怎樣崇高的教理地位，而在於她是否能爲自己解決生活中的困境。因此，斗母最重要的神格也便不是「先天道姥」的虛稱，而是她實際所掌管的生死病痛與壽夭福祉。

斗母所具備的最重要的神格，是來自北斗的本命之司。上文已經提到星辰崇拜中生發的本命星崇拜，和「北斗主死」對人類壽命的管轄等內容。宋代，斗母產生之初，因其與北斗及眾星存在母子關係，故而一時間其子所具有的宗教含義——即操縱人的壽命，掌管人的元辰等，也便轉移到了她的身上。《北斗本生眞經》言：「中天七星，巍巍赫奕，統御群曜，斡旋炁運，斟酌死生，威力至重。」斗母乃是北斗七星的母親，地位和能力當然不能低於北斗，故是經又言：「若有信心男女，能於上春日一心齋戒，肅爾神明，設九光醮，迎請紫光聖母並七元君，虔恭奉獻，縱有多劫十惡重罪，冤家苦報，如九日輪照於冰山，應時消釋，上至國王大臣，下及民庶，能奉之者，感獲景貺，福壽增延，無量天眞俱來擁衛，見世圓滿，子孫昌盛，命終之後，超生大梵眞天。世上之士，若能常誦《九光眞經》，設九光醮，持紫光名，智慧福壽，如彼甘泉，隨汲隨發，受用無盡，此功德藏世間第一，汝當傳佈，助我道風。」由此可見，斗母與北斗七星一樣，都具有消解罪業、增進福壽的能力。原本由北斗所掌持的人命生死禍福等等內容，都可以通過將斗母與七星共同供奉的方式祈禳。

對於尋常信徒而言，斗母主生的神格已經足以使其成爲眾人祈求福報的對象。但在更爲純粹的道教信徒中，斗母的重要職司還在於她掌管著「煉度」，即《太上玄靈斗母大聖元君本命延生心經》中提出的「煉度鬼神」一說。道教所宣揚的超越生死的途徑，主要分爲活人升仙和死後尸解成仙兩種。《元始

〔註23〕 王琛發《從北斗眞君到九皇大帝——永不沒落的民族意象》，該文曾於 2001 年由馬來西亞道教組織聯合總會宗教文化研究中心刊印單行本，後又於 2008 年修訂。

無量度人上品妙經》言「上學之士，修誦是經，皆即受度，飛升南宮。世人受誦，則延壽長年，後皆得尸解之道，魂神暫滅，不經地獄，即得反形，遊行太空」，〔註24〕此即是對飛升及煉度兩種成仙途徑的概述。白日飛仙在早期道教文獻中多有所見，如杜光庭《王氏神仙傳》所載王子喬「好神仙，七月七日上賓天」，忽乘鶴飛升等故事。〔註25〕但此類故事多帶有玄虛色彩，日久不免使人感到懷疑，於是道士們提出了死後尸解升仙的說法來堵塞這一漏洞。魏晉清整道教時陶弘景《真誥》已經出現了「太陰煉身形，勝服九轉丹。形容端且嚴，面色似靈雲。上登太極闕，受書為真人」〔註26〕等對死後煉度成仙的描述。至唐人薛少微注《元始無量度人上品妙經》時，更是系統地提出了正常死亡後的「文解」，火焚後的「火解」，水淹後的「水解」及被人殺死後的「兵解」等一系列死後奉道成仙的說法。〔註27〕延及南宋，太陰煉形已經成為道教中專門的一類，各種煉度品層出不窮。各家新出教派中王契真所創東華派尤其重視「煉度」，該派所編《上清靈寶大法》〔註28〕中單獨列出了「水火煉度品」與「祭煉幽魂品」各一卷。

　　在諸多煉度儀式中，星辰崇拜都是不可或缺的一部分。所謂「北斗落死，南斗上生」，故要想從屍身中解脫出來，重獲不朽的肉體並飛升成仙，修持者必然要先經由「割移死籍注生南曹」的過程。《上清靈寶大法》載曰：「以太上為主，次以北斗為宗，苟能禮物精豐，心誠丹磬，何善不降，何惡不除」。又有所謂「三晨玄樞壇」，要求修持者在當中設壇祀北極大帝、天皇大帝，並列北斗九皇、南斗六司、日月三臺、三元將軍、十二支神、太歲等於壇中享祀。在煉度品大行其道之時，包括北斗信仰在內的星辰崇拜也昌盛一時。斗母即為北斗眾星之母，便理所當然受到了道教中追求煉度成仙者的崇拜，《斗母心經》言其「生成人物，煉度鬼神」，便是對這一方面神職的明確表達。

　　為了與佛教爭奪信徒，晚出的道教神靈往往兼具佛教菩薩「普度眾生」的職能，以其慈悲廣納心懷各種需求的信眾。因此，《北斗本生真經》最後提到說：「仁哉紫光天，善能變現身。男形或女形，應機而接物。歸命北極母，

〔註24〕《正統道藏·洞真部》，第 1 號。

〔註25〕杜光庭《王氏神仙傳》，卷二。引自《說郛三種》，上海古籍出版社，1988 年，第 132 頁。

〔註26〕陶弘景《真誥》，卷四。中華書局，2011 年，第 77 頁。

〔註27〕張勳燎、白彬《中國道教考古·四》，線裝書局，2006 年，第 1329 頁。

〔註28〕《正統道藏·正一部》，第 1242 號。

無盡功德海。」由此可以看出早自宋代斗母信仰產生之時，斗母已經具備了崇高的神格，無比的神通及度世的慈悲。她的地位與能力不似別的原發神靈那般層層疊加、逐步推進，而是一開始就被人爲放置在一個超越的地位上。

第三節　摩利支天與斗母的信仰分佈

上文概述摩利支天信仰時，將其與密宗在中國的發展做等量齊觀。唐代以後，隨著密宗的沒落，摩利支天信仰也漸趨邊緣化。五代十國混亂時期，尚有偏安政權南唐，命宮廷畫師曹仲元作摩利支天像的記錄。在此以後，摩利支天逐漸被與道教斗母相融合，其原本的信仰含義被掩蓋，逐漸變成了相當流行的民間信仰，並在宋代及其後繼的統治者之中受到推崇。

一、宋代摩利支天信仰的傳播及重要的寺院──以法淨禪寺爲例

南宋初年曾有過隆祐太后（或言宋高宗）習摩利支天法得庇祐的故事。雖然這個故事的眞假難以判定，但卻事實上成爲後來人接受摩利支天信仰的關鍵因素之一。中國的宗教從未眞正與政治分野，代表國之正統的皇帝也是代表教之正統的領袖，他的信仰往往會成爲天下百姓跟風仿傚的對象。在今日的西湖西面，稽留峰北坐落著法淨禪寺。該寺又稱中天竺寺，始建於隋，盛於宋，乃中印度高僧寶掌禪師所創。隋開皇十七年（公元 597 年），師參遊經此地，感歎山水之勝而爲賦曰：「行盡支那四百川，此中遍稱道人遊」。於此清淨禪定，建立道場，肇中天竺伽藍之端。五代十國時，吳越政權賜額「崇壽天聖寺」。北宋時期，宋徽宗爲了祈求江山永固，賜額「天寧萬壽永祚禪寺」。南渡之後，在紹興末年宋高宗感夢，於是迎請護國摩利支天像奉於禪寺中。當時有所謂「尊表五山，品評江南名寺」之事，中天竺位居禪院十剎之首。元天曆年間，圖鐵木爾召見該寺大欣禪師，賜封「廣智全悟大師」，改中竺寺爲「天曆永祚禪寺」。〔註29〕

法淨禪寺從五代以來一直是江南佛教叢林的魁首，爲歷代王朝所尊奉，尤其在宋代崇道的背景下仍然得到了不少恩賜，可見其地位之崇高。今日所見禪寺之內最爲特別之處，在於設有一尊摩利支天像立於天王殿彌勒菩薩背

〔註29〕以上有關法淨禪寺的內容，參見《中國佛寺志叢刊》第 68 卷《法淨寺志》，廣陵書局，2006 年，第 20～21 頁。

後，面對大雄寶殿，取代了韋陀護法天王的地位。從寺志時發現，在南宋高宗最初迎請摩利支天時，是單獨設下一個大殿予以供奉的。後來中天竺寺經文革洗劫，所有殿堂佛像均遭破壞。上世紀 90 年代復興之後便採取了摩利支天立於彌勒之後爲護法天王的形式。如今禪寺內所供摩利支天像，三頭三眼八臂，左側爲豬臉，上兩手空不持物，中兩手有弓箭，下兩手持羂索、無憂花，又有兩手於胸前合十。菩薩袒露上身，立於蓮華之上，垂目做慈悲相。從寺志來看，法淨禪寺無疑是江南地區最重要的摩利支天崇拜場所，其香火久歷不衰，得益於歷代王朝的重視和皇帝的賜封。這種情況和明清以來媽祖娘娘的盛行極其相似。可惜因爲摩利支天始終是一個模樣怪異的密教菩薩，不爲中土民眾所熟知。故而在江南地區傳播只限於浙江、江蘇一帶。也許是南宋王朝的偏安特性，得其推崇的摩利支天信仰也未曾在全國範圍內取得優勢地位。但無論如何，不能忽視的是正統王朝理念對摩利支天信仰分佈所發揮的重要影響。

除法淨禪寺外，蜀地及關中地區在宋代亦存在摩利支天信仰。宋皇祐年間（1049～1054），蜀地定遠縣獨巍山上古道觀出現了「摩利支天菩薩」六字摩崖石刻。〔註30〕其時，汝南亦有書法名家袁正已書寫《摩利支天經》。〔註31〕

二、斗母信仰的萌發與摩利支天信仰理論的重構

另一方面，斗母的崇祠在宋代尙處於萌芽階段。上文已經對斗母產生的緣起、時間、神格等問題做了初步探討，斗母信仰的地理分佈則將在本節中進行論述。經文中所見的斗母大約出現於兩宋之交，中國北斗崇拜的深厚傳統是其植根的信仰土壤。概括說來，斗母的神格主要有如下幾點：1、她是九皇之母，化生了天皇、紫微二位重要的道教神靈。她亦是天上眾星之母，是統御一切星辰和至上帝星的最高主神。她與元始天尊陰陽對應，位次更是可以與三清並駕齊驅。因其爲先天元始之陰神，故斗母的法相便象徵著「道體」，謂爲「象道之母」。2、她是主司本命的神靈，掌管人的禍福壽夭。3、她是掌管尸解煉度成仙的重要神靈。此外，在佛道融合的大背景下，斗母還具有菩薩的普渡慈悲和萬能神通。斗母的神格是她吸引信眾、得到崇祀的根本原因。

〔註30〕（明）杜應芳、胡承詔《補續全蜀藝文志》，卷五十五，明萬曆刻本。
〔註31〕（明）安世鳳《墨林快事》，卷七，清鈔本。

從宗教心理學的角度出發，不同的人類群體會對不同的神格產生興趣，因此也就形成了不同形式、不同地域的斗母崇拜。接下來便進入到具體分析之中，看看斗母這一晚出的道教神靈是如何在全國範圍內建立起自己的權威，吸引各種類型的信仰團體。

宋代，當斗母剛剛出現在經典之中時，其神號及神職都未確定，化生九皇便成了她最主要的功績。雖然《太上玄靈斗母大聖元君本命延生心經》記錄她為「天醫大聖」，似乎與某種符籙丹藥有關，但卻不見她在道教丹鼎經文中有什麼具體的表現。據宗教學的相關理論來看，斗母初生時應該還沒有屬於自己的道場及信眾群體，使她神格豐滿的往往是一些後世晚出的神異故事，而這些神異故事才是吸引信眾的關鍵。隆祐太后（或宋高宗）在兵亂中得斗母（或摩利支天）護祐的故事是斗母顯現其神通的最早記載。當時，她已經在很大程度上與摩利支天發生了融合，故而在傳說中往往有兩者並存的影子。據推測，在此時出現斗母傳說，很大程度上是和宋朝皇室「太后——皇帝」式的統治格局有關。換句話來說，即天上的「斗母——九皇」格局投射在了人間的秩序之上。宋代曾先後九次由太后垂簾聽政，仁宗時的劉太后，哲宗時的高太皇太后都曾因皇帝年幼而長期秉政，並有不肯還政的徵兆。雖然在「與士大夫共治天下」的祖宗成法壓迫下，宋代后妃聽政受到了來自官僚階層的抵制，未造成王朝更替等政治變局。〔註32〕但后妃長期把持朝政，以「母后」的地位和孝悌的觀念抑制皇權，終究還是在宋朝的政治氣氛中形成了一種「太后——皇帝」式的新觀念。宋朝統治者對孝道觀念的重視及對祖宗成法的尊重進一步強化了這種觀念。

隆祐太后孟氏原本是哲宗的廢后，長期居住在瑤華宮中。她信奉道教，被廢之後一心修煉，名號為華陽教主、雲清妙淨仙師，法名沖眞。哲宗駕崩徽宗即位後，孟氏曾短暫地恢復過皇后之位，但不久後由於宦官及蔡京的壓力，她再度被廢。公元 1127 年金兵入汴，徽宗欽宗被俘，宋臣張邦昌迎孟氏元祐皇后入延福宮，尊為太后並請她垂簾聽政。高宗登極，太后撤簾還政，不久後南下金陵，被尊為隆祐太后。〔註33〕隆祐太后並不是宋高宗的生母，且她在宮廷鬥爭中屢次失敗，不止一次遭到廢黜。從政治資歷來看，她無疑

<hr />

〔註32〕諸葛憶兵《論宋代后妃與朝政》，載《南京師大學報（社會科學版）》，1998年第 4 期。
〔註33〕《宋史》卷二四三，中華書局，1977 年，第 8632～8638 頁。

是個失敗者。但當宋朝危亡，汴京皇室幾乎全部被金人掠走之時，她卻被朝臣推了出來，成為一個極具象徵意義的政治符號。正史本傳沒有過多地記載她在垂簾聽政時的表現，反而著重寫了她在高宗登基之後立刻下詔還政的舉動。這樣的歷史描寫實際上向我們展示了當時人對上述「太后——皇帝」格局的接受和理解。當皇帝被俘，國家動亂之時，太后肩負起了正統權力的職責，穩定人心並挽回政治敗局。但一旦新皇即位，則權力的中心必須回歸到皇帝的手中，太后功德圓滿順利讓出權力，即象徵著國家運作重新回歸到正常化的軌道之中。隆祐太后和宋高宗的關係與天上斗母與九皇的關係形成了強烈的對應，由此可知，斗母庇祐隆祐太后的傳說實際上正是出自於宋人心目中合理的「太后——皇帝」格局。具體的傳說內容上文已有列述，接著便需要對其影響及斗母信仰的傳佈做出分析。

三、摩利支天——斗母理論體系形成的影響及其分佈特點

上文舉出了西湖法淨禪寺崇拜摩利支天是出於隆祐太后感夢之傳說的例子。在這裡，斗母和摩利支天的融合混淆了這一故事的佛道界限，成為二教都可以運用和發揮的有利資源。關於法淨禪寺此處不再做重複論述。從隆祐太后的故事中可以提取出了「太后——皇帝」這一影響兩宋政治格局重要的思想理念。此外，該故事還反映出了一個影響著中國各類信仰的關鍵因素，即「護國」的神通。在中國的信仰傳統中，官方的鼓勵和支持是一種崇拜體系發展壯大的重要推動力。中古的泰山信仰和近古的媽祖崇拜都是在朝廷的重視之中得到標榜，由此成為一股風尚的。因此，不論是道教神還是佛教神，能否得到官方的認可直接影響著此後的生存和發展。斗母在宋代產生之時，其記載僅限於少數道教經文，其影響也跳不出道教系統之外。但當她與王朝存滅、與帝王太后扯上關係，則其地位和影響便得到了大幅度的提升。

現存供奉斗母的道教宮觀，有上海的欽賜仰殿，為唐太宗李世民敕建，後雖遭毀棄重建，其「欽賜」之名卻未曾變化。欽賜仰殿供奉著歷代正祀之神，如東嶽大帝、碧霞元君、南海觀音、天妃聖母等等，屬於民間淫祀的各種地方神不在其供奉之列。斗母與以上諸神並列，有專門的斗母宮配享，可見她已經被認可為「欽賜」神靈的一員，可以合理合法地存在於國家信仰體系內。斗母的這種地位的確認，無疑與她在兩宋交替之時所發揮的「護國持法」作用有關。在傳說中她認可了南宋趙氏朝廷的正統性，並協助其對抗北

方金人蠻夷之國；在現實中正統王朝亦認可了斗母，將她納入到國家信仰體系之內。後世的信仰者接受了這種雙向認同，將「護國」視爲斗母的重要神職之一。至明清時代，史籍中仍記載有天子賜斗母像於臣下，或是敕建斗母廟的事迹。護國持法使斗母在統治者之中得到了認可，反過來推動了斗母信仰在正統體系內的延續和發展。

與宋朝對立的遼金，文獻記載較爲缺乏。金貞祐年間（1213～1217），朔方人有的舉家信奉摩利支天咒，以保身立命。後來，南渡遷往永寧居住，依然廣泛傳播摩利支天咒。〔註34〕此外，高延青主編《內蒙古珍寶·雜項卷》〔註35〕記載內蒙古赤峰市巴林右旗的遼慶州釋迦佛舍利塔相輪樘曾出土一冊長5.2釐米、寬2.9釐米的抄袖珍《佛說摩利支天經》。可見遼國時慶州也存在摩利支天信仰分佈。又筆者拍攝到山西大同善化寺大雄寶殿內金代彩塑摩利支天像，說明金代山西境內亦有此信仰。當然，宋代民間摩利支天信仰的分佈，還是大大少於明清時期。但是，宋遼金夏時期卻是摩利支天信仰的重要發展時期，由於這種信仰隨著密宗的衰落，而與中國本土化的因素相融合，因此也就爲此後民間大規模信仰摩利支天創造了條件。由於宋代摩利支天信仰的流佈在民間並不廣泛，因此筆者在下文對此作一簡單的敘述，以下爲遼宋夏金時期摩利支天信仰分佈表。

表三：遼宋夏金時期摩利支天信仰分佈表

區域	名　稱	分佈地點	出現時期	信仰主體	類別	史　源
華北	華嚴寺	大同府	遼清寧	皇室	廟觀	朱兆瑞《佛教名剎華嚴寺》
華北	摩利支天經	慶州	遼代	民間	佛塔	高延青《內蒙古珍寶·雜項卷》
華北	摩利支咒	忻州	宋貞祐	民間	廟觀	《續夷堅志》卷二
華北	摩利支經	豫州汝南縣	宋代	官府	廟觀	《金石萃編》卷一百二十四
華北	摩利支咒	朔方永寧縣	金禎祐	民間	書畫	《續夷堅志》卷二

〔註34〕（金）元好問《續夷堅志》，卷二，清刻本。
〔註35〕內蒙古大學出版社，2007年。

區域	名　稱	分佈地點	出現時期	信仰主體	類別	史　源
華北	摩利支天像	五臺山	金代	民間	書畫	《中國寺觀雕塑全集》
西北	摩利支經	京兆府	宋代	官府	廟觀	《大藏經》
華東	摩利支像	開封—臨安	宋高宗	皇室	書畫	《法淨寺志》
華東	中天竺寺	臨安	宋高宗	皇室	廟觀	《法淨寺志》
華東	摩利支經	臨安	宋高宗	皇室	書畫	《金石萃編》卷一百二十四
西南	摩利支洞	定遠縣	宋皇祐	民間	廟觀	《補續全蜀藝文志》卷五十五
中南	元辰殿	南嶽衡山	宋大觀	官府	廟觀	《林蕙堂全集》卷十一
西南	摩利支像	大足縣	宋代	民間	石窟	劉長久《大足石刻研究》
西南	摩利支像	安岳縣	宋代	民間	石窟	胡文和《四川道教佛教石窟藝術》

注：本表的分佈地點主要以今地名爲主，以便利於方家指正。其中在「信仰主體」上，
　　皇室、王室主要指爲帝王或國王所信仰或建造，官府則指爲官府主持建造，官僚
　　指官員個體信仰，民間則指爲不帶有官方色彩的信仰或募集資金；而在「類別」
　　上，廟觀指有關摩利支天信仰的寺廟或道觀，書畫則爲有關摩利支天信仰的典籍
　　或繪畫作品，道場則指摩利支天相關信仰的水陸法會。

　　由上表描述所示，摩利支天信仰逐漸向西北區、東北區、西南區擴展，
這些寺院雖然數量較少，但如果我們將隋唐及以前的信仰範圍加以擴展的
話，就會發現此等信仰的流佈，不僅是逐漸由發達區域向次發達區域擴展的，
也是逐漸由內地向邊疆地區擴展。此外，考慮到摩利支天信仰逐漸弱化，斗
母信仰與星辰信仰的逐漸興起，這也證明摩利支天信仰的原旨教義，已不能
夠完全滿足皇室保衛江山的需要，這樣此等信仰在中原地區也就沒有了被皇
室推廣的必要。相反，摩利支天信仰會以民間傳播的形式，逐漸由中原向邊
疆地區擴展。除了一些寺院以外，摩利支天信仰已經不能再完全保有它的原
旨特色了。

　　再從摩利支天信仰的分佈省份來看，我們會發現宋代摩利支天信仰分佈

於七個不同的區域。從各省的所佔比重來看，江南地區仍然佔據較大優勢，浙江所佔比例達到 23.5%；而在北方，佔據較大優勢的則是山西和陝西，所佔比例達到 17.6%；其他各省雖然也有分佈，但卻不占較大優勢。並且由於宋代屬於民族政權並立的時期，因此幾個不同民族政權區域都存在摩利支天的信仰，這也是宋代摩利支天信仰與之前各代所不同的地方。雖然南北朝時期也是屬於民族政權對峙的時期，但是摩利支天信仰卻主要分佈於漢族政權一方，這證明當時的漢文化發揮了重要作用，它可以不用佔領或統領，就可以將自身原有的文化複製到其他文化範疇中去；不僅如此，作爲外來的摩利支天信仰，也通過中原文化作爲軟性載體，不斷地向邊疆地區擴展；特別是在當時並不屬於宋王朝所控制的內蒙、山西北部，都有摩利支天信仰的流佈，並且這種信仰還逐步的爲更多的中下層民眾所。所以，這是遼宋夏金時期摩利支天信仰的分佈特色之一。

　　宋代摩利支天信仰分佈的幾個細節加以探討。其一，宋代摩利支天信仰從地域上擴展到了北方邊疆、華中區，以今省論之信仰區域由之前的 10 個省增加到了 13 個省，這也是中國及周邊範圍內，摩利支天這種最正宗稱呼分佈最爲廣泛的時代。其二，從稱謂上來看，又出現了元辰這種信仰，元辰信仰出現後分佈的區域，主要在山西、陝西和湖南。這種元辰信仰帶有濃厚的道家色彩，加之考慮到宋金皇帝比較寵信道教，將元辰殿修建在山西和陝西，意味著「拱衛北辰」的味道更加濃厚一些，皇家的特色彰顯無遺。而南嶽衡山又是道教名山，所以道佛二教在理論上相互吸取對方精髓，從而出現了元辰信仰，爲之後的斗母神擴展提供了基礎，同時也爲明清時期華中區以斗母神爲稱謂的摩利支天信仰擴展提供了條件。其三，從此等信仰的分佈地域來看，主要集中於京兆府、開封府和臨安府，屬於當時的首都或大型城市，而在漢族地區特別是中原地區廣大的中小城鎮與鄉村並沒有較多的分佈，這種狀況與宋代發達的城鎮商品經濟極爲不相稱。雖然在中原政權與少數民族相接的邊境地區，此等信仰有了較大的發展，特別是在山西、陝西和內蒙區域；但是通過仔細的比較，我們從中不難發現，這些地方的摩利支天信仰要麼以「元辰」稱謂爲主，要麼便是地處深山的中小城鎮，地形複雜交通不便，不利於摩利支天信仰的進一步擴展。這種狀況的出現，既是摩利支天信仰受眾面較小的致命後果，也是經義較難、難以爲普通信眾所接受的必然結果，同時也爲此後正宗摩利支天信仰的衰落，以及爲普通信眾所接受的、佛道合一的斗母或斗姥信仰的大規模傳播埋下了伏筆。

　　由上面的分析，我們可以比較容易的掌握摩利支天信仰的擴展方式，但同時還需要解決其他時期所不太常見的問題。第一，由於民族政權林立，摩利支天信仰的擴展是否會受到政權林立的影響？通過分佈表格，我們瞭解到遼代有 2 處信仰，金代有 4 處信仰，宋代有 10 處信仰，還有 1 處據信應當是元建立以前的一兩百年內出現，但到底歸屬哪個政權，卻無從知曉。而在遼代和金代，處屬藩屬國高麗。這兩次都屬於關於摩利支天的道場模式，其中一次發生於高麗比較混亂的毅宗大王時代，是為了求助摩利支天神平定大將的叛亂。由此看來，雖然從政治上各民族政權紛爭不斷，但是並沒有對摩利支天信仰的傳播造成太大的影響。第二，高麗作為宋代的藩屬國，自唐亡以來仍然向中原的一些政權納貢或承認宗藩關係，為什麼它作為離中原佛教中心最遠的地區，反而會比一些中國境內地方出現的信仰要多些呢？關於這個問題，我們可能更多的應該從隋以前、隋唐和宋代這三個時期進行縱向和橫向的比較。隋以前，摩利支天信仰主要零星的存在於南方政權的首都地區，信眾主要是以皇帝為中心的皇族和高級官僚；隋唐時期，摩利支天信仰逐漸達到第一個傳播高峰，而這種傳播高峰很顯然是包括皇帝在內的皇族成員、中上層官僚和高級知識分子共同促進的結果，從前文所述傳播到地點來看，此等信仰又主要沿隋代運河及水運網分佈，很顯然又對摩利支天向縱深地區的傳播很不利；而到了宋代，遼宋金三個政權的皇帝又對此等信仰的傳播起到了至關重要的作用，信仰分佈的主要地區仍然以點為單位，並且較多的存在於首都和極少數大城市之中。由以上分析，我們可以得出摩利支天前期傳播的特點：「以皇室為中心，官僚信奉和官府修造為兩翼，在主要城市及沿主要交通線呈點狀或線狀零星分佈；以漕運船舶為軟式信仰的傳播載體，以中高級知識分子的信奉與推廣作為推動力。」所以，遠在東北一隅的高麗政權，往往更有可能會因為中原政權的敕封而獲得摩利支天信仰，而從現有資料來看，高麗政權的兩次摩利支天道場均為拯救政權危機之時所進行。此外，由於高麗政權靠近摩利支天傳播中心區——華北區，因而高麗能擁有此等信仰也就不足為奇了。

　　最後，宋代作為摩利支天信仰的重要轉型期，相對於明清時期此等信仰的爆炸式傳播，顯然是具有天壤之別，這些都與摩利支天正宗信仰的中國化和密宗的漸趨衰落有很大關係。雖然摩利支天信仰依然受皇室喜愛，並且得到官府的大力支持，但是其衰落的趨勢已是塵埃落定。但由於之後中國道教

和佛教發生了融合，從而實現了摩利支天信仰的中國化，同時又比較能夠吸引普通中下層民眾的信奉，所以宋代依然是摩利支天信仰的重要發展期與轉型期，對此後該信仰的傳播發展提供了新的發展和傳播動力。

第四節　小結

入宋以來，新出現的摩利支天譯經唯有天息災的七卷本《佛說大摩里支菩薩經》一部。它可謂是密宗晚期的儀軌綱要，且包含了很多與軍事求助有關的內容，如文本中反覆提及的殺死「冤家」的做法及遠離「怖畏」、「無敢」、「輕慢」等不利於戰事的情緒等。「野豬」是這部經文中突出強調的一點，從前被阿地瞿多一筆帶過的「豬臉」成為摩利支天的正式形象。不僅如此，經文還承認了她的坐騎即是好戰的野豬。但是，隨著密宗的衰落，包含諸多儀式、象徵、壇法及戰爭特性的譯經並沒有獲得更多的關注。宋代的摩利支天信仰正在被道教因素接納並逐步改造成了「斗母」這一位全新的神靈。

星辰崇拜在中國古代擁有悠久的歷史，其中，北斗七星往往因其地位的特殊性而尤其為人們所關注。早在秦漢時期，北斗已經被奉為神靈，其職司在於爵祿、壽夭、豐歉等，後來又出現了所謂「南斗主生北斗主死」的說法。延至唐代，密教與道教之間呈現出共同發展且相互競爭的態勢。對北斗七星的崇拜即是二教相同又相爭的資源之一。與此同時，北斗主神的人格化進程亦處在不斷發展的過程中，軒轅黃帝、周武王等等都曾被視為是北斗神靈。相傳為呂洞賓所作的《呂祖志》第一次提到了「九皇真母」的名號，標誌著一位以女性形象出現的、具備大慈悲大神通的道教斗神即將誕生。

大約成書於北宋的《太上北斗二十八章經》講述了漢明帝遊終南山，見一素衣女子自稱「北斗七元掌籍之星」的故事。此時「斗母」之名尚未出現，但卻已經具備了由一人兼領九位星君的神格特徵。《玉清無上靈寶自然北斗本生真經》是「斗母」神在道教經文中的第一次出現。她被描述為周御王的妻子，發願化生北斗九星的「紫光夫人」。值得注意的一點是，其九子並非傳統意義上的北斗七星與輔弼二星，而是北斗與天皇大帝、紫微大帝，這便在很大程度上擢升了斗母神的地位與尊嚴。《太上玄靈斗母大聖元君本命延生心經》進一步確定了斗母的眾多神號，其夫周御王因凡人身份的低微被剔除出去，取而代之的是道教至高神元始天尊。誕生之初的斗母神格還未確定，只

是籠統地稱爲「眾星之母」，是與元始天尊陰陽相對的「象道之母」。隨後不久，北斗九皇所掌管的本命職司漸漸轉移到了斗母身上。斗母獲得操縱人之性命與福祿壽辰的執掌後，其崇拜方式亦漸漸與拜斗儀禮相合。

對於尋常百姓而言，斗母掌管壽命的神格與北斗職司相差無幾。但對於純粹的道教徒而言，則斗母還掌管著重要的升仙途徑——煉度。煉度是道教中超越生死的一種主要方式，它不同於虛幻的白日飛升，而是期望在信徒死後使之尸解成仙。煉度自魏晉時期發展起來，到唐代已經形成了相對完整的煉度品系統。在諸多形式各異的煉度儀式中，星辰崇拜都是不可或缺的一部分，所謂「北斗落死，南斗上生」，故而要想獲得不朽，就必然要「割移死籍注生南曹」，即將自己的命籍從北斗處挪移到南斗處。煉度品往往並列九皇、六司於壇場之中。斗母神產生之後，作爲眾星之母的她必然會受到道教徒的膜拜。《斗母心經》說她能夠「生成人物，煉度鬼神」便是對其職司的明確表達。除此之外，斗母神從誕生之初便吸收了佛教菩薩「普度眾生」的慈悲之態，以此作爲道教與佛教爭奪信徒的手段。與摩利支天相比，斗母神一開始便被置於一個超越的位置上，這也是原發神靈和新出神靈在神格塑造及完善方面的差異所在。

此外，文中在分析斗母信仰的產生和發展時，將「斗母——九皇」的信仰框架與宋代「太后——皇帝」的統治格局作類比，得出結論認爲斗母神之所以能爲統治者及普通民眾所接受，在很大程度上是因爲宋代母后干政的影響已經深入人心。人們能夠接受太后的垂簾聽政，自然也就能夠接受斗母代其子九皇掌控至高的神權。法淨禪寺高宗感夢，即與隆祐太后受斗母（摩利支天）庇護的故事有關。事實上從這個傳說中我們也能夠看出，道教斗母與佛教摩利支天已經在某種程度上混淆在了一起，這也是此二者融爲一體的開端。

論及地理分佈，則宋世斗母剛剛產生，尚無足夠的數據進行分析。故而筆者在這一章節的地理分佈狀況時仍然多關注於摩利支天信仰。宋代摩利支天信仰分佈最重要的寺院，當屬法淨禪寺。該禪寺自隋代創建以來，一直在江南名寺中位居前列，不僅爲朝廷所重視，還是文人墨客及普通民眾遊覽崇敬的場所。北宋時法淨禪寺既已獲得皇帝欽賜的封號，至南渡後，又有高宗感夢迎請護國摩利支天於寺內供奉的大事。因摩利支天的模樣怪異、教理深沉，故而雖身處江南佛教叢林之首的法淨禪寺，仍不能很快地滲透到普通民眾的信仰生活中去。

　　除江南外，這一期摩利支天信仰開始向西北、東北、西南等地區轉移，在對立的少數民族政權及周邊藩屬國中都出現了相關記載。信仰的流佈經歷了從發達到欠發達、從內地向邊疆擴展的過程。該神靈護國持法的功效成為統治階級樂於推崇其發展的原因所在。南宋高宗、高麗毅宗大王等都曾以一國之君的崇高身份對摩利支天進行過禮拜。反觀摩利支天信仰在民間的傳播，則其純粹的密宗特徵正在逐漸消亡。道教色彩濃厚的本命元辰信仰在斗母產生之前就已經廣泛分佈於民間，為普通民眾理解斗母及摩利支天的神格打下了基礎。此後佛道融合，二神漸趨一致。前期元辰崇拜在民眾心目中的地位便成為他們接受新神的前提，這就為斗母及摩利支天信仰的傳播埋下伏筆。

第五章　元代斗母信仰的發展及其與摩利支天融合

第一節　元朝統治和佛道關係

　　遼、金、西夏等周邊少數民族政權與中原王朝長期對峙的局面，到蒙古鐵騎崛起之後基本結束。自北朝南，蒙古統治了歐亞大陸廣闊的土地和人民，並在中原地區建立起了元朝政權。這一歷史上成爲蒙元時期的階段，是民族融合與宗教信仰蓬勃發展的時期。大體而言，學界將元朝的統治分爲三個時期，即初期、中期和後期，元世祖忽必烈定鼎中原至成宗鐵木爾爲初期，是蒙古舊制不斷漢化的過程；武宗海山至泰定帝時期爲中期，在激烈的皇位爭奪戰中，蒙古異族的統治與中原漢人的衝突日益加深，起義不斷，政權動搖；明宗到順帝是後期，即元末農民大起義時期，整個社會重新陷入動蕩之中，朱元璋、陳友諒等起義領袖崛起，爲明朝的建立鋪平了道路，元朝亦一步步退出了中國的歷史舞臺。元朝國祚不足百年，卻對中原文化產生了深遠的影響，表現在宗教領域，則是佛道教之爭奪與融合。這一時期的佛道關係，也造就了屬於佛教的摩利支天與屬於道教的斗母信仰之間的新的聯合。對此，下文將進行詳述。

　　早在遼金與宋對立時期，中國本土的道教已產生了分化之勢，北方道教以全眞教、眞大道教和太一教爲主，南方則圍繞茅山、閣皂山、龍虎山形成「三山符籙」，以天師祖庭爲重、正一道尊崇，又有神霄派等江南道派輔助。

等到元朝統一全國，全眞教主丘處機以長春眞人之號，得成吉思汗之詔，備
受恩寵。從此之後，全眞教在北方發展成獨尊之勢。丘處機本人獲得了「萬
乘國師」之稱，並以長春宮爲中心確立起一大批道觀叢林。丘處機所度門人，
數量亦急劇增加。依仗恩寵，全眞教開始對中原佛教施壓，「乙卯間，道士丘
處機、李志常等……毀滅釋迦牟尼佛像、白玉觀音、舍利寶塔、占梵刹四百
八十二所」〔註1〕，佛道矛盾因此激化。蒙古統治者原本亦信奉佛教，特別以
喇嘛教爲重。道教日益擠壓佛教，使得宮中隨侍的黃教喇嘛多有不滿，他們
的意見傳遞給統治貴族，於是開始了佛道之間的長期論戰。憲宗五年（1255），
蒙哥汗召集佛道兩家對證，佛教代表爲福裕，道教代表爲李志常。福裕以佛
教廣泛發展信徒，收買臣下人心爲由打擊道教，得到了蒙古貴族的支持，全
眞教被迫歸還佔據的佛寺。

　　忽必烈對佛教的尊崇更甚。當時，蒙古貴族與吐蕃交好。公元 1244 年，
吐蕃佛教薩斯迦派首領薩迦班智達帶其侄八思巴兄弟與闊端會晤，從此開始
了喇嘛教在蒙古上層中占絕對優勢的時代。公元 1253 年，忽必烈召見八思巴，
以世俗人拜見上師的禮節行禮。之後不久，忽必烈舉家從八思巴受密宗灌頂
禮。憲宗八年（1258），忽必烈主持佛道辯論，佛教一方以八思巴爲代表。結
果釋勝道敗，參與論戰的十七名道士被削髮爲僧，全眞教所佔多處寺宇交還
釋教。這次辯論之後，喇嘛教的特殊地位已然確立。至元十七年（1280），佛
道二教發生了信徒聚眾相毆之事，世祖忽必烈怪罪道教一方，殺死爲首的道
人，又令佛道辯論。結果道教落敗，道藏被焚毀，除《道德經》外一切諸經
都在禁燬之列，道教從此再無法與佛教抗衡。〔註2〕

　　除了尖銳的衝突，蒙元時期的佛道還呈現出融合的態勢。這一趨勢的先
導，亦可追溯到金朝全眞教創立之初。王重陽以「全眞」爲名標榜其宗派是
有深刻考慮的，當時人謂之「全眞之旨，醞釀有年」〔註3〕，其旨意便在於使
儒釋道三教「會歸爲一」、「三教搜來作一家」〔註4〕。在王重陽看來，「道釋
儒理最深」〔註5〕，故可以從三教經書入手達到圓融。王重陽本人精通《道德

〔註1〕 釋念常《佛祖歷代通載》，卷二十一。見《大正新修大藏經》史傳部，第 2036
　　　 號。
〔註2〕 秦新林《蒙元時的佛道之爭及其影響》，載《殷都學刊》，2006 年第 4 期。
〔註3〕 姬志眞《雲山集》，卷七。見《正統道藏・太平部》第 1163 號。
〔註4〕 王重陽《全眞集》，卷一。見《正統道藏・太平部》第 1176 號。
〔註5〕 王重陽《全眞集》，卷五。同上。

經》、《清靜經》、《般若心經》及《孝經》，又多引據六經意指，作爲傳道之用。當好事者問及佛道二教孰爲高低時，王重陽的回答是「釋道從來是一家，兩般象貌理無差」〔註6〕，即不分高下。平日，王重陽還與不少禪宗高僧有往來論道之舉。全眞教以「心性」爲內丹煉就之準則，以「頓悟」爲見性全眞的途徑，都是吸收了佛教術語和義理發展起來的。王重陽之後，丘處機亦大體上遵從著三教圓融的理念，只不過隨著全眞教勢力擴大，與佛教的衝突也不可避免地開始了。元代統一全國，北方全眞道依勢南下，南北內丹派開始融合，三教圓融的思想亦隨之發展。突出的表現在於「先天派」，其代表人物李道純自述宗派爲「全眞」，論及三教本質一致，稱「釋曰圓覺，道曰金丹，儒曰太極」〔註7〕。李道純的宗教思想基本延續了宋明理學對三教合一的認同，又發展了北方全眞教的圓融理念，是元代釋道合一趨勢的傑出代表。隨著釋道之爭的日益激烈，王重陽、李道純等人的思想理念逐漸邊緣化，釋道融合的趨勢也變得步履維艱。

　　元代釋道之爭以佛教獲勝道教式微爲結局，處於劣勢地位的道教不得不多方面攀附佛教以爭取發展空間。此外，佛教精深的義理及超越性的邏輯亦是道教發展過程中急需的寶貴思想資源。故雖然爭鬥異常慘烈，但佛道二教從未達成眞正意義上的隔絕。元代的佛道關係即呈現出這種狀況，且長時間內以佛教力量爲主導。摩利支天與斗母的最終融合，便是在元代錯綜複雜、既有競爭又有融合的佛道關係大背景下發生的。

第二節　斗母形象的產生及其與摩利支天的融合

　　臺灣學者蕭登福老師認爲，「斗母與摩利支天的攀上關係，以道經言，見於元末編定的《道法會元‧先天雷晶隱書》及明萬曆間刊印的《續道藏‧漆字號》所收《先天斗母奏告玄科》一卷。二書均已將『摩利支天』列爲斗母紫光夫人的名號之一，斗母即摩利支天。據此，則摩利支天與斗母關係的形成，或應在元末之際」〔註8〕本書綜合各類材料，認同蕭登福老師的說法。斗母一神就經文而言，最早見於宋世道經。宋朝皇帝扶植道教，在位時往往造

〔註6〕《全眞集》，卷一。見《正統道藏‧太平部》第 1176 號。
〔註7〕李道純《中和集》，卷一。見《正統道藏‧洞眞部‧方法類》第 248 號。
〔註8〕蕭登福《試論北斗九皇、斗母與摩利支天之關係》，國立臺中技術學院人文社會學報，2004 年第 3 期。

作天書神符，作爲自己統治合乎天順乎民的證據，並大量修建道教宮觀。與此同時，與道教有關的易學和道論得到士大夫的重視，研習者甚眾。北宋時已經開始編修道藏，並且誕生了一部重要的道教著作——《雲笈七籤》。後來宋室南渡，道教分南北兩派發展。南方道教沾染長江以南吳越之地濃重的巫風，興起一批以巫術爲重要思想淵源的新道派。正一、上清、靈寶等符籙道派圍繞龍虎山、茅山、閣皂山爲中心，立壇傳籙，稱爲「三山符籙」。其中龍虎山正一派影響最大，亦最受重視。該派傳至第三十代正一天師張繼先，開始改進符籙道法，形成了「正一法雷」的新教義。北方道教有蕭抱珍建立太一教，有王重陽建立全眞教。其中全眞教因七子傳道之功而信徒甚眾，得到了金帝的召見，成爲北方勢力最強者。元朝統一南北，道教的南北分別卻並未隨之消磨。北方長春眞人丘處機影響元朝皇室，一度被視爲國教。南方道教依然以茅山、閣皂爲中心，以神霄、清微、東華、天心諸派爲主流發展。後來釋道之爭愈發激烈，引起了令元朝統治者恐慌的華夷之辨。道教遭到禁絕，寺觀及經藏被焚毀。殘存的道教活動變得邊緣化、民間化，最終走上了與民間信仰合流的道路。〔註9〕

綜上而言，宋元可謂是道教發展又一繁榮時期，道藏的編撰、新神的引入等都極爲繁榮。不僅如此，新教派的產生亦呈現出一個歷史高潮。茅山、閣皂山、龍虎山在宋代被封爲「三山符籙」，成爲宋廷規定的授籙地點，也因此形成了三大符籙派。在道教諸多派別之中，與斗母崇拜關係最爲密切的是神霄雷法派。其起源可以追溯到唐代，當時有名爲葉法善者傳洞淵道法，鄧紫陽傳北帝大法，胡惠超傳淨明道法和汪眞君傳神霄雷法，皆與雷系符籙厭勝術有關，並得到了包括玄宗、德宗、憲宗等唐朝皇帝的推崇。到了北宋徽宗時期，神霄派的根基穩固，頗受朝廷尊崇。政和、宣和年間，徽宗自稱「東華帝君」降生，命天下普立神霄萬壽宮，並於京師設神霄宗壇傳授符籙，賜封林靈素、王文卿、王允誠、徐知常、李得柔、王沖過、董得運等九人爲「神霄待宸」。與此同時，在天下搜集道經，大肆編造神霄雷書，神霄派道書大量出世，爲其雷法做張勢。以上獲徽宗封賜之道士中，林靈素和王文卿對神霄派發展所作出的貢獻尤爲巨大。林靈素傳說得到了趙升《神霄天壇玉書》眞傳，得以操縱五雷大法。他得寵於徽宗，權傾朝野，與權相蔡京、宦官童貫

〔註 9〕關於宋元時期道教發展的情況，可以參見卿希泰主編《中國道教史（修訂本）》第二卷、第三卷，四川人民出版社，1996 年。

乃至於太子大起衝突，相持爭寵。王文卿亦得徽宗寵信，但對於政治事務的參與度不高。他長期以教主的身份掌管教門公事，修纂道書，廣授道法。他是真正將神霄派理論與組織進行系統化完善之人。上文提到第三是一代天師張繼先，亦發明「正一雷法」新教義，與神霄雷法互為聲援。張繼先在位時曾四次應詔入對，屢勸徽宗改革弊政。他以天師之地位推崇雷法，不但吸引了皇室貴族的注意，還在民間引起巨大反響，推動了神霄派的興起。到了南宋，出現了一位集合張繼先、林靈素、王文卿三家雷法傳承於一體的重要道教人物——薩守堅。薩君道法精湛，屢屢顯現靈異，又恪守戒律，以降妖祟伐淫祀著稱。因其功勳卓著，於是有傳說稱玉帝奉敕他為「豁落王元帥」，賜金印大如斗，印上篆寫「赤心忠良」四個字。持該印信，薩君成為天下道派的首領。薩君的高道周思得到了上層統治者及民間信眾的大力宣揚，南宋之後直至元明其名聲依然顯赫。

神霄派的傳播，在唐及北宋時主要是以四川青城山為祖庭，在西蜀一代發展信眾。後世輾轉流傳，在江南、福建等地陸續開枝散葉，形成了神霄南宗。神霄派以雷神作為主要的崇拜對象，教義內容包括「三清聖祖〔註10〕乃雷霆之本」，「三帝至聖〔註11〕為雷霆之祖」，又有包括「玉清真王」〔註12〕、「九宸大帝」〔註13〕、「九司三省」〔註14〕及「北極四聖」〔註15〕等在內的神靈體系。神霄派以內丹為主要修煉方式，並用符籙。其「雷法」乃是一種融合符籙、咒術、指訣、禹步、氣功、存神、內丹為一體的新型道法，並吸收了禪學及密教的修持心、陀羅尼真言等等，可謂是包羅萬象。神霄派法系極其重視北斗崇拜，認為北斗即是雷神的化身，漢代緯書《河圖始開圖》言「黃

〔註10〕 三清聖祖乃元始天尊、太上大道君及太上老君。王承文《論中古時期道教「三清」神靈體系的形成——以敦煌本《靈寶真文度人本行妙經》為中心的考察》一文對「三清」體系的遠遠脈絡做出了詳細的考察。載《中山大學學報（社會科學版）》，2008年第2期。

〔註11〕 三帝至聖乃紫微大帝、玉皇大帝、后土皇帝。

〔註12〕 高上神霄玉清真王，亦號南極長生大帝、九龍扶桑日宮大帝。

〔註13〕 東極青華大帝太一救苦天尊，九天應元雷聲普化天尊，九天雷祖大帝，上清紫微太乙大天帝，六天洞淵大帝，六波天主帝君，可韓可丈人真君，九天採訪真君等，九宸大帝乃元始九氣化生而來，代天以司造化，主宰萬物，為神霄派雷法之本尊。

〔註14〕 三省為泰、玄、都。

〔註15〕 天蓬、天猷、翊聖、玄武合稱北極四聖，其中天蓬元帥為三頭六臂，赤髮緋衣，左手持天蓬印、斧鉞、索，右手持撼帝鐘、七星、劍。

帝名軒轅，北斗神也，以雷精起」，這便是將北斗神與雷神合而爲一的證據。神霄派神靈體系中的紫微大帝、北極四聖等等，都是改造古代北斗神而來的。〔註16〕

　　斗母在神霄派中屬於「九宸大帝」的一員，神號爲「九天雷祖大帝日宮太陽帝君月府太陰皇聖惠先天斗母紫光金尊聖德巨光天后摩利支天大聖圓明道母天尊」。從該名號中我們可以提取出如下信息：1、神霄派崇重北斗、紫微，故而對作爲眾星之母的斗母亦加以禮拜，斗母在神霄派中的地位乃是「雷祖」，即眾雷神的母親。母子孝道關係依然是維持斗母神職地位的重要因素。2、神霄派中的斗母出現了新的神格，即掌管日宮、月府，她同時也是太陽帝君和太陰皇聖的化身。這就是說，除了掌管眾星以外，斗母還兼司日月之職。日、月、星在道教教義中亦被稱作「三光」，斗母神格的擴張實際上即是出自於這種「三光」理念的影響。3、斗母神號正式與佛教摩利支天合併，她的形象亦成爲三頭八臂的模樣。

　　元末明初所編《道法會元》卷八十三《先天雷晶隱書》中，斗母的地位則要比九宸大帝高出許多。經文起始即列出主法二神，一爲高上神霄玉清眞王長生大帝，另一神即爲梵炁法主斗母紫光天后摩利支天大聖。「高上神霄玉清眞王長生大帝」在《無上九霄玉清大梵紫微玄都雷霆玉經》〔註17〕中稱爲是元始天尊的第九子，地位極其尊隆，乃神霄雷法最重要的本尊神。斗母與其並列，可見地位之高。《雷晶隱書》中還收錄了摩利支天經咒改造爲「天母心咒」，並利用密教遙想法使修行者存想斗母。這也是進一步將摩利支天與斗母進行融合的標誌。

　　此外還需要注意的是斗母的形象。宋代，當斗母剛剛產生時，經文只記錄了她的神名，而未曾具有確切的形象。如果通過經文來聯想，我們往往會以爲斗母是一位慈悲的女性形象，她是帝王的后妃（周御王、元始天尊），是天界眾星之母。她的地位崇高，她的法力無邊，有許多特徵與西王母相類似，如與元陽對應的道體，與月之盈虧、人之生死有關的職掌，甚至於在煉藥的能力方面二者都極爲一致。如果按照這一理數發展下去，則斗母的形象應該

〔註16〕有關神霄派的論述，李遠國先生所著的《神霄雷法——道教神霄派沿革與思想》一書中有詳盡的論述，四川人民出版社，2003年。此外，本書還參見了卿希泰《道教神霄派初探》一文，載《社會科學研究》，1999年第4期。
〔註17〕《正統道藏‧洞眞部‧本文類》，第15號。

和道教中其他女神相差不遠，至少應當是一位和藹可親的老奶奶模樣。但事實卻並非如此。上文引《北斗本生真經》言：「仁哉紫光天，善能變現身。男形或女形，應機而接物。歸命北極母，無盡功德海。」可見產生之初斗母的形象尚未確定，甚至連男女都未曾分明。到了元代經文《先天雷晶隱書》中，斗母的形象才有了明確的記載，經曰：「三頭八臂，手擎日月、弓矢、金鎗金鈴、箭牌寶劍，著天青衣，駕火輦。輦前有七白豬引車。」〔註18〕這裡所描繪的斗母，三頭八臂，手中還拿著各種法器。與西王母乃至於其他道教女神都有很大的不同。此時斗母的形象與三面八臂的摩利支天已經基本一致，除了手中法器的差異外二神的區別幾乎不為人所知。那麼，究竟是什麼因素使得宋元之際斗母道教神與摩利支天佛教菩薩合而為一呢？在本書寫作之前，已經有不少學者關注到了此二者的關係，並就二者形象上的融合做出了分析與探討。總的來說，當今學界有如下幾種看法：

首先，臺灣學者蕭登福認為，二者的聯繫在於斗母名號中的「梵」字，以及唐代以來北斗七星化身七豬的傳說。「梵」字透露出斗母的神源來自天竺佛教之鄉，因此容易使人們聯想到她本為佛教的神靈。而摩利支天駕馭七隻野豬為她拉動戰車，也和唐代僧人一行將北斗變成七隻豬裝入甕裡的故事有某種天然的聯繫。故此，經過一段時間的想像和演變，斗母便被人們塑造成了摩利支天菩薩的模樣。關於這一觀點的論述，可以參見蕭登福《試論北斗九皇、斗母與摩利支天之關係》一文。〔註19〕其次，同為臺灣宗教研究專家的蕭進銘認為，摩利支天與斗母之間最大的共同點在於「光」的特質。前者行於日月之前，有大光芒，被稱為「陽焰」。後者有「紫光天母」的稱號。因為二者都代表了自然界最偉大的光芒，故此讓人產生聯想，在形象上也就互為借鑒了。該論述可見蕭進銘《從星斗之母到慈悲救度女神——斗母信仰源流考察》一文。〔註20〕此外，國內學者牟海芳和馬來西亞學者王琛發也對該問題提出了自己的觀點。牟海芳認為二者的聯繫在於「豬神」這個紐帶。〔註21〕王琛發的觀點與此類同，

〔註18〕《道法會元》，見《正統道藏・正一部》，第 1241 號。

〔註19〕載《國立臺中科技學院人文社會學報》，2004 年 12 月。

〔註20〕該文在蕭進銘任教的真理大學網站有載，另外，亦收入了臺北保安宮出版的《道教神祈學術研討會論文集》第四冊，第 5～28 頁。

〔註21〕牟海芳《中國古代北斗信仰與豬神崇拜紙關係論考》，載西南民族大學學報（人文社科版），2005 年第 2 期。

認爲「天蓬元帥」既是「摩利支天御車將軍」，又是北斗麾下神將，可見是將二者聯繫在一起的橋梁。〔註22〕

總之，當前學界主要圍繞著「豬」和「光」這兩大要素展開對摩利支天及斗母關係的討論。在筆者看來，佛教眾多神靈當中，道教中人偏偏選中摩利支天這一位密宗武神來作爲斗母神像的參照物，其根本原因在於道教與佛教尤其是密宗之間的緊密聯繫。

上文已經論述過密宗佛教攜摩利支天入華，在唐代得到極高的推崇，甚至於玄宗都曾受摩利支天法。在這種情形的刺激下，道教爲謀取發展，必然要做出調整，對密宗儀軌和法相進行可能的改造和吸收。在唐代，密宗尚處於學習和漢化的過程中，對道教的內容多有吸收。僧一行所著的與北斗七曜相關的密宗經典既是該外來宗教吸收漢文化的力證。〔註23〕到了宋代，密宗雖未超出唐代譯經的範圍和發展的軌道，但卻仍然佔有相當部分的信徒資源。元代異族統治，密宗被奉爲國教。〔註24〕此時，密宗的地位崛起，已然超過了本土宗教道教。爲了爭取統治者的支持和民眾的崇信，道教也一定會在自身改造方面下功夫。在借鑒密教的成功經驗時，道教自然而然地吸收學習了包括意密、曼陀羅咒語、壇法等在內的密宗儀軌。密宗有止風、厭雷等法事，後來都在道教神霄派中發展起來。〔註25〕《道法會元》一書正是神霄派的經典之一。這樣看來，密宗與道教的交流乃是爲斗母從摩利支天處獲得形象打下基礎。那麼，促使兩位女神在形象上合而爲一的教理教義依據又在於什麼呢？

回顧前人的研究成果可以發現，野豬的因素或者光芒的因素往往被視爲是斗母與摩利支天聯繫的結合點所在。筆者接下來具體探討一下這兩個觀點的理據，在比較異同的同時尋找進一步解決該問題的突破點。

〔註22〕 王琛發《從北斗眞君到九皇大帝——永不沒落的民族意象》，該文曾於 2001 年由馬來西亞道教組織聯合總會宗教文化研究中心刊印單行本，後又於 2008 年修訂。

〔註23〕 《大藏經》中密教部有一行所撰《宿曜儀軌》一卷，《七曜星辰別行法》一卷，《北斗七星護摩法》一卷。從內容上來看，這些經文都是對中國傳統的北斗崇拜所進行的密宗化改造，就這一點而言，我們大可以推測道教與密宗的聯繫最早即發生在北斗信仰之中。由此看來，斗母成爲二教合流的一個焦點也是從北斗崇拜之中引申而來的。

〔註24〕 周一良：《唐代密宗》，上海遠東出版社，1996，第 8 頁。

〔註25〕 有關道教借鑒密宗壇場、雷法的論述，可以參見中國社會科學院研究生院陳文龍的博士論文《王契眞〈上清靈寶大法〉研究》第一章，2011 年 4 月。

　　在之前的章節裏，本書詳細討論了密宗中有關摩利支天的各部經典，並將摩利支天形象的變化進行了梳理和分析。大體是在《陀羅尼集經》中的《佛說摩利支天經》裏，該菩薩眾多的神號中出現了「婆囉呵目溪」這一意味著「豬臉」的稱呼。在七世紀之後，這裡提到的「豬臉」便成為摩利支天最主要的特徵之一。到了宋代天息災所譯的《佛說大摩里支菩薩經》中，該菩薩的化身形象成了三頭九眼，變化八臂、六臂、四臂，現豬頭臉相的怪模樣。「野豬」這一意向在印度本土代表著光和熱，戰爭與武士等內涵，通過這一意向，摩利支天作為光的女神和戰爭的保護者而受到崇拜。到了中國本土，她的這種意向被另外一種文化背景改造、變異成中國人容易接受的樣子。

　　公元855年，唐人鄭處誨編錄《明皇雜錄》，其中記載著一段與一行和尚有關的傳奇：當一行年幼家貧時，其鄰居老嫗常常對他施予援手。後來唐玄宗將一行奉為「天師」，對他言聽計從的時候，老嫗的兒子卻犯了殺人的罪。老嫗請一行去向皇帝說情，免除兒子的死罪。於是，一行令心腹家奴到一個廢棄的園子去等候，看到什麼動物是七隻成群的就抓回家。結果家奴抓到了七頭豬。一行把豬放進甕裏，用咒語封好。是夜，天上互古不變的北斗七星便不見了蹤影。第二天，玄宗正為北斗消失的異象而擔憂。一行乘機勸其大赦天下，以消除災難。當大赦令下達，老嫗的兒子得以釋放之時，一行又悄悄將甕裏的七頭豬放出來，於是北斗七星又回歸天垣。〔註26〕同一樣的故事，《舊唐書》、《佛祖歷代通載》、《宋高僧傳》及筆記《酉陽雜俎》、《集說詮真》等都有記錄，可見其流傳之廣。

〔註26〕　（唐）鄭處誨《明皇雜錄·補遺》「初，一行幼時家貧，鄰有王姥，前後濟之約數十萬，一行常思報之。至開元中，一行承元宗敬遇，言無不可。未幾，會王姥兒犯殺人獄。未具，姥詣一行求救。一行曰：姥要金帛，當十倍酬也。君上執法，難以情求，如何。王姥戟手大罵曰：何用識此僧。一行從而謝之，終不顧。一行心計渾天寺中工役數百，乃命空其室內，徙一大甕於中央，密選常住奴二人，授以布囊，謂曰：某坊某角有廢園，汝向中潛伺，從午至昏，當有物入來，其數七者，可盡掩之。失一則杖汝。如言而往，至酉後，果有群豕至，悉獲而歸。一行大喜，令實甕中，覆以木蓋，封以六一泥，朱題梵字數十。其徒莫測。詰朝，中使叩門急召至便殿。玄宗迎問曰：太史奏昨夜北斗不見，是何祥也，師有以禳之乎？一行曰：後魏時，失熒惑。至今，帝車不見，古所無者，天將大警於陛下也。夫匹婦匹夫，不得其所，則殞霜赤旱，盛德所感，乃能退藏感之切者，其在枯出，繫乎釋門，以瞋心壞一切喜，慈心降一切魔。如臣曲見，莫大赦天下。元宗從之。又其夕，太史奏北斗一星見，凡七日而復至。」清守山閣叢書本。

　　北斗崇拜在中國源遠流長，是民眾易於接受的精神資源。將北斗附會爲豬神，無疑是將與豬關係密切的佛教摩利支天改造爲中國本土宗教神靈的關鍵步驟。從豬到斗再到斗母，一系列的聯想爲斗母形象的摩利支天化奠定了基礎。到了元代楊景賢的雜劇《西遊記》中，豬八戒同時兼具了「摩利支天御車將軍」和北斗第九星「天蓬」元帥這兩個身份，更加強化了摩利支天——豬——北斗這條關係鏈。由此，我們已經大概可以斷定，北斗信仰與摩利支天的聯繫在唐代已經開始流傳，至元明基本定型。而斗母與摩利支天聯合的線索，也正是埋藏在唐代以來道教與佛教密宗的對話和交融之中，「豬」的意向雖然經歷了由印度到中國的改變，但卻依然是二者之間的重要紐帶。

　　在承認「豬」是斗母與摩利支天聯繫的紐帶的同時，還要注意「七」這個敏感的數字和北斗在其中所產生的作用。在第二章中筆者提出「到了十世紀（宋代），『野豬』的名號成了摩利支天最顯著的因素。此外，數量詞『七』也是相當引人注意的。經文中反覆提到『七』——手印的數量是七，修行的天數也是七。」對此，筆者還想進一步猜測「在口傳文本中，摩利支天、北斗七星、野豬這三者因其共同具備的武力因素被聯繫到了一起」。可惜的是，無論是摩利支天經還是與北斗崇拜有關的文獻都沒能爲我們提供足夠的證據。所以，重提這個問題時，筆者認爲摩利支天與斗母之間，應該還存在著一條隱形的線索。它首先是摩利支天身上的戰爭因素，然後由野豬、北斗等象徵物作爲紐帶，轉移到了斗母的身上。我們知道，「斗」這個字除了代表北斗七星外，還可以轉變發音成爲「武力」、「戰爭」的代名詞。斗母在產生之初就具備崇高的神格和無所不能的力量，故而也就理所當然地擁有掌控戰爭的能力。她同時是管理人的本命的神靈，也當然可以自由地決定人的生死。——這種種彈性化的解釋都可以爲我們的斗母增添一個戰神的名字，也同樣可以爲斗母和摩利支天之間架設一條新的橋梁。從戰爭因素、武神身份來考慮二者之間的聯繫，是本書想要突破固有說法的一次嘗試。

　　摩利支天有時亦稱爲「具光佛母」、「陽焰」，她常行於日月之前，具有無法目視的大光芒。斗母又稱「紫光夫人」或是「紫光聖母」，她是天界眾星之母，自然與星辰的光芒有不可分割的關係。此外，她有具有月光之母的身份。由此看來，光芒的因素可謂是二者間聯繫的一條顯著通道。那麼，二教到底是如何解釋和溝通這種「光芒」的象徵呢？考察經文，我們會發現在《先天斗母奏告玄科》中，有「巨光斗母」的稱呼。〔註27〕此處的「巨光」很容易

〔註27〕見《正統道藏・續道藏》，第 1473 號。

讓我們聯想到摩利支天「具光佛母」的名號。再看《先天雷晶隱書》，其中有一段涉及斗母「天上修羅交戰日」的描述，而在密教神話中亦記載有摩利支天與阿修羅交戰的情形：

> 往昔天與非天相戰時，諸天神威光共化出摩利支天，黃金之髮
> 中湧湧化出百千萬億黃金豔甲子天眾，因而戰勝阿修羅。〔註28〕

由以上經文可以看出，前引蕭進銘以「光明」為斗母與摩利支合一之紐帶的說法是可以成立的。在後世對斗母元君及摩利支天大聖的崇拜中，光的因素進一步得到加強。《先天斗母奏告玄科》稱斗母「光耀前遊於日月」，這無疑是將摩利支天行於日月之前的特徵照搬了過來。《大梵先天斗母圓明寶卷》〔註29〕則記載曰：

> 宋高宗，棄汴梁，南渡臨安。半夜間，迷去路，禱告中天。忽
> 然見，金光明，虛空照耀。車縈聲，驚天地，雷電繞環。君臣們，
> 忙舉目，擡頭現看。輦居中，坐一聖，妙相妝嚴……空中答，吾本
> 是，大梵先天。雷之祖，斗之母，即吾身是。因帝王，有大難，護
> 駕臨凡。

以上這則故事的原型出自南宋志磐《佛祖統紀》卷四十七所載高宗建炎元年（1127），隆祐太后南逃避難時，道場大德教以奉摩利支的傳說。上文對此已有述及，原文記載如下：

> 初隆祐太后孟氏。將去國南向求護身法於道場大德。有教以奉
> 摩利支天母者。及定都吳門念天母冥護之德。乃以天母像奉安於西
> 湖中天竺。刻石以紀事。

這個故事的原版發生在隆祐太后身上，她所受到的是摩利支天的庇護。而到了《斗母寶卷》中，故事的主角卻換成了宋高宗，庇祐他的神靈也換成了大梵先天斗母元君。且在《佛祖統紀》中，並沒有提及「光」的因素，《斗母寶卷》卻開篇便是「金光明，虛空照耀」一語。可見隨著時間的推移，斗母與摩利支天的融合日益加強乃至於深入人心，光明的因素也逐漸凸顯，為人所強調。

〔註28〕法護譯《薄伽梵母摩利支天修誦法》，中國藏密薩迦佛學會出版，2007年，第1頁。

〔註29〕中國宗教歷史文獻集成編纂委員會編纂《民間寶卷》，黃山書社，2005年。其中收錄了這一編纂於清代，集合歷代斗母事蹟的寶卷。該寶卷的撰寫者為「奉斗報恩弟子金雨善」，其中除了道教經文外，還往往參引佛教論說，二教合流的色彩極其顯著。

至此，大體上已經可以做出判斷，即豬的象徵、北斗的聯繫、戰爭和武力的因素及光的想像是道教的斗母神在眾多佛教神靈中選擇摩利支天作爲其形象的原因所在。而自唐代以來道教和密教深層次的交流、溝通正是二教神靈相互融合的背景所在。除了經文論述之外，具體造像藝術中亦存有二者融合的證據，即斗母與摩利支天的造像隨歷史發展而產生的異同與變化。

比較佛道兩教載有神像特徵的經文則會發現，宋代天息災所譯的《佛說大摩里支菩薩經》裏，摩利支天的形象與神霄派的斗母最爲接近。《佛說大摩里支菩薩經》曰：「安摩里支菩薩。深黃色亦如赤金色。身光如日頂戴寶塔。體著青衣偏袒青天衣種種莊嚴。身有六臂三面三眼乘豬。左手執弓。無憂樹枝及線。右手執金剛杵針箭。」《先天雷晶隱書》的「斗母摩利支天大聖」聖相則爲「三頭八臂，手擎日、月、弓、矢、金鎗、金鈴、箭牌、寶劍」。比較二者手持聖物的轉變，正反映了道教與佛教密宗對該神靈神格象徵的不同取向。

斗母手持「日」和「月」，反映了道教有意保留摩利支天常行日月之前的隱身避禍的屬性，也加入了道教本身認爲斗母是陰陽道體、三光聖母的意味。由「弓、矢、金鎗、金鈴、箭牌、寶劍」等兵器可見，道教有意保留摩利支天掌持武力、護祐戰士的能力，並加強斗母救兵戈急難的形象。以上二點涉及到「光」和戰爭的因素，已經在上文進行了討論，故此不再贅述。本書所關注的是：在相同的象徵之外，原來摩利支天神格中的哪些因素遭到了道教的捨棄，其原因何在？

從摩利支天到斗母，第一個不見了的意象是「無憂花枝」。無憂樹這一物象在佛教當中具有相當重要的象徵意義，佛祖釋迦摩尼便是出生在無憂樹之下的〔註30〕。無憂樹見證了佛祖的降生，無疑帶有生命緣起的偉大意義。同時，又與佛母扯上了不解之緣。摩利支天手持無憂花枝，一方面可以解釋其「具光佛母」的身份，另一方面又可以看作是這位菩薩解救眾生，與人永恒超越的隱喻。具有生命意義的無憂樹到了道教語境之中，便顯得格格不入了。首先，中國的文化傳統中雖然也有生命樹的象徵，但該象徵卻並不屬於無憂樹。〔註31〕其次，道教神話不可能採用佛教本生故事來解釋自身的合理性。

〔註30〕《過去現在因果經》，見《大正藏》本緣部，第 189 號。

〔註31〕中國古代神話傳說中的生命樹乃建木，它是天梯，一方面代表著登上仙界而永生，另一方面也可以結出帶有不死藥性質的果實。這種建木及其他種類的不死樹沒有一個可以與佛教傳統中的無憂樹扯上關係。參見李道和、韓光蘭《生命樹、不死藥與巫的關係》，載《楚雄師專學報》，2001 年 1 月。

因此，去除無憂樹枝是對摩利支天神像進行道教化改造的重要步驟。

除「無憂花枝」外，摩利支天手中的「針、鉤、線、羂索」亦未被斗母接受。經文中論及這幾樣法器所代表的意義和用途：「而彼菩薩手執針線。縫惡冤家口之與眼令不爲害。復有成就法。用牛黃及自身血。於銅器中畫人形相。復於心上書心眞言及彼人名。即以銅器安置水中。誦心眞言仍觀想彼人坐風輪上。以胃索鈎牽彼人。雖在一千由旬之外。其人或男或女而速自來即得降伏。復有成就法。令童女合線二十一條。斷者勿用。誦根本眞言一百八遍。加持其線，眞言曰……如是念誦加持已。若自擁護。以彼線結。其七結隨結。念摩里支菩薩一聲。然後將線戴在頸上。如在道路有急難之處。復念摩里支菩薩眞言。自身及彼同行之者俱得解脫。」〔註32〕以上種種所謂縫惡冤家口眼、鈎牽彼人等等，都帶有密教厭勝法術的影子。在中國的王朝語境下，害人的法術即是妖術、邪術，是要予以禁止的。因此，道教之中的斗母不得不衡量輕重，去除掉這些可能會引起誤解的法器。

綜上而言，基本上可以確定的是到了元代，斗母已經與佛教尤其是密宗中的摩利支天菩薩融合爲一，其神號並列、神格相仿、神像亦出現類同。元代的史料沒有詳細記載摩利支天與斗母融合之初，在佛道二教信眾中造成的反映。俗文學中僅存有雜劇《摩利支飛刀對箭》一文，敘述薛仁貴征高麗國，高麗大將蓋蘇文官封「摩利支」，領十萬兵在鴨綠江與唐軍對峙之事。〔註33〕雜劇中以「摩利支」封大將，可見仍帶有武神特質，但卻沒有提及斗母。今日已無法想見當時二者是否已經融合。摩利支天與斗母合二爲一，在信眾中獲得相當威信，應該是在明清時期，下文將對此進行詳述。

第三節　摩利支天與斗母信仰分佈

元代摩利支天信仰的發展除去與斗母融合的部分之外，其餘情況可謂是乏善可陳。明文記載摩利支天崇拜者僅有上引用《摩利支天飛刀對箭》一闋雜文，亦無從考究其眞正的信仰情況與分佈趨勢。與此相比，融合後的道教斗母信仰則略有可表。現存的道經材料確立了斗母至高無上的地位，使其受到道教中人及一般信徒的推崇。元末著名道人張三豐與母親林氏都曾對斗母

〔註32〕《佛說大摩里支菩薩經》，見《大藏經》密教部，第1257號。
〔註33〕《孤本元明雜劇》，中國戲劇出版社，1958年，第813頁。

進行禮拜。〔註34〕上文對宋元時期神霄派的發展及其在長江以南的流傳進行了論述，斗母信仰亦隨神霄派分佈而在江南、福建等地取得過一定的地位。到了北方道教群體中，斗母則是依託於全真教派獲得發展空間的。元代之後北京成為了斗母崇拜最為興盛的地方。元代被確立為全真道祖庭的白雲觀是斗母崇拜的核心道場，而北方盛行的太歲信仰則是斗母崇拜發揚到各地的關鍵因素。對於白雲觀與斗母信仰的關係下文將會詳細分析。

一、太歲信仰的盛行對摩利支天──斗母信仰的影響 （以白雲觀為例）

白雲觀自唐代就已經開始建造，當時稱為「天長觀」，供奉的是李唐皇室的遠祖「老君」。後來該宮觀廢棄不用，直到宋代才得以重建。金人統治河北時，全真道興起，金世宗詔命劉處玄居中都天長觀。從此，該處成為全真道叢林，與南方龍虎山對舉。元太祖時，長春真人丘處機得寵，天長觀改稱「長春宮」，由丘處機常任主持。丘處機死後，他的弟子尹志平在長春宮東側新建了一處道院，名為「白雲觀」。後來佛道之爭引發元朝統治者滅道之舉，長春宮及白雲觀首當其衝，遭遇巨大損失，長春宮幾乎全部毀滅，只剩下東側原本作為副殿的白雲觀。明成祖時重新修繕白雲觀，使其取代了過去長春宮的位置與名聲。成祖親自瞻禮，後來仁宗亦親往瞻禮，並屢屢興建金籙大齋。經過明朝歷代皇帝的興修，白雲觀才終於具備了今日可見的規模，其中藏有大批道藏經典，為後世道者所嚮往的祖庭之一。〔註35〕

北京白雲觀內現存斗姥閣一座，內奉斗姥娘娘一尊，配享六十太歲。從其布局來看，白雲觀的斗姥顯然是附在全真道派之下的一位次級神靈，她的執掌不如神霄派斗母那般兼同三光包容佛道，她在該處享有香火，主要是因為與「太歲」信仰有關。上文我們提到，北斗能夠主宰人之「本命」，是因為它具有檢校人間罪福、操縱人之生死的職能，即所謂「司命」。隨著道教思想的發展，「司命」之神逐漸形成體系，「大聖北斗」之下發展出「七元真君」，接著又有「十二元辰」（即十二生肖）。配合十二元辰和六十甲子紀年方式，司命神體系下又出現了一組「六十太歲」神，他們由不同的星宿組成，對應不同的屬相和年份。這六十位神靈輪流值班，於是世間之人便可以通過自己

〔註34〕（清）李西月《張三豐先生全集》卷一，清道光刻本。
〔註35〕李養正編著《新編北京白雲觀志》，宗教文化出版社，2002年，第1～17頁。

的出生年月確定當年值班的神靈爲本命神，向他祭祀以求吉祥如意。〔註36〕
太歲崇拜普遍存在於中國各地，直至今日依然發揮著極大的影響。太歲神緣
起於星辰崇拜，斗母作爲眾星之母，自然掌管著六十太歲星。因此，太歲崇
拜成爲人們接受斗母信仰的一個有力前提。就本道派傳統而言，北京全眞道
白雲觀不應該專門崇祀斗母。但如果從太歲信仰出發，則斗母的存在便說得
通了。依託於太歲信仰，斗母跨出神霄道派的界限，進入到其他道教派別之
中並廣爲傳佈。

二、元代摩利支天——斗母信仰的分佈及其特點分析

　　由於元代是我國摩利支天信仰的重要變革期，因此之前已有此信仰的寺
院逐漸加入了民間發端的斗母信仰，而作爲佛道融合的重要標誌——斗母則
和原有的摩利支天信仰逐漸合二爲一，這也就爲明清時期摩利支天信仰達到
頂峰，打下了堅實的基礎。除了上文所述白雲觀之外，僅有三座寺院屬於包
含摩利支天信仰的範疇，主要分佈於江南地區。相對於北方白雲觀的繁盛，
其他區域有關摩利支天信仰的正統傳佈已經出現萎縮狀態。這也從反面證明
斗母信仰的興起，將會擠壓傳統的摩利支天信仰，但由於斗母信仰與摩利支
天信仰出現了融合，所以這一時期的斗母信仰和摩利支天信仰不再單純的保
有自己的特色，而轉而相互吸收對方的特色，也就爲明清時期此等信仰理論
的體系化、成熟化奠定了基礎。以下爲元代摩利支天信仰分佈表。

表四：元代摩利支天信仰分佈表

區域	名　稱	分佈地點	出現時期	信仰主體	類別	史　源
華東	戒幢律寺	蘇州	元至正	民間	廟觀	《江蘇省志》「宗教志」
華中	夢斗母	武當山	元末	民間	夢咒	《張三豐先生全集》卷一
華東	持斗母戒	瑞金	元明	民間	夢咒	《元明八大家古文》卷十三
華北	摩利支經	大都皇宮	元至元	皇室	書畫	許惠利《北京智化寺發現元代藏經》

〔註36〕劉道超《論太歲信仰習俗》，載《西南民族大學學報（人文社科版）》，2004
　　　年第9期。

注：本表的分佈地點主要以今地名為主，以便利於方家指正。其中在「信仰主體」上，
　　皇室、王室主要指為帝王或國王所信仰或建造，官府則指為官府主持建造，官僚
　　指官員個體信仰，民間則指為不帶有官方色彩的信仰或募集資金；而在「類別」
　　上，廟觀指有關摩利支天信仰的寺廟或道觀，書畫則為有關摩利支天信仰的典籍
　　或繪畫作品，道場則指摩利支天相關信仰的水陸法會，「夢咒」則為人們通過託夢
　　或念咒的方式來體現相關信仰。

　　從上表可以看出，元代摩利支天信仰的確出現了民間化的傾向。比如，
出現由斗母咒等形式傳播信仰的新情況。《元明八大家古文》卷十三稱：「謝
孝子名長艮字子起，瑞金縣人。持斗母戒」，即為此種信仰民間化趨勢加強的
明證。〔註37〕這樣，斗母和摩利支天信仰才更有可能通過口耳相傳的方式，
通過家族與親子傳承不斷的延續下去。另外，從這些信仰記載的情況來看，
時間都是元代至正年間和以後的一段時期，正好晚於白雲觀祖庭繁盛的時
間，所以可以推測此等信仰在道佛融合的大背景下，將以皇室貴族為主的信
仰模式，轉變為向民間不斷擴展的新時期。這也就證明了為何元代此等信仰
幾近萎縮，而明清時期此等信仰反而興盛的原因。

　　其次，元代的摩利支天信仰急劇萎縮，相比之前的宋代不僅沒有增長，
反而比之前出現了大幅下降的趨勢，這也從側面反映出摩利支天正統信仰的
逐漸沒落，以「元辰」、「斗母」、「斗母」或「斗姥」為新稱謂的新型信仰綜
合體逐漸興起，並將此等信仰推向新的高峰。而從僅有的幾處信仰分佈來看，
摩利支天信仰正在向「摩利支天大聖斗母元君」這個全新的稱謂逐步轉變，
信仰所處的物質載體及其名稱也是五花八門。而從出現時代上，則主要以元
朝初創時期，前文已有描述故不贅述。

　　再次，從地域擴張的情況來看，摩利支天信仰的擴展範圍又增加了兩個
省份，分別是處於河南與湖南之間的湖北，以及處於浙江和湖南之間的江西。
這兩個省份之前並沒有摩利支天信仰的存在，而這兩個省份出現摩利支天信
仰，則對此後兩廣、福建乃至臺灣、琉球摩利支天信仰的出現打下了良好的
基礎。而在摩利支天信仰的用途方面，出現了「夢咒」這一新型的摩利支天
信仰模式，即為通過中國古代所興盛的託夢來實現對摩利支天信仰的崇拜；
另外斗母咒已是第二次出現，並且還成為民間所信仰的模式，所以斗母咒已

〔註37〕　（清）劉肇虞《元明八大家古文》卷十三，清乾隆刻本。

經不再是達官貴人所獨有的信仰行爲方式，這也就證明新型的斗母信仰具有被中下層民眾廣泛接受的可能，爲此後明清此等信仰的大規模傳播提供了一定條件。

三、個案分析：北京地區摩利支天信仰的分佈變化簡析

　　北京地區作爲摩利支天信仰比較重要的傳播地區，具有獨到的政治、經濟、交通和文化。自唐代始有摩利支天信仰以來，北京地區在此等信仰傳播的初期並不占主要地位，特別是在宋遼、宋金對峙的時期沒有相關的摩利支天信仰出現。而到了元代，由於皇帝的重視、佛道的逐步融合，則逐漸有了發展和向下傳播的空間與潛力。爲更好的加以分析，特根據之後幾個時期北京摩利支天信仰的發展狀況，得出以下的分析表格。

表五：北京地區摩利支天——斗母信仰分佈表

屬　性	名　稱	分佈地點	出現時期	信仰主體	類別	區域	史　源
1 道教	白雲觀	西便門	唐開元	皇室	廟觀	內城	《新編北京白雲觀志》
2 佛教	摩利支經	皇宮	元至元	皇室	書畫	皇城	許惠利《北京智化寺發現元代藏經》
3 佛教	摩利支經	皇宮	元文宗	皇室	書畫	皇城	同上
4 道教	娘娘廟	北京城	明正統	民間	廟觀	內城	《北京志》「宗教志」
5 佛教	斗母咒	北京城	明宣德	民間	夢咒	城外	《名山藏》卷六十四
6 佛教	大慧寺	西直門	明正德	皇室	廟觀	內城	《北京志》「宗教志」
7 道佛	斗母像	北京城	明嘉靖	官府	書畫	城外	《雲間志略》卷十
8 道佛	斗姥閣	玉皇廟內	明萬曆	民間	廟觀	內城	《法制晚報》副刊風物志 2010 年 10 月 23 日
9 道教	斗姥閣	承德避暑山莊	清乾隆	皇室	廟觀	行宮	吳正則《斗姥閣》

屬 性	名 稱	分佈地點	出現時期	信仰主體	類別	區域	史 源
10 佛教	華嚴寺	北京城	清康熙	皇室	廟觀	內城	《(光緒)順天府志》卷十四
11 道教	斗姥宮	天橋西	清康熙	民間	廟觀	內城	《宸垣識略》卷十
12 道教	斗姥宮	眞武廟西	清康熙	民間	廟觀	內城	《日下舊聞考》卷八
13 佛教	摩利支唐卡	內府藏	清康熙	皇室	書畫	宮城	見雍和宮所藏摩利支天唐卡
14 道佛	禱斗姥	北京城	清雍正	民間	夢咒	城外	《銅鼓書堂遺稿》卷二十九
15 道教	禮斗姥	宛平縣	清雍正	官方	廟觀	城外	《帝京歲時紀勝》
16 道佛	奉斗姥	京師城南	清乾隆	民間	夢咒	城外	《(雍正)畿輔通志》卷四十九
17 道教	萬壽西宮	盆兒胡同	清乾隆	官方	廟觀	外城	《法制晚報》副刊風物志 2010 年 10 月 23 日
18 道教	碧霞元君	北京城	清乾隆	官方	廟觀	城外	《日下舊聞考》卷一百六
19 道佛	斗姥宮	延慶城內	清乾隆	官府	廟觀	外縣	《(乾隆)延慶衛志略》
20 道佛	斗姥宮	帽兒胡同	清代	民間	廟觀	外城	《北京地方志》「帽兒胡同」
21 道教	萬壽宮	北京城	清代	官方	廟觀	內城	《日下舊聞考》卷四十二
22 佛教	圓恩寺	北京城	清代	民間	廟觀	內城	《日下舊聞考》卷四十二
23 道教	拜斗殿	北京城	清代	官方	廟觀	城外	《日下舊聞考》卷四十二

注：本表的分佈地點主要以今地名爲主，以便利於方家指正。其中在「屬性」上，佛
　　教指祀奉該信仰的載體性質歸屬佛教，道教指祀奉該信仰的載體性質歸屬道教，
　　道佛指祀奉該信仰的載體性質歸屬佛教和道教，依此類推；在「信仰主體」上，

皇室、王室主要指爲帝王或國王所信仰或建造，官府則指爲官府主持建造，官僚指官員個體信仰，民間則指爲不帶有官方色彩的信仰或募集資金。而在「類別」上，廟觀指有關摩利支天信仰的寺廟或道觀，書畫則爲有關摩利支天信仰的典籍或繪畫作品，道場則指摩利支天相關信仰法會，「夢咒」則爲人們通過託夢或念咒的方式來體現相關信仰；在「區域」一項，宮城指皇帝所居（本項及以下皆以明清古城爲準），皇城指官僚衙署所居，內城指明清時代內城區域，外城指明清時代外城區域，城外指北京城之外的近郊，外縣指北京所轄之縣。此表專門討論北京摩利支天──斗母信仰。

北京地區的摩利支天信仰起源很早，但是在其發展中期基本上未有明顯的進步。直到元代白雲觀逐漸的爲摩利支天信眾所認可，加之北京成爲元朝佐控全國的都城，並且變化後的摩利支天信仰受到了元代統治者的推崇，所以這才爲此後明清摩利支天信仰在北京如火如荼的發展提供條件。而從該信仰的屬性上來看，主要分爲佛教、道教以及道佛共分。其中佛教屬性的信仰有 7 處，占 32%；道教屬性的信仰有 9 處，占 44%；道教和佛教共有屬性的信仰有 7 處，占 24%。從總體情況來看，道教屬性的摩利支天信仰佔據一定的優勢，這和摩利支天信仰的發展狀況是一致的。

其次，則是北京摩利支天信仰的各種稱謂的所佔比重。其中，提到爲「摩利支天」的有 3 處，占 12%；提到爲「斗母」的有 2 處，占 8%；提到爲「斗姥」的有 10 處，居於絕對優勢，占 40%；提到爲「禮斗」的有 1 處，占 4%；其餘爲 9 處，占 36%。由此看來，北京地區的摩利支天信仰仍然以較爲獨立的稱謂或單獨的廟觀來發展，但有些信仰是依附於其他信仰之上，因而造成了民間對於摩利支天的理論並不熟悉，造成了此等信仰的思想混亂性。

再次，則是自元代以降，由於白雲觀的輻射作用，北京的摩利支天信仰逐漸由皇族官方崇信，到向廣大中下層民眾推廣，最後達到了清代北京摩利支天信仰爲勞苦大眾所接受並信仰的效果。而大量廟觀的投資人也不再是以皇室或是官府爲主，而是爲大量的中下層百姓籌募而成，證明到了清代，北京地區的摩利支天信仰以百姓信仰爲主。而這些，都應當是從元代開始的，這與元代白雲觀的興起有著莫大的關聯。

最後，自元代以來，北京地區的摩利支天信仰逐漸由位於皇城宮城，轉移至內城、外城、城外，乃至於北部偏遠的外縣──延慶。而到了清代，該信仰居於外城或城外的狀況已經佔據了絕對優勢。這些都證明了北京從元代

以來，一直都保持著華北地區摩利支天信仰中心的地位。同時，元代此等信仰的勃發，為此後明清時期全國範圍內的摩利支天信仰的總體勃發奠定了良好的基礎。

第四節　小結

　　元代是佛道關係呈現複雜激烈狀態的時期，佛道爭鬥有之，佛道融合亦有之。正是在這種背景之下，摩利支天與斗母從分屬於不同的教派信仰，逐步走向了同一的道路。臺灣學者蕭登福認為，「斗母與摩利支天的攀上關係，以道經言，見於元末編定的《道法會元・先天雷晶隱書》及明萬曆間刊印的《續道藏・漆字號》所收《先天斗母奏告玄科》一卷。二書均已將『摩利支天』列為斗母紫光夫人的名號之一，斗母即摩利支天。據此，則摩利支天與斗母關係的形成，或應在元末之際」。本書綜合各類材料，基本認同蕭登福的這一說法。宋元時期興起的神霄派是斗母信仰發展及其與摩利支天融合的有力推動者。自教理教義言之，則道教神霄派於意密、曼陀羅咒語、壇法等密宗儀軌多有吸收借鑒，且對密宗止風、厭雷等法事進行了改造，使之成為本教派核心的信奉方式。這就為密宗武神摩利支天與道教女神斗母的融合打下了基礎。北斗是溝通摩利支天及斗母信仰的關鍵因素，「豬」作為北斗的化身亦被引入到二者的融合進程之中。此外，戰爭因素及光的想像亦在二者融合產生的新的神號中有所體現。

　　就造像而言，斗母所採用的乃是宋代天息災《佛說大摩里支菩薩經》中的形象，並按照道教的信仰特徵進行了部分改造。具體而言，斗母手持「日」、「月」象徵陰陽。弓箭、盾牌、金槍、寶劍等武器仍予以保留，以維持摩利支天掌持武力、護祐戰士的能力，並加強斗母救兵戈急難的形象。無憂花枝、針線、羂索等佛教色彩濃厚且具備厭勝法術之意的器具則被道教斗母神像所摒棄不用。元代文獻記載中沒有提供過多的證據使後人一探摩利支天與斗母最初融合在信徒中造成的反響。直到明清時期，上述材料才逐漸豐富起來。

　　元代是斗母信仰產生壯大及發展變化的重要時期，除了與佛教摩利支天合二為一之外，斗母在其道教神職體系內不斷豐滿亦是值得關注的現象。宋元道教發展的特徵之一是諸多教派迭次出現，其中江南神霄派以重雷法而著名。出自於該派別的《先天雷晶隱書》記錄了主法二神，其一為「高上神霄

玉清眞王長生大帝」，另一神即爲「梵炁法主斗母紫光天后摩利支天大聖」。由此可見，雖然早期道書已將斗母視爲是「先天道體」，並以之與元始天尊對稱。但眞正在崇奉的過程中以斗母爲主神則當屬神霄派。

除了在神霄道派中以「九天雷祖」掌管雷法的身份得到信奉外，元代斗母信仰與太歲信仰的結合亦是值得關注的現象。宋代斗母與護國持法關係密切，受到南宋統治者的推崇。隨時代的變遷，信眾的信仰需求亦發生了改變。到了元代，這種護國神職已經明顯讓位給了更加實際的趨吉避凶之責。斗母掌管星辰與人間本命對應，經過信眾們的想像，她便逐漸成爲六十太歲星神的主宰。北京白雲觀成爲日後斗母信仰最核心的道場，便在於此處將太歲與斗母共同供奉。這事實上也奠定了元明之後斗母信仰民間化的基礎，成爲該信仰傳承的最主要的載體。

摩利支天及斗母漸趨融合，其信仰分佈最重要的寺觀當屬北京白雲觀。隋唐以來摩利支天信仰傳入中國，北京在此信仰的初期並不占主要地位，宋遼、宋金對峙時都未出現此類信仰的記載。元朝統治者重視推進佛道融合，摩利支天信仰和斗母信仰在碰撞中交融。雖然廣大民眾對摩利支天及斗母的教義內涵不甚瞭解，但由於政府扶持白雲觀造成極大的輻射作用，此類信仰也便爲普通民眾所接受，逐步深入民間。不僅在皇城、宮城，北京的內城、外城乃至於偏遠的延慶縣都受到影響，出現了有關摩利支天或斗母信仰的記載。有關此類信仰的佛道屬性及分佈情況等於文中表格已有詳述。

白雲觀歷史悠久，發展到元代時成爲全眞道祖庭，擁有能夠與南方龍虎山對舉的重要地位。上文論及斗母信仰的發展時提到，神霄雷法派對這一神靈極爲重視，將其視爲是九天雷祖。全眞派並不以雷法著名，其祖庭供奉斗母也並非出於道教宗派原因，而是看重斗母爲眾星之母掌管本命職司的作用。白雲觀斗母配祀六十太歲，實際上成爲民眾祭祀本命神，求取本命年富貴太平的代表。在白雲觀的影響下，香港及臺灣等地的道觀都有迎請斗母及太歲神崇升供奉的做法。由此可見，太歲崇拜已經成爲人們接受斗母信仰的一個有力前提。依託於太歲信仰，斗母跨出神霄道派的界限，進入到其他道教派別之中並廣爲傳佈。

除了元大都北京城，此期摩利支天及斗母信仰分佈還出現了以下特徵：信仰不再單純依靠寺院宮觀進行傳播，而是出現了諸如心咒、夢咒等口口相傳的信仰形式，以皇室貴族爲信仰主體的情況正在發生改變，更多地開始向

民間滲透。純粹的摩利支天信仰及斗母信仰逐漸爲融合了的「摩利支天大聖斗母元君」信仰所取代，佛道二教相互借鑒，摸索出了一套意欲爲信眾接受的神職解釋體系和造像法則，爲明清時期摩利支天大聖斗母元君信仰的大發展打下基礎。信仰的分佈除了之前提到過的省份外，還擴展到了湖北和江西，並逐漸影響到了兩廣、福建、臺灣、琉求等地，成爲此後大範圍傳播的先聲。

第六章　明清時期斗母與摩利支天信仰的發展

第一節　明清時期佛道信仰的民間化趨勢

　　元代起義中，多有依託於宗教信仰為自身張勢者。彌勒、淨土等佛教信仰便多被起義者引用為自身合理性的依據。鑒於這種情況，明清兩代加強了對佛道二教的管制，一方面刻意縮減度牒的規模，從而控制出家人數，使佛道僧徒不至於與國家爭奪編戶人口；另一方面則是宣揚理學，克制佛道教義的發展，降低其宗教吸引力。〔註1〕具體而言，明代自太祖朱元璋開國以來，便確定了「釋道二教，自漢唐以來，通於民俗，難以盡廢。惟嚴其禁約，毋使滋蔓。令甲俱在，最為詳密」〔註2〕的宗教管理政策。至明成祖時，又規定全國僧、道度牒人數「府不過四十，州不過三十，縣不過二十」〔註3〕雖然這種法律條文上的規定未必與民間實存的僧道人數相符，但卻透露出朝廷限制二教發展的明顯動機。到了清代，對佛道二教的態度仍然延續了洪武時期，雖未禁絕，但卻嚴格限制。度牒的發放大為縮減，但民間湧入釋道門內以避苛捐雜稅者卻逐日膨脹。大批無牒僧道的存在為朝廷所不許，康熙十五年（1676），提準「停止給發度牒」。這種處理方式沒能達成扼制佛道規模的目

〔註1〕　張踐《明清時期政府的「嚴管」宗教政策及其影響》，載《世界宗教文化》，2010 年 5 期。
〔註2〕　《大明會典》，卷一零四，明萬曆內府刻本。
〔註3〕　《明經世文編》，卷七十七。明崇禎平露堂刻本。

的，卻反而使得一些原本信仰佛道教的僧道，走進了民間宗教的隊伍。

此外，明清時期以理學為尚，作為科舉考試所依據的標準。理學籠罩士人的婚喪嫁娶，亦是讀書人為人處事所要遵循的基本準則。理學雖不是宗教，但卻在很多方面以排斥佛道二教的姿態出現。這就使得理學之士也往往需要和佛道等宗教信仰劃清界限，以此表明自身儒學修養的純正。孔子有「不語怪力亂神」之言，理學之士亦有「崇正學、黜邪教」的抱負。在這種思想的影響下，上層士人對宗教不感興趣，唯有下層民眾以之為精神食糧，這就很難在宗教理論上有何新的突破。在理學的壓迫下，佛道二教只能進一步俗化，向民眾中尋求信徒。民眾無法消費佛道二教精深的教理教義，而只能從俗世生活的角度出發，向佛道宗教求取最實惠最可行的庇祐與福祉。佛道二教的俗化進程不斷加深，在許多方面都有所體現：首先，符咒等易於生產，且需求量大的「法器」普遍流行於民間，並逐漸依據不同的需求發展出一套完整的體系；其次，佛道儀式亦與民間信仰俗神的方式結合，扶乩降仙之風盛行；再次，與民俗生活密切相關的佛道寺觀亦紛紛建立，城隍廟、真武廟、呂祖殿、關帝廟、媽祖廟等林立於城鎮鄉村。〔註4〕

在佛道信仰民間化趨勢的背景下，原本屬於佛道二教的諸多神靈，也不得不走上了世俗之路。其途徑有三：一是造作神話，吸引信徒，擴大影響。其中的從民間信仰走向國家祭祀神壇代表之一為媽祖娘娘。媽祖傳說自宋代便已開始流傳，元明清時出現了大量的變文和異文使民間信仰基礎更趨廣擴。有關媽祖救苦靈驗的事迹大多是在明清時期產生的，如《太上老君說天妃救苦靈驗經》〔註5〕等所述。且相對於早期傳說中的形象而言，明清媽祖故事裏世俗化的趨向也是非常明顯的。上述《太上老君說天妃救苦靈驗經》中便有「自今以後，若有行商坐賈，買賣求財；或農工技藝，種作經營；或行兵布陣；或產難部分；或官非撓聒；或口舌所侵，多諸惱害；或疾病纏綿，無有休息，但能起恭敬心，稱吾名者，我即應時孚感，令所得遂心，所謀如意。吾常遊行天界，遍察人間以致地府，泉源江河海上一切去處，令諸所求，悉介遂願」。媽祖職能的多樣化，離不開社會的發展變化以及不同地區、各個層次百姓不同的信仰要求，這是媽祖信仰發展的必然趨勢。〔註6〕二是躋身佛

〔註4〕任繼愈《中國道教史（下）》，上海人民出版社，1990年，第768～769頁。
〔註5〕《正統道藏・洞神部》，第342號。
〔註6〕羅春榮《媽祖文化研究》，天津古籍出版社，2006年，第109～110頁。

道萬神殿，成爲佛道寺觀中的標準配置神。拿佛教寺院爲例，中土佛教的大部分派系，均有供奉韋陀天王、四大天王的習慣。這幾位天王原本亦是由印度本土神靈演變而來的，在中國，其宗教意義已基本湮滅不見，但其雕塑卻仍然能夠供奉於寺廟之中。這無疑與佛教萬神殿在經典中的規定有關。對文殊、普賢、地藏王等菩薩的供奉亦是如此。佛教信徒並非對這類神靈有某種特殊的信仰，而只是在慣例的驅使下不得不在寺廟中添置其神像罷了。道教中的眾多的配享神靈亦是如此。三則是吸收民間諸神，與民俗信仰合流。這一方面的突出代表是關帝信仰。關羽作爲中國古代歷史人物，爲民眾所熟知，其事迹與精神經過民間謳歌傳頌，逐漸神化而成爲人神的一份子。因爲關帝信仰在民間擁有廣泛的信眾群體，故而承認關帝信仰並使之成爲自身的一部分，便是佛道二教向民間發展的又一方式。〔註7〕

第二節　摩利支天大聖斗母元君信仰的發展及其神職演變

元代摩利支天與斗母融合後，產生了新的神號，即所謂「摩利支天大聖斗母元君」。該神靈主體部分仍保存著道教特徵，於信仰而言則隨著佛道的民間化趨勢而深入到普通百姓的祈禳活動中。明清時期仍有不少關於「摩利支天大聖斗母元君」的經懺文獻問世，其中的描述不僅綜合了佛道二教的特色，還兼顧到了民間基本的崇信方式及宗教活動途徑。本書將從經懺文獻及科儀軌則等出發探討明清時期「摩利支天大聖斗母元君」信仰的發展情形。

晚出道教經典與摩利支天大聖斗母元君相關者，首推萬曆年間編修之《續道藏》中《先天斗母奏告玄科》一卷〔註8〕。該經文撰人不詳，具體出現的時代也無從判定。該經文開篇列舉了本道派先師祖系如下：

> 祖師泰玄上相正一眞君、太極左宮仙翁、眞淨明道師眞君、華蓋祖師三仙眞君、上清三茅司命眞君、祖師火師汪眞君、宣封靈惠王眞君、祖師虛靖張眞君、祖師西番教化眞人、祖師阿迦利眞人、祖師鐵牛聖者、祖師一行禪師、祖師翰林學士普光眞人、祖師紫清明道白眞人、宗師懶牛先生、宗師降魔女仙師、宗師元受宣教清遠

〔註 7〕 張曉粉《關帝信仰形成原因探析》，載《宗教學研究》，2006 年第 4 期。
〔註 8〕 《續道藏・漆字號》第 1473 號。

大法師、宗師應光大法師、惠光大法師、西蜀上官真人、太極超雷
上相萬真人、果州威惠鍾真人、沖靖至德照應都錄劉真人、蕊珠鐵
山石真人、神霄散吏月鼎莫真人、經籍度師三真人、清微靈寶道德
正一承流襲慶歷代度人仙眾……

由這一祖系判斷，則《斗母奏告玄科》當是出自神霄道派，經文性質爲該派
道人所使用的禮拜科儀。值得注意的是，在這一部道教經典中，其追述的祖
師中不僅包含有道家名人，還包含有佛教僧侶。如引文中提到的「祖師西番
教化真人」、「祖師阿迦利真人」、「祖師一行禪師」等，便可判斷是佛教僧侶，
其中一行禪師更是密教奉行者。由此看來，神霄派與佛教密宗的聯繫可謂是
十分緊密。這也就爲二者相互吸收借鑒，創造出「摩利支天大聖斗母元君」
這一神靈奠立了基礎。

《先天斗母奏告玄科》以焚燒符咒、禮拜上香開頭，由弟子某虔誠上奏
道經師寶、元始萬神、無上至真、昊天玉帝、天皇天母等一系列神明以求其
駕臨壇場主持儀式並賜福於修持者。道教齋醮法壇，以燒香最爲急物，三上
香乃是必行的科儀之一。這裡的數字「三」，一方面代表著眾生萬物，另一方
面亦是向三清尊神表達敬意。香煙冉冉升起，乃是行道者通達神明的媒介。
在燃香時還要默念經咒，以配合召喚神靈的動作。〔註9〕《先天斗母奏告玄科》
中記有祝香神咒如下：

玉華散彩，九炁凝煙。香雲密羅，徑沖九天。侍香金童，傳言
玉女。爲臣通奏，上聞帝前。所祈所願，咸賜如言。

該經文中除了具備祝香神咒等必要的降神、娛神密咒之外，還提到了「點燈」
這一特殊的儀式。經曰：

上帝有敕，點發斗燈。七星來降，照護群生。左輔右弼，顯現
威靈。天蓬元帥，統領天兵。天雷使者，六甲六丁。玄武大聖，三
臺尊星。攝病除禍，回死作生。天降威力，誅斬妖精。收魂附體，
七魄安寧。斗燈一照，身宅光明。急急如律令！

相關的研究表示道教燈儀是出自於古代祭祀中的火祭，以其具備破除幽暗、
生發光明之意而引申出救死拔難的宗教意義。至南北朝時期陸修靜修訂南方
道教科儀，開始明確提出了「明燈」這一意向在齋醮禮拜中的使用。《燃燈禮
祝威儀》中贊曰：「丹精寄太元，玄陽空中響。捨形滅苦根，幽妙至真想。垂

〔註 9〕 張澤洪《論道教齋醮焚香的象徵意義》，載《中華文化論壇》，2001 年第 1 期。

華不現實，因緣示光象。我身亦如之，乘化託流景。」〔註10〕該燈贊後來成爲道教齋醮法壇上常用的禮燈詞之一。至唐末五代，杜光庭亦作有《明燈頌》，曰：「太上散十方，華燈通精誠。諸天悉輝耀，諸地皆朗明。我身亦光徹，五臟生華榮。炎景照太無，超想通玉京。」〔註11〕該闕贊詞也是由陸修靜贊中生發而來的。

　　唐宋時期，已經造作出一批燈儀經典，如《三宮燈儀》、《玄帝燈儀》、《萬靈燈儀》等等，其中不少燈儀還有多種科本，使用於各類道場中。燈儀的設立雖方式各異、名目不齊，但基本遵循的卻都是二十八星宿的排布位置。燈儀圖式往往模仿正史《天文志》中的二十八星宿圖製成，一方面表現了道教中人崇拜周天神靈的虔誠，另一方面也與現實中天文曆法的變化及運作相符。〔註12〕各類燈儀中，與本書論述內容聯繫較爲密切的有《北斗七元星燈儀》及《北斗本命延壽燈儀》兩部。〔註13〕

　　上面列出的兩種燈儀都是七燈類科儀，以七燈寓七星，沒有反映左輔右弼在北斗中的地位。《北斗七元星燈儀》分別對貪狼、巨門、祿存、文曲、廉貞、武曲、破軍七位斗中神仙進行了禮拜，表達信徒「伏願花開善瑞，爐落浮災。福祿增崇，發靈光於壽域；吉祥至止，靄沖炁於高閬。稽首歸依，虔誠贊詠：長生保命護身天尊」的企盼。與之相比，《北斗本命延壽燈儀》則主要是對本命星君的禮贊，行燈儀者的意願往往是長生，即「保壽年之遐遠，資福祉之無窮」。參校此二者的儀式與經咒部分的內容，《先天斗母奏告玄科》中的燃燈科儀似乎是對二者的綜合。一方面，該經奏告北斗七星，咒曰：「七元下降，準臣告聞，燈光明暗，知吉知凶，威神之力，萬願從心，與道合眞」。另一方面，該經亦對包括「某當生本命星君」及「旁臨正照一切星宰」等在內的眾多星神進行禮拜。在燃燈誦咒等齋醮環節中，《斗母奏告玄科》還要求修持者念誦梵音如下：

　　　　哪嘆囉咀哪。哆囉。嚛唎吱唎陀。寧嚶啼唯嚶哪咚唯陀。嚛囉
　　　　吧唎。嚛陀唎。嚛囉啊目祈薩嚛徒瑟誓。盤陀盤陀娑訶。

經過筆者校對，該經所列梵音與摩利支天經文中的梵音基本相同，初步可以

〔註10〕陸修靜所撰《燃燈禮祝威儀》已經散佚，唯《無上黃籙大齋立成儀》卷三十五保留其中的部分內容。見《正統道藏·洞玄部·威儀類》，第 207 號。
〔註11〕《正統道藏·洞玄部·本書類》，第 345 號。
〔註12〕李遠國《論道教燈儀的形成與文化功用》，載《中國道教》，2003 年第 2 期。
〔註13〕見《正統道藏·洞眞部·威儀類》，第 199、200 號。

判斷為摘引自密教摩利支天經典。且「握斗訣」、「存想」等等術語亦非道教自創，而多是參照佛教密宗壇法而來的。此外，《斗母奏告玄科》中還記載了一則斗母神話，現摘引如下：

> 天上修羅交戰日，人間劫火洞然時，四頭應化顯神通，八臂垂雄施道力，常遊日月二天前，獨立刀兵三界內，威光赫奕，妙相圓融，接能眾生超離諸苦，太虛有盡，本願無窮，大悲大願大聖大慈九天雷祖大帝，日宮太陽帝君，月府太陰皇君，聖惠先天斗母紫光金尊，聖德巨光天后，摩利支天大聖圓明道母天尊。

這段故事在《先天雷晶隱書》中亦有相類似的記載，只不過話語更為簡略，關注點亦有所不同。在《隱書》中強調的是摩利支天與「金光」的聯繫；而在《斗母奏告玄科》中則更為重視斗母解救眾生於苦難之中的慈悲與神通。所謂與修羅交戰之事，乃是摩利支天傳說中的一種，是最為明確表示其武神身份的文字。道教借用這一神話並對其進行改造，可以視為是將摩利支天與斗母進行深層次融合的努力。

綜上而言，到了明初道教經典《先天斗母奏告玄科》之中，佛教神摩利支天與道教神斗母的諸多融合因素已經基本上確定了下來。這一神靈的名稱定為「摩利支天大聖圓明道母天尊」，兼容了原先佛道二教分別存在的神名；其形象取三頭八臂各持法器之狀，在密宗造像風格的基礎上加入了道教先天道體手持日月的因素；她的傳說故事中不僅包含了斗母化生九皇之說，還包含了摩利支天戰勝修羅的功業；對其誦念經咒亦兼有佛道二教的特色，一方面不忘道教自身具有的祝香神咒，另一方面又摻入了佛教梵文陀羅尼的音節。總而言之，摩利支天與斗母的融合在明清經文中的基本論調已經確定，此後該神以「摩利支天大聖斗母元君」的名號深入到民間信仰之中，無論是對於普通民眾還是對於當代的研究者而言，都已然難以明確區分其宗派歸屬。

在上述《先天斗母奏告玄科》之外，明清時期新出經文中尚有幾部與摩利支天大聖斗母元君信仰相關者，試論如下。

1、《先天斗帝敕演無上玄功靈妙真經》一卷 [註14]

該經的說演者是斗母的次子紫微星君，經文分緣起品、持心品、解脫品、精進品、布施品、離欲品、清淨品、煉虛品、超昇品共九個部分。其中解脫

〔註14〕《道藏輯要・斗集一》，巴蜀書社，1995年。

品講解脫離苦境，布施品講七寶布施不若誦持爲功德，都帶有濃重的佛教特色。而另外的持心品、精進品、煉度品卻宣講明心見性、內煉成眞的途徑，又是道教修持中最爲看重的因素。又超昇品講究萬物化生、體虛之道、物極必反等等理念，都可以從傳統老莊經典中找到思想根源。總之，這一部經文的佛道融合特色非常強烈，而其中有關斗母自身的敘述卻顯得相對薄弱。斗母的化生傳說、神通功德等等均未提及。臺灣學者蕭進銘在其論著中認爲該經可視爲是宋代斗母信仰進一步發展的結果。〔註15〕但在筆者看來，這部經文僅僅是融合佛道二教教義而來的一篇勸道文，其目的在於引導和規範俗信徒的日常生活及信仰，並不存在高深的教理意義。故而在本書中亦不對其進行深入的探討。

2、《九皇斗姥戒殺延生真經》一卷〔註16〕

　　這一部經文在斗母信仰相關文獻中具有較爲鮮明的特色。該經宣揚戒殺好生，開篇列出了淨咒八則。其一淨天地咒曰：「上天下地，本無不平。自世好殺，劫運迭興。仰荷斗姥，說此寶經。調和兩大，復歸清寧。」咒文中明確提出世間的不平與劫難都是起自於人類的好殺，而唯有誦念此經戒殺延生，才能使得世道秩序恢復到原初的平靜。除了該淨咒外，經文的內容更進一步強化了殺生致亂及斗姥救度的說法。經曰：

> 五氣順布，斯成四時。兩大好生，斯有萬物。郅隆之世，雲呈其祥，星煥其瑞。維時眾庶熙熙皞皞，不見兵革，各盡天年，多臻壽考。中古以降，戰鬥相循，飢饉洊至，災禍迭遭，壽始不永。……維我斗姥，仁心爲質，曾發宏願。東至於扶桑，西至於崦嵫，南至於窮髮，北至於崑崙。所有眾生除怙惡不逡、信心不篤之外，誓無歧視，概與救度。

是經由斗姥說布，其意在引導信徒戒除殺生、食肉、兵革、災厄，使之獲得永壽。經中提及萬物平等之理念，殺機造孽之觀點以及放生向善可得解脫等內容，均帶有濃重的佛教齋戒色彩，於道教經典而言實屬少見。此經強調斗姥護生及放生的功德，可以看作是吸收佛教教義而來的。這種改造一方面肯定了佛教思想對斗母神格的塑造，另一方面卻也起到了否定摩利支天武神身

〔註15〕蕭進銘《從星斗之母到慈悲救度女神──斗母信仰源流考察》，收入《道教神靈學術研討會論文集》（Ⅳ），臺北：保安宮，2011 年。

〔註16〕《道藏輯要・斗集一》，巴蜀書社，1995 年。

份的作用。在上文的論述中筆者詳細分析過摩利支天身上的戰爭因素，包括野豬、法器、忿怒相及隱身神功等在內的諸多要素將其暴力威嚴烘託得淋漓盡致。可是，到了佛道融合產生摩利支天大聖斗母元君這一新神后，其最重要的武力色彩卻遭到了極大的抹殺。早在二者最初融合的《雷晶隱書》中，該神的武功已經不再受到重視，所謂戰勝修羅的神話只占經文的一小部分。到了明清時期，其武力特徵更是遭到了進一步的弱化。當《戒殺延生眞經》問世後，則已是借用摩利支天大聖斗母元君之口，直接否定了殺生食肉的行爲。既然天下太平福壽綿延是要通過戒除殺生才能獲得的，那摩利支天大聖斗母元君又有什麼理由再爲興兵作戰之人提供護祐呢？經過改造，密宗佛教教義逐步爲大乘度世的觀念取代，摩利支天大聖斗母元君的信仰特色也進一步貼近於大眾化的菩薩信仰，而失去了其原先所具備的強化武力、報復怨家等獨特的職能。

還需要注意的是，該經行文幾乎沒有提及斗姥所化生的九子，而是通篇都在以斗姥的身份進行說教。這乃是斗母在道經中出現以來首次拋開其子、以獨立的姿態發揮影響的範例。斗母一神的產生，乃是宋世道教造作神靈過程中的一部分。開始時她並未獲得獨立的神格，其職能多立足於化生北斗九皇的傳說，並依附於其子而獲得道教信徒的崇祀。無論是元辰本命信仰還是雷祖大帝崇拜，斗母神都擺脫不了根深蒂固的北斗九皇信仰的襯托及影響。但是，隨著斗母與摩利支天融合程度的加深，該神靈開始走上了獨立化的道路。一方面，借鑒摩利支天的形象使得斗母在道教眾神中顯得特立獨行，三頭八臂、豬臉法器等等都是罕見於中國本土神靈的特徵。另一方面，吸收佛教度世及慈悲觀念又使得她更易於接近普通民眾，爲人們提供有效的宗教庇護和情感皈依。因此，筆者提出如下觀點：宋元時期的斗母信仰雖然開始與摩利支天發生融合，但仍然受到原發的北斗九皇信仰的束縛，故而影響力不大。到了明清時期，斗母與摩利支天的融合已經確定，佛道因素的結合使得該神靈具備了更有包容性的信仰特徵。同時，佛道二教的民間化進程加劇亦爲其提供了獨立化的發展空間。於是，更具影響力的摩利支天大聖斗母元君信仰開始在整個帝國範圍內擴張，以至於朝鮮高麗等鄰國都引入此神設立道場供奉。

《九皇斗姥戒殺延生眞經》可謂是斗母經典中創造性及影響力極高的作品。在此經典影響下，確實出現了素食信奉斗母的情形。《正誼堂詩文集》記

載江蘇武進有「劉震修父子皆奉斗母而不食肉」。〔註17〕清朝由該經引申出所謂「九皇齋」的信仰習俗，不僅受到國內伶人團體的奉行，還在海外華人社區中傳播。九月初一至初九齋戒贖罪的做法，使得斗母「慈悲尊神」的地位進一步確定下來。這也是斗母信仰中雖以「九皇」命名卻實際上以母爲尊的典型活動，是其獨立神格的突出表現。

3、《太上玄靈保命延生斗姥心懺》一卷〔註18〕

該經文涉及到斗母的部分內容與《太上玄靈斗母大聖元君本命延生心經》類同。此外，還「加入了一些有關斗母的贊詞、寶誥及咒語，這些咒語及讚頌語詞，大部分皆已見於明代之前的斗母經書」。〔註19〕故而在此不一一列述。

4、《斗母急告心章》〔註20〕

從行文特色而言，這一經文亦是參雜佛道二教教義及教理而來的。經文中幾乎沒有出現摩利支天的名字，但卻摘引了大量梵音陀羅尼咒語。該經文具有強烈的功能性，念誦咒語及書畫神符都是爲了向斗母祈求降雨，即所謂「敕告雷神鞭起潭蟄之龍雷，大降天河之霖雨」。龍是中國傳統圖騰的一種，在佛教神話中則被稱作「那伽」。傳說佛祖出生時，即有兩位龍王爲其播灑泉水沐浴淨身，故而龍王又可以視爲是行雲布雨的神靈。《華嚴經》言：「復有無量諸大龍王……其數無量，莫不勤力，興雲布雨，令諸眾生，熱惱消滅」。因佛教的影響，道教也漸漸接受了以龍王治水的觀念，在其信仰活動中涉及求雨等內容時，便主要以龍王爲祭祀的對象。信徒們擡著龍王像巡遊做法，或是曝曬及鞭打龍王以求降雨等民俗直至今日仍能看見。〔註21〕《斗母急告心章》中的求雨方式便是以上觀念影響下的產物。信徒奏告斗母雷帝，使其運用權威鞭打叱喝沉睡蟄伏的神龍以求行雲布雨緩解乾旱。除了敕令龍雷之外，該經文還提到了斗母激發雷霆諸部之神發號施令施雨澤普濟塵寰之事。其上章內容及所頌神號等都與斗母「雷祖大帝」的身份相關，非常強調斗母作爲雷神所具有的權威和功能。由這一點來看，該經文除了具備極強的功能

〔註17〕（清）董以寧《正誼堂詩文集》，文集，清康熙書林蘭蓀堂刻本。

〔註18〕《藏外道書》，第三，巴蜀書社，1992 年，第 787～796 頁。

〔註19〕蕭進銘《從星斗之母到慈悲救度女神——斗母信仰源流考察》，收入《道教神靈學術研討會論文集》（Ⅳ），臺北：保安宮，2011 年。

〔註20〕《藏外道書》，第二十九冊，巴蜀書社，1994 年，第 144～150 頁。

〔註21〕孫秀青《漫話求雨——從祈求對象來看中國民間宗教信仰的發展變化》，載《語文學刊（外語教育與教學）》，2010 年第 10 期。

性之外，還爲我們觀察斗母神職的各個方面提供了有利的視角。作爲九天雷祖，斗母的祈雨職司亦是最能吸引普通信眾對其進行崇拜的因素之一。

5、《先天斗姥煉度金科》〔註22〕

該經的成書年代及作者都無從考證，但就其內容而言，應當是承襲《先天雷晶隱書》等神霄派經典而來，其中斗姥的雷神特徵依然十分顯著。《先天斗姥煉度金科》突出渲染了斗姥的大聖大慈，並以之與太乙天尊相對應，作爲施捨、煉度、拔難、拯救的至上神靈來崇拜。經日：

> 恭望大聖大慈，超生死不相干之地。至靈至聖，施慈悲軫普度之心。惠及九幽，恩沾三界。濟生度死，願力宏深。救苦救難，度人無量。暫停天駕，普放祥光。接引孤魂，受沾賑供。變化法食，充滿大千。河沙鬼神，各令飽滿。煥五靈而復質，攝九氣以成人。水火煉形，天醫映體。佩符領籙，受戒登真。逕升丹天之宮，克遂逍遙之樂。永無輪轉，與天齊年。

由此可見，該經文中的斗姥神格已是極爲崇高，其煉度鬼神及天醫等身份雖然在前代經典中亦有所體現，但未曾有過如此詳細的渲染及崇信。此外，還需要注意的是此處的斗姥亦是獨立存在的，她的神職不必依託於北斗九皇就能體現出來。這也是斗母信仰發展到明清時期逐漸強化的表現。當然，該經文亦沒有忽視佛教摩利支天的地位，充斥於篇中的梵音神符多是取自摩利支天經咒原有的內容。經文反覆重申斗姥「垂八臂提攜諸苦」、「四頭八臂現真形」、「四頭八臂放光明」等等，即是以摩利支天之形狀與斗姥信仰結合的明確證據。

6、《斗姥祭煉班科》〔註23〕

該經又稱爲「斗母水火祭煉班科」，其內容與上述《先天斗姥煉度金科》大同小異，都是將斗姥視作是至聖至德之救苦大神來崇拜。斗姥神的地位顯得極爲尊崇，連教主老君都要出來爲其說演圓覺義理。信奉斗姥者可以取得「所有千緣萬罪俱消解」的福報。除此之外，斗姥的武力色彩亦有所體現，所謂大梵圓明道母「斬除魔族種」、「溥令九厄三災悉蕩除」、「摧滅六陰諸鬼賊」等，即是斗姥顯現其戰鬥力的表述。該經還在普通的承恩之外，祈求斗

〔註22〕《藏外道書》，第三十冊，巴蜀書社，1994年，第343～389頁。
〔註23〕同上，第399～455頁。

姥賜予「知內傷、識外症、診脈如神，損有餘、補不足、用藥有驗」的恩眷，
這顯然是出自於斗姥「天醫」身份的訴求。

7、《九皇新經注解》〔註24〕

　　該經相傳爲唐代呂嵒所撰，但筆者考究其內容，認爲是經的出現不會早
於明清。因其中所論及的斗母紫光天后無論是神格亦或是化生傳說等都已經
完備，且其勸善、救度等特徵亦與上述諸多經文相似。故可判斷不會是先出
的文獻。該經文主要關注北斗九皇崇拜，勸誡信徒勤於拜斗以離死就生。經
文還長篇教說傳統的儒家倫理，將孝順父母、忠於君主、愛惜手足之情、明
辨夫妻之倫等比擬於天地造化之事，認爲立足於細事方能安於大綱。由是方
可臻於天地昭然、善惡報定。在這部經文中斗母重新以依附於九皇的姿態出
現，其獨立神格表現並不明顯。這亦是摩利支天大聖斗母元君信仰發展軌迹
的另外一條道路。

8、《斗母靈籤》〔註25〕

　　此經之重刊在於民國年間，但其流傳大體可以追溯到清朝。經文自稱是
斗母天尊所降，初步判斷當爲扶鸞而來。這部經文的突出特徵在於通篇都是
圍繞著斗母「天醫」的身份展開述說。篇中載明了相傳可以治病調身的六十
種藥籤，此處斗母的神格內涵與雷祖、本命元君等傳統信仰相比，無疑發生
了轉化。筆者難以由現存的材料判斷出此經文的流傳範圍，但可以確定的是，
這些藥籤的產生和運用乃是摩利支天大聖斗母元君信仰極爲民間化之後才會
出現的現象。

第三節　摩利支天及斗母的信仰分佈

　　在元末佛道競爭、融合的趨勢中，摩利支天與斗母逐漸合二爲一，此後
不久，摩利支天單獨出現於佛教中的機率便大大減少了，而冠以「摩利支天
大聖斗母元君」之稱的道教神靈卻隨著民間信仰的大發展而得以廣泛傳播。
明清時期，是摩利支天大聖斗母元君信仰超越原本的摩利支天、斗母二神得
到信眾普遍承認的時期，亦是摩利支天神格逐漸磨滅，不爲信徒所知的時期。

〔註24〕《藏外道書》，第四冊，巴蜀書社，1992年，第34～119頁。
〔註25〕王見川主編《明清民間宗教經卷文獻（續編）》第八冊，新文豐出版社，2006
　　　　年。

以下，本書仍將盡可能地從佛道二教論述摩利支天的分佈，與日漸蓬勃的融合後的摩利支天大聖斗母元君信仰之傳播。

明清時的摩利支天信仰，仍承續了之前佛教密宗發展的傳統。可以說有密宗信仰的地方，一般較易尋找到接近於原型的摩利支天崇拜。中原周邊青海西藏等少數民族聚集地，自唐朝文成公主進藏與松贊干布和親，並將佛教傳入藏地之後，便逐漸成爲了一處最徹底的密宗教區。追溯至吐蕃時期，松贊干布、赤德松贊在任，便開始組織僧人翻譯密教四部經典，之後又廣爲流傳。佛教在藏地的崛起過程中，曾和當地原有的苯教發生過衝突和鬥爭，但二者最終達到了「以苯教文化心理和文化主題精神爲背景，在更深刻、更全面、更系統的意義上實現了密苯文化融合」，〔註 26〕由此形成了獨具特色的「藏密」。之後，中原王朝或是喪亂或是衰落，對藏地的影響也漸趨衰弱。爲了汲取新的、純粹的佛教思想，藏地僧人往往不辭勞苦，赴印度求法，由此接觸到大批梵文原著的密藏經典，其密法思想也進一步成熟完善。密教中保存著大量古印度原始宗教文化的特點，這與西藏苯教的神秘和敬畏主義有許多相似之處，故而密教在西藏的發展不像其在中原地區那樣需要作出諸多迎合。漸漸地，佛教的輪迴轉世學說與苯教的靈魂思想相融合，形成了藏密特殊的靈魂召回儀式和活佛轉世思想。〔註 27〕在西藏青海各主要教區或是大型寺院，都有自己的活佛，這一方面解決了宗教首領和財產的繼承問題，另一方面也保持了佛法傳遞的連續性。〔註 28〕

到明清時代，藏密經過長期的發展演變，已經形成了完善的教義教理，且形成了鞏固的教團組織。藏地擁有諸多藏密寺院，均有自己所信奉的活佛與菩薩，其中祐寧寺和塔爾寺敬仰的是土觀活佛，而土觀活佛的庇祐神即爲摩利支天。因此，祐寧寺和塔爾寺可謂是藏地崇奉摩利支天的核心道場。土觀活佛現傳第八世，前七世分別是羅桑饒登（？～1679），羅桑阿旺卻吉嘉措（1680～1736），羅桑卻吉尼瑪（1737～1802），羅桑圖登吉堅贊（1803～1826），缺名第五世土觀（1827～1838），羅桑旺秋雪智嘉措（1839～1894），

〔註 26〕矢崎正見著，石碩、張建世譯《西藏佛教史考》，西藏人民出版社，1990 年，第 8 頁。
〔註 27〕索南才讓《藏密的形成及其特點》，載《青海民族研究（社會科學版）》，2000 年第 4 期。
〔註 28〕同上。

格桑丹曲尼瑪（1895～1959）。歷代土觀活佛都對摩利支天禮敬有加，在任時多造摩利支天像傳播供奉（見附圖・摩利支天像・9）。至乾隆時期，駐京土觀活佛曾將一幅精美的摩利支天唐卡贈與清朝皇帝，現供奉於雍和宮中。這幅唐卡的畫面完全保留了密藏經典中對摩利支天菩薩的描述：該天行於日月之前，放大光明。三面三眼八臂，左側豬臉，右側忿怒相；上兩手持戟、弓，中兩手持箭、線，下兩手持針、羂索，又有兩手在胸前，分別持有金剛杵及無憂花枝；菩薩盤腿坐在五色蓮華戰車上，駕馭七隻黑色野豬拉車前進（見附附圖・摩利支天像・8）。

　　反觀中原地區的密教，則不像藏密那樣「原汁原味」。密教的厭勝法術和嚴格的秘密修行在古老的儒教文化體系中很難找到適合的地位，所以不得不對自身進行調整以謀求發展。分而述之，中原密教在上層階級中多以秘密傳佈的方式存在，皇家秘苑是保留密教教義較爲完整亦較爲純粹的地方。到了民間，密教則多採取融合其他教派乃至於聯合道教的方式，逐漸發展其信徒。依託於密教的摩利支天信仰在中原地區的發展狀況亦是如此。上層階級信奉摩利支天的代表人物，當屬三寶太監鄭和。鄭和出身於雲南昆陽馬哈只回教家庭，洪武十五年（1382）被俘入燕王府，成祖即位後則在宮廷行走。明代宮內設有三經廠，即漢經廠、番經廠和道經廠，由宦官執掌內廷佛道之事。其中番經廠掌管西方梵唄經咒佛像等，並聘請藏傳佛教的大喇嘛擔任經廠教授。鄭和出入禁中，易於接觸此類密宗佛教的內容，他甚至有法號名爲「福吉祥」，即密教中觀音菩薩的名號。永樂元年（1403），鄭和下西洋之前曾施印《摩利支天經》，與之同在燕王府公事過的高僧道衍和姚廣孝爲其施印做了題記。〔註29〕

　　　　《佛說摩利支天經》藏內凡三譯。惟宋朝天息災所譯者七卷，其中咒法儀軌甚多，仁宗親製《聖教序》以冠其首。然而流通不廣。以廣流通者惟此本，乃唐不空所譯。其言簡而驗，亦多應、菩薩之□力，豈可得而思議耶！於戲！李珏問神人，稱名而免難；隆祐奉聖像，致禮而獲福。況能依佛所說，誦此經者哉！今菩薩戒弟子鄭和法名福善，施財命工，刊印流通，其所得勝報，非言可能盡矣。

〔註29〕 有關鄭和施印佛經事，參見臺灣陳玉女《鄭和施印佛經與興建佛寺的意義》，載《鄭和下西洋國際學術研討會論文集》，國立成功大學歷史系編輯出版，2003年。及其《明代的佛教與社會》一書，北京大學出版社，2011年。

　　福善一日懷香過余、請題，故告以此。永樂元年歲在癸未秋八月二
十又三日，僧錄司左善世沙門道衍。〔註30〕

鄭和施印《摩利支天經》的規模和所影響的範圍今求索困難，但有一點值得
肯定的是，其施印佛經的行爲起到了將深藏宮廷內府的摩利支天信仰向民間
發佈的效應。鄭和利用自己服務皇室的身份，以下西洋這一國家大事爲名刊
印佛經祈求護祐，無疑是對摩利支天神通的一次有力宣揚。在上行下效的風
氣鼓舞下，明代對摩利支天的瞭解和崇拜也一定能得到有效的提高，後世鄭
芝龍以摩利支天庇護得以戰勝倭寇的傳說，可能也是受鄭和施印摩利支天經
的影響而來的。

　　明朝中後期，閩粵沿海倭寇盛行，福建人氏鄭芝龍、劉香等在鄉間召集
數百義士自發抗倭。後來，勢力逐漸強大，爲明朝廷所患。時任兩廣總督的
熊文燦受命對其進行招撫，鄭芝龍投降明朝，其黨劉香則頑抗不屈。熊文燦
因此派鄭芝龍討伐劉香，鄭氏大勝而歸，自言「摩利支天見形空中」，庇祐自
己取得了勝利。〔註31〕熊文燦於是出資十萬，在肇慶七星岩重修水月宮，在
大殿內鑄摩利支天菩薩（身高 6 米）偕二天女（身高 5 米）像。金身巍然，
赤足鼎立；摩利支天雙目稍向下凝望，微笑、溫厚、慈祥，楣榜「苦海慈航」。
〔註32〕水月宮在肇慶當地頗爲著名，明朝以來香火不息。鄭芝龍所謂「摩利
支天見形空中」之言也許虛妄不堪，但熊文燦修廟造像的功勞卻不可磨滅，
他以朝廷命官的身份讚揚摩利支天的功勞，成爲鼓勵民間從事摩利支天信仰
的有力推動者。

　　另一方面，中原密教又多與小乘佛教中的其他派別發生聯繫，以融合的
姿態在民間傳播。漢口的古德禪寺便是這種後期密教的代表性寺院之一。該
寺廟建於清代，是武漢的四大佛教叢林之一。光緒三年（1877），一位法號隆
常的禪師起意建造寺院，之後該處香火逐日旺盛，故 1921 年秋又進行了擴建。
古德寺的建築風格十分特別，是依照緬甸那爛陀寺的藝術形式建造的，在我
國內地佛教寺廟建築中獨一無二。全寺的核心建築是圓通寶殿，寶殿爲單層
正方形，面積一千多平方米，可容納百餘人。寶殿頂部有大小佛塔共九座，

〔註30〕題記引自鄭鶴聲、鄭一鈞編《鄭和下西洋資料彙編》，齊魯書社，1980 年，第
　　　　34 頁。
〔註31〕《（光緒）廣州府志》卷六十七，清光緒五年刊本。
〔註32〕劉明安等編《七星岩志》，廣東省地圖出版社，1989 年，第 170～171 頁。

與北斗九星七顯二隱的說法暗合。人站在地面上，從任何一個方向看塔頂，只能看到七座，有兩座總是看不到。塔內飾有花卉、獅頭、象頭和大鵬金翅鳥等神物，與印度及東南亞各國的帕那瓦建築風格相似。〔註33〕殿內又供奉有摩利支天菩薩及其他眾多密教神靈，顯示了其宗派特色。

　　上文論及密宗信仰在唐代之後曾一度低落，元代因異族統治，密教崇信人數上昇，但主要在少數民族貴族中傳播，下層信眾人數不多。明代，密宗信仰的低落狀態並未改善，直到清代滿族政權入主關中，多信奉密教，才使得該信仰再一次煥發生機。摩利支天信仰的分佈與其密教宗派特質緊密相聯。從最初傳入中原到後世開枝散葉，摩利支天崇拜往往是隨著中土密教的發展一起進步的。明代密教沒落，則摩利支天信仰幾不可查；清代密教崛起，則摩利支天重新恢復了一定的宗教地位。需要注意的是，雖然密教是摩利支天信仰傳播的重要載體，但當地文化的特徵和需求也會影響其接受摩利支天信仰的程度。在藏地，密教原有的特色和當地傳統信仰衝突較少，故摩利支天能保有更多的原始色彩，其地位也相對較為重要。但到了中原地區，儒教禮俗文化對密教教義信仰的排斥使得摩利支天不得不從武神轉化為菩薩，忿怒詭異的豬臉和各種厭勝法器都需要被裁減和改造，最終成為一個滿足漢文化審美需求的神靈。其地位亦相對較低，往往附著在五方佛等信仰之下。大概也是因為中原文化對密教的排斥作用，使得廣大的義民分辨不清摩利支天的真正身份，也不瞭解她的具體執掌。密教中摩利支天信仰成分也就隨著這種隔閡而變得日漸衰微。

　　最後，我們還要關注摩利支天信仰在漢傳佛教其他宗派中的發展。佛教中設有護法諸神，其中多有出自印度婆羅門教及印度民間的神靈，摩利支天武神便是其一。佛教建立在印度原本的信仰之上，並未對先前的諸多神佛進行全盤否定，而是對其進行吸收改造，使之去惡從善。功德天、辯才天、大梵天、帝釋天、四大天王、金剛密跡、大自在天、散脂大將、韋馱天、堅牢地神、菩提樹神、鬼子母、摩利支天等十六天首先進入佛教護法神的行列。後來又增添了日天、月天、娑竭龍王、閻摩羅王等四位，因日可破暗、月可照夜，龍則秘藏法寶，閻摩掌管幽冥。〔註34〕是為二十諸天。佛教入華後，

〔註33〕徐怡靜《武漢古德寺之異域風格象徵文化初探》，載《華中建築》，2006年第11期。

〔註34〕謝路軍《佛教中的二十四諸天》，載《法音》，2005年第1期。

經過漢化改造，又增添緊那羅王及道教神靈紫微大帝、東嶽大帝和雷神，最終形成了今日的二十四諸天護法陣容。不僅佛教護法神中的組成人員出現了華化的迹象，連原屬於印度教神靈的梵天、帝釋天等也被裝扮成了中國古代帝王的模樣。重要的佛教經典《金光明經·鬼神品》〔註35〕對諸天的護法功能及齋醮儀式等做出了規範，也因此將二十四諸天信仰推上了正統佛教的軌道之上。後世佛寺不論宗派，往往塑造五百羅漢、二十四諸天於大雄寶殿內，作爲三世五方佛的守護者。其次序爲：功德天、辯才天、大梵天、帝釋天、四大天王、日天、月天、金剛密迹、大自在天、散脂大將、韋馱天、堅牢地神、菩提樹神、鬼子母、摩利支天、娑竭龍王、閻摩羅王、緊那羅王、紫微大帝、東嶽大帝、雷神。

摩利支天既然成爲佛教護法神中的一員，便往往和二十四諸天中的其他幾位一體供奉於各宗派的寺院之內。這雖然不一定可以視爲是摩利支天信仰的普遍化，但亦可以作爲摩利支天之名發散到各地的一條途徑。在佛道融合的背景下，道教斗母借用摩利支天名號、法相等，普通百姓對其進行認知時恐怕也擺脫不了二十四諸天的影響和啓迪。現存較爲重要的供奉諸天護法神的寺院首推山西長治觀音堂。觀音堂修建於明萬曆年間，其中有明代彩塑500多尊，皆爲極其精美的懸塑珍品。這些彩塑層疊分列，顯示出濃厚的儒教化色彩。500多尊造像幾乎全部是中國古代帝后的模樣，又有亭臺樓閣和祥雲山石穿插其中，顯示出中古園林之氣息。〔註36〕其中的摩利支天爲一身著虎賁的武士，身強體壯、姿態矯健，正昂首挺胸拉弓射箭（見附圖·摩利支天像·7）。如果不是該塑像位列二十四諸天之一，從次序上可以判斷出身份，我們根本無法順著摩利支天經文中所言之形象找出他來。三頭八臂，豬臉憤怒，諸多法器他一樣都沒有，唯有一副極爲常態化、漢化的武士面孔。由此看來，該尊菩薩的身上除了摩利支天的護法特徵以外，一切密教色彩和印度特徵都被消磨殆盡了。

當然，以上這種形式的摩利支天像在諸天護法神中並不全是如此，亦有些造像是以尊重經文原貌爲基礎的。建於明代正德八年（1513）的北京大慧寺供奉二十諸天，同爲明代彩塑，高約3米，氣勢雄偉，神態各異。其中的摩利支天菩薩爲女性神形象，三頭八臂三眼，三頭中已經沒有了豬

〔註35〕見《大藏經》，第663～665部。
〔註36〕劉磊《山西長治觀音堂懸塑研究》，載《上海工藝美術》，2008年第3期。

臉，八手或合十或持法器（見附圖・摩利支天像・4）。又上海玉佛寺二十四諸天，摩利支天爲一婦人，一面三眼八臂，垂目做慈祥狀。形態不同的摩利支天菩薩，都歸屬於同一個佛教護法團體。依靠這一團體，摩利支天進入到更多的寺院之中，並傳播到更廣泛的地區。在討論摩利支天的信仰分佈時，我們必須注意到在唐代密教信仰衰落，藏密又有地域局限之時，作爲諸天護法神的一員，其出現於佛教各派別之中的頻率反而卻增加了。這雖然不是一種純粹的摩利支天信仰，但亦可以視爲是摩利支天走入普羅大眾之間的有效途徑。借用南宋沙門志磐的話來說，即是「雖未聞行其法者，而菩薩之緣已開」。〔註37〕

相對於摩利支天信仰，明清時期的斗母信仰則可謂是呈現繁榮態勢。一方面，斗母吸收了佛教摩利支天的神格與形象，更名號爲「摩利支天大聖斗母元君」；另一方面，其道教色彩仍占主流，並逐漸發展爲一位位高慈悲的神仙婦人形象。上文提到斗母——九皇的關係對應了世俗王朝太后——皇帝的政治格局。返回到信仰體系內部來觀察斗母與北斗、九皇之間的聯繫，則會發現中國傳統的孝道理念在信仰生活中亦發揮著重要的乃至於支配性的作用。九皇信仰源自於北斗星辰崇拜，在上文已有論述。如今已經不能推斷出九皇信仰正式出現在什麼時候，但一般猜測認爲，既然《雲笈七籤》裏收錄的《北斗九星職》是出於六朝古典的，則九皇的說法可能在六朝已經出現。〔註38〕到了唐代，北斗信仰不僅在道教中發展，還擴展到了佛教。則以北斗爲原型的九皇應該也在此時盛行於道教徒之中。宋代《雲笈七籤》對北斗九皇倍加推崇，《北斗本命延生經》更是系統地闡述了九皇的本生故事，將「北斗九辰」視爲是中天大神，說他們「爲造化之樞機，作人神之主宰；宣威三界，統御萬靈」，這就將北斗九皇的崇拜推上了高峰。北斗九皇中的天皇大帝、紫微大帝都是古代道教神靈體系中十分重要的成員，他們的加入使得九皇職能隨之擴張，不僅爲司命之神明，同時也掌握著四時氣候和天、地、人「三才」，統稱「七政」。〔註39〕

無論是北斗七星或是九皇，都是在斗母出現以前便已爲人所熟知的神靈，他們的主司在於人的本命，當人們對自己的生存和發展感到懷疑時，往往

〔註37〕《佛祖統記》，卷四十七。《大藏經》，第2035號。

〔註38〕王琛發《從北斗眞君到九皇大帝——永不沒落的民族意象》，該文曾於2001年由馬來西亞道教組織聯合總會宗教文化研究中心刊印單行本，後又於2008年修訂。

〔註39〕同上。

求助於這一組神靈。隨著斗母的出現，北斗七星和九皇崇拜發生了新的變化。斗母作爲群星之母，其威嚴和地位都明顯地凌駕於北斗九皇之上。因此，到了明清時期斗母神格教義完善之際，以往對北斗九皇進行崇拜的寺觀便逐漸轉爲以斗母爲主神，而以北斗九皇配享。泰山自古以來就是拜斗的中心。北斗主死，與泰嶽鎮壓地府之執掌類似；北極居其所而眾星共之，又與泰山的封禪地位不謀而合。成語中有「泰山北斗」一詞，便是以地上至尊之山嶽與天上至尊之星辰配比，喻爲眾人所景仰之人。明清時期，作爲拜斗中心的泰山在其原有的北斗信仰之上增添了「先天道母」崇拜。史料記載以泰山斗母宮、濟南斗母泉村兩處爲明清崇祠斗母最爲著名的地區。對於這兩處道場，筆者於 2011 年 11 月曾進行過田野調查，獲得有關泰山斗母廟及濟南斗母宮相關資料。

泰山斗母宮建於山路東側，海拔約三百米處。其創建時間不詳，古稱龍泉觀，爲道教崇拜場所。明嘉靖二十一年（1542）重修，此後便由尼姑改造成爲佛教寺院。但即便如此，中院正殿的「斗母娘娘」像在當時卻並未挪走。比丘尼只是在殿後新添了觀音殿，塑觀音像。乾隆年間斗母宮迭有修造，斗母娘娘像也多次翻新，又在宮內添加子孫聖母像配祀。文革期間，斗母宮遭到了破壞，檀木所造斗母娘娘像被焚毀，寺廟荒廢。文革之後該地居民想恢復寺廟舊制，但是苦於沒有神像供奉，於是從山下觀音廟請來觀音像供於正殿內。「斗母宮」之稱不變，但此時宮內卻已經沒有了斗母。直到 1996 年，該寺才在臺灣清淨道教協會的幫助下，重塑了三眼四面八臂的「斗母娘娘」像，供奉在東側配殿內。該神像神額稱「斗母娘娘」，高約 1.5 米，銅塑，六臂分別持日、月、璽、鈴、槍、戟，中間雙臂合十。斗母身前侍奉金童玉女一對，周圍環繞九皇——即北斗七星與紫微大帝、勾陳大帝。斗母正面慈悲相，兩側面塑造不詳，疑爲豬臉，背後一面做忿怒相。這一尊斗母像身後又有一處神龕，供奉一位高約 40 釐米的小型斗母像，斗母手持法器與大象不同，最末兩臂持弓箭。這一尊小像身邊有三臺官環繞。該殿如此設置，不知道是什麼原因。泰山斗母宮如今仍然爲佛教道場，寺內梵音繚繞，卻又供奉著一位道教神靈，也算是佛道融合、三教共處的典範之一。

斗母泉村位於濟南市郊一處山丘上，海拔達 745 米。該處出清泉，爲濟南七十二泉當中最高的一處。如今前往斗母泉村已經有環山公路，但交通仍不算便利。斗母泉村規模很小，村口便是斗母泉，泉水對面是斗母宮。斗母宮始建時間不詳，明中葉時香火旺盛、遠近聞名。如今能看到的斗母宮只有

一個神殿，殿內供奉塑造成普通婦女形象的斗母娘娘，神額曰：先天大聖斗母元君。殿內兩側有兩位「娘娘」配祀，一為眼光娘娘，一為送子娘娘。斗母宮內現在還有一位道士看守，據他所言，斗母宮的香火如今還算旺盛，往往有濟南市民前往拜祭。當我們問及為何斗母娘娘象形同普通婦人時，該道士回答說：斗母本應該是三目四首八臂，但因為當地村民對於道教瞭解不深，因此不太能接受模樣奇特的神靈。故而為了迎合信眾，只能將神像塑成普通婦人的樣子，作為斗母的化身來理解。這一神像是在 2006 年重修的，之前的舊像已經在文革時期摧毀了。

上文說到，明清時期佛道二教呈現出民間化的趨勢，斗母作為道教神靈，亦隨著該趨勢深入到廣大民眾之中。在齊魯大地，斗母崇拜的興起與原有的北斗信仰關係緊密，可以視為是道教與民間信仰合流的典範。此外，在廣東、雲南、江蘇等地，隨著道教的民間化亦出現了斗母疊加於北斗九皇之上而盛行的現象。《中華全國風俗志》記載：廣東，九月九日建九皇會；浙江杭州，多有在廟宇禮懺，供奉斗姥，燃黃色燭，俗稱拜斗；雲南，禮斗，滇俗，九月朔至九日最虔；江蘇，重陽節自初一至初九，設壇拜斗。〔註40〕以上民俗的產生出自於人們對北斗的信仰，斗母的神格來自於北斗，因此可以自然而然地融入到拜斗傳統之中。廣東廣州、南海、羅浮山、丹霞山、七星岩；雲南富源縣；江蘇盤門、周莊、武進等等都是明清時期斗母信仰最為流行的地區，同時亦為風俗志中記載禮斗最為虔誠的地區。除了道教的民間化之外，斗母信仰的發展還可以歸功於中國人重視孝道倫理的思維模式。斗母信仰雖然晚出，但從名義上來說，她即是北斗七星或北斗九皇的母親，自然可以凌駕於他們之上獲得信眾的崇拜。北斗、九皇都是既存的信仰，斗母只要隨著遷入其子嗣的道場，便可以堂而皇之地接受香火，盛行於當地。由此可見，「母因子貴」的傳統規律在宗教領域中亦得到了極佳地展示。

斗母信仰除了疊加於北斗、九皇之上外，還採取了與九皇崇拜共同擴張的傳播方式。蘇杭一帶的「斗母──九皇」信仰隨著徽班的進京而傳播到了華北，成為梨園戲子的行業神。《燕歸來簃隨筆》〔註41〕記載：「北京伶人最重九皇……按伶人稱九皇之法，身繫三頭六臂，被毛帶掌，手持翻天印、斬

〔註40〕胡樸安《中華全國風俗志》，上海文藝出版社，1988 年，第 6、15、43、83頁。

〔註41〕出自張次溪編纂《清代燕都梨園史料正續編》，中國戲劇出版社，1991 年。

妖劍，弓鬥日月，其形至奇，似梵宇所祀之多臂觀音也。」這裡提到的三頭六臂形象顯然是斗母與摩利支天融合後的形象。徽班和梨園伶人都有九月九日持齋的傳統，期間禮斗懺斗，祭拜九皇。《九皇斗姥說戒殺延生眞經》載斗母勸誡眾人持齋，所謂「好殺者必受惡報，戒殺者可免災殃」。〔註42〕梨園崇拜的斗母——九皇神依然具有掌管壽夭生死的職能。〔註43〕華南地區的斗母——九皇信仰則隨著華人移居海外而流傳到了新加坡、馬來西亞、泰國等地。香港、普吉島都在早期便建立起規模宏大的斗母宮，其中有九皇配享。今天，在新馬泰地區，九皇誕已經發展爲廟會。〔註44〕

上文提及佛道二教的民間化趨勢還有一條途徑，便是以寺觀標準神的姿態出現。斗母信仰發展到明清時期亦是如此。就一般宮觀而言，老君殿、三皇殿、文昌宮等都是必備的崇祠建築，後期則又加上了斗母宮。明清時期的許多道觀都有斗母宮，它的存在很大意義上並不代表說此處的道教徒信仰斗母，而實際上是一種配置上的需要。現舉例如下：

眞武山玄祖殿。明萬曆初年，四川巡撫曾省吾在征服川南都掌蠻後，爲標榜戰功，託詞眞武大帝曾助其師，大興土木建成眞武祠，後又陸續增修一系列宮觀，使眞武山成爲川南道教名山。眞武山上的道教古建築群在建國前後均有損壞，現僅存元極宮、斗母宮、文昌宮、三三府宮、地姆宮等五座廟宇。〔註45〕

雲峰山道觀。雲峰山坐落於騰沖，乃著名的道教聖地，民間敬稱其爲「仙山」。在海外尤其是東南亞有深遠的影響。山上依勢建有呂祖殿、斗母閣、觀音殿、玉皇殿、老君殿等寺觀。〔註46〕

四川青羊宮。始建年代無確切記載，現在建築爲清代所建。主要建築由南而北有靈祖樓、混元殿、八卦亭、三清殿（無極殿）、玉皇閣（斗姥殿）、唐王殿（紫金臺）、和降生臺、說法臺等。〔註47〕

〔註42〕賀龍驤校勘，彭文勤纂輯《道藏輯要》冊七，新文豐出版社，1977年，第2894頁。

〔註43〕陳志勇《道教「九皇神」與民間戲神信仰考》，載《宗教學研究》，2009年第3期。

〔註44〕高偉濃《華夏九皇信仰與其播遷南洋探說》，載《東南亞縱橫》，2002年Z1期。

〔註45〕李又起《宜賓眞武山玄祖殿及古建群》，載《四川文物》，1987年第2期。

〔註46〕梁洪《雲南重要旅遊勝地——騰沖》，載《珠江水運》，2004年第4期。

〔註47〕楊君《出關尹喜如相識，尋到華陽樂未央——成都青羊宮》，載《中國宗教》，2006年第1期。

明清時期，除了上文提到過的熊文燦等信仰斗母（或信仰摩利支天，因此時二者已經融合，在許多地方難以區分開來）外，還有許多人物信奉斗母的資料流傳下來，可供如今的研究者一窺當時斗母信仰發展的狀況。當時，信奉斗母最爲著名的人物當屬明朝人徐有貞。徐有貞進士出身，在英宗復辟中起到過重要作用，曾官至內閣首輔。在其黨宦官曹吉祥遭到誅殺後，徐有貞也曾受牽連入獄，一段時間後方得免除罪責。《殊域周咨錄》〔註48〕記載了徐有貞此次入獄及出獄的故事如下：

> 公初下制獄，引鏡自鑒曰：「面色灰敗，吾定不免。」乃日拱手默誦其所奉《斗母咒》。又數日，復就鏡曰：「吾今知免矣。」迨獄且論決，而風雷大作，承天門災。方瞑晦中，或見錦衣堂上有物如豕者七蹲焉，蓋斗神所爲也。公奉斗極誠，每日必北向四十九拜。初無間寒暑，合門不食豕肉。

徐氏素日便有信奉斗母的習慣，在獄中亦仰仗此種信仰的庇護。在這則材料中，有一點值得注意的是徐氏奉斗，念誦的是《斗母咒》。此處的《斗母咒》當爲《斗母心咒》的簡稱，而《斗母心咒》與上文述及的摩利支天心咒幾無二致。這也可以看出斗母與摩利支天信仰融合爲一，互不區分的狀態。徐氏奉斗，以豬爲神物，故而不吃豬肉。豬的意向亦與前述豬神崇拜相關。總而言之，由徐有貞的斗母信仰我們可以看出，明清時期摩利支天與斗母的融合已經達到成熟。在信徒看來，摩利支天身上的豬神因素、斗母身上的北斗崇拜等都一體受到尊崇、景仰。

除了徐有貞，古籍中另有多人亦是斗母信仰的追隨者。其中最值得注意的一例當屬嘉靖時期的書法家張電，他曾得到御賜斗母像一幅，〔註49〕由此可見宮廷斗母崇拜和民間斗母信仰的相互交流。又據《山齋客譚》記載，錢塘人有周麗生者，禮斗甚勤，曾見斗母降靈。〔註50〕《過夏雜錄》則有江西曾氏傳斗姥百字咒的說法。〔註51〕《正誼堂詩文集》稱：「劉震修父子皆奉斗母而不食肉。」〔註52〕《銅鼓書堂遺稿》的作者查禮之姊嫁歸李氏，其夫陷

〔註48〕　（明）嚴從簡《殊域周咨錄》，卷十八，明萬曆刻本。
〔註49〕　（明）何三畏《雲間志略》，卷十，明天啓刻本。
〔註50〕　（清）景星杓《山齋客譚》，見《昭代叢書・辛集別遍》，卷五，清乾隆抱經堂鈔本。
〔註51〕　（清）周廣業《過夏雜錄》，卷六，清種松書塾鈔本。
〔註52〕　（清）董以寧《正誼堂詩文集》，文集，《答劉震修書》，清康熙書林蘭蓀堂刻本。

獄，其姊夜半禮斗，突然雷雨大作，空中隱隱若有神語相慰藉。之後不久，獄難消除。〔註53〕

俗世人禮拜斗母的例子尚有許多，此處不一一列明。佛教徒中，則有嶺表澹歸禪師爲其好友多次撰文稱述斗母之事。澹歸禪師是嶺表名僧，俗姓金，名堡，浙江仁和（即今杭州）人。年輕時曾事科舉，遊歷江浙福廣一帶爲官。後來隨著明王朝滅亡，遂絕仕宦之意，在桂林削髮爲僧。後至廣州海幢寺從天然和尚爲師。康熙年間，澹歸禪師在丹霞山開關道場，此後弘法十五年，死後亦葬于丹霞山。丹霞山一帶，是嶺南地區拜斗傳統較深的區域，澹歸禪師在此，亦不可避免地沾染其禮斗風俗。在所著《徧行堂續集》中，澹歸禪師曾作《禮斗科儀序》及《斗母殿上梁文》二篇述及斗母信仰。〔註54〕這兩篇文章是爲了澹歸禪師的好友傅竹君所作，一篇讚揚他禮斗勤懇，另一篇則讚揚他募捐斗母殿之功。作爲佛教中極具影響力的一員，澹歸禪師對斗母信仰的態度一方面反映出嶺南斗母崇拜的相關狀況，另一方面亦體現了斗母集合佛道信仰爲一體，使二教不相排斥的特質。

至明清時期，斗母因其本土性特徵及具有彈性的神學解釋空間，已經獲得了相對廣闊的信仰區域及眾多信徒，影響超過了佛教的摩利支天。二者的關係也逐漸由斗母學習摩利支天發展爲摩利支天依附於斗母而存在。「摩利支天大聖斗母元君」的稱呼是二者融合的最佳標誌，亦是道教在此種融合中處於主動狀態的清楚表現。以下，筆者將就明、清兩代及清代之後摩利支天信仰的整體分佈及其特點作一詳盡的敘述。

一、明代信仰分佈

1、華北區：北京5處，山西2處，其中山西寶寧寺藏有摩利支天菩薩水陸畫一副。畫中摩利支天係雙頭六臂之女神，右邊一手握劍，一手握箭。左邊一手執索，一手執弓。中間二手合十，立於青蓮之上。身後一豬，待考。左右有兩侍女執幡而立（見附圖·摩利支天像·6）。明代華北區摩利支天的信仰有所轉移，主要體現在河北、河南、內蒙等地摩利支天信仰的萎縮。而在集中程度上，則有所提升，主要分佈於以北京皇城、大同五臺山爲中心的兩個小區域內。但從總體而言，還是有很大的變化。從這些信仰寄託地的產

〔註53〕 （清）查禮《銅鼓書堂遺稿》，卷二十九，清乾隆查淳刻本。
〔註54〕 澹歸《徧行堂續集》，文卷二，清乾隆五年刻本。

生年代而言，主要修建於明代中期，特別是正德至嘉靖年間。一些中小城鎮雖然不是華北區摩利支天信仰的核心，但卻成為信仰分佈的主體區域，逐漸由靠近皇室貴族，擴展到中下層特別是較偏遠地區的普通百姓。

2、西北區：寧夏 1 處，青海 1 處。明代西北區的摩利支天信仰雖然較少，但卻可分成兩個信仰系統。其中，一個是中原地區的密教系統，另外一個則是屬於「藏密」範疇。但由於寧夏和青海相距較近，加之以上兩地都有回教信仰的存在，因此回教對於當地摩利支天信仰的影響到底有多大，我們還無從得知，但至少從形成的年代而言，他們都是修建於明代初期，和之前的摩利支天在西北地區的分佈具有一定的傳承性。

3、西南區：雲南 3 處，四川 2 處，西藏 1 處。明代西南地區摩利支天信仰的分佈，較原有的信仰有了很大的進展，這與西南地區特別是雲南省逐漸為中原文化所影響有關。而在元代以前，雲南一直有自己獨特的管理體制和文化體系，後來元朝雖然統一了雲南，但由於摩利支天大聖斗母元君的信仰並未成熟，所以雲南在元代並未有大量的摩利支天信仰載體出現。此外，四川摩利支天信仰有所變化，單從數量而言，比之前很長一段時間的數量還多。

4、華中區：湖南 1 處。在華中區的摩利支天信仰載體的變化中，我們可以看到從數量上是比較少的。另外，從重要性這一方面而言，也是大打折扣的。而這一切，都應當同華中地區特殊的地理位置有關聯。湖北向來為武當道派的重要擴展區，而白雲觀祖庭所倡導的教義固然與其有所差別。但是由於湖北歷來為」九省通衢」，各種宗教的各種派別和學說紛至沓來。而作為外來佛教和本土道教相融合的斗母元君信仰，雜糅了兩種宗教派別的信仰模式，難免不會被當地民眾視為異端。因此，在明代摩利支天信仰蓬勃發展的過程中，華中地區反而成為了一個特殊的例外。

5、華東區：江蘇 5 處，安徽 1 處，浙江 1 處，上海 1 處。在華東區摩利支天信仰依然延續了之前變化的強勁勢頭，特別是在江浙兩省。由於其處於江南區域的核心，因此在當地優越的政治、經濟、文化綜合區位優勢的帶動下，各種民間信仰在當地發展是相當客觀的。在明代摩利支天——斗母信仰大面積擴張的背景下，華東區自然也就成為此等信仰的集聚地。加之民間崇信之風勃發，以江蘇為中心的摩利支天——斗母信仰帶逐漸形成，到清代則達到頂峰。

6、華南區：廣東 5 處。廣東作為中國古代民間信仰的中心之一，自古以

來對於佛、道信仰崇信有加，但是由於廣東民間信仰種類繁多，加之距皇室貴族較遠，因此對於帶有國家推廣性質的信仰體系，民眾對於它們的崇信並不十分濃烈。此外，我們從相關信仰摩利支天的寺院分佈狀況來看，主要是以廣州為中心的信仰體系。加之明末清初澹歸法師的宣揚，清代華南地區的摩利支天信仰依然延續了以廣東為主的分佈特色。

表六：明代摩利支天──斗母信仰分佈表

區域	名 稱	分佈地點	出現時間	信仰主體	類別	史 源
華北	大慧寺	北京城西直門	明正德	皇室	廟觀	《北京志》「宗教志」
華北	娘娘廟	北京城	明正統	民間	廟觀	《北京志》「宗教志」
華北	斗母像	北京城	明嘉靖	官府	書畫	《雲間志略》卷十
華北	斗姥閣	北京城玉皇廟內	明萬曆	民間	廟觀	《法制晚報》副刊風物志 2010 年 10 月 23 日
華北	寶寧寺	右玉縣	明成化	民間	廟觀	吳連城《山西右玉寶寧寺水陸畫》
華北	斗母廟	虞鄉縣	明代	民間	廟觀	《虞鄉縣志》
西北	高廟	中衛縣	明永樂	官方	廟觀	明榮《寧夏中衛縣保安寺簡介》
西北	塔爾寺	湟中縣	明洪武	官方	廟觀	《青海省志》「宗教志」
西南	玄祖殿	宜賓城	明萬曆	官方	廟觀	李又起《宜賓真武山玄祖殿及古建群》
西南	斗母宮	宜賓城	明代	民間	廟觀	《敘州府志》
西南	雲峰道觀	騰沖縣	明代	官府	廟觀	《騰沖縣志》
西南	斗母閣	富源縣	明萬曆	民間	廟觀	《(雍正)雲南通志》卷十五
西南	斗母閣	建水縣	明萬曆	民間	廟觀	《(雍正)雲南通志》卷十五
華中	斗母閣	湘潭縣	明嘉靖	民間	廟觀	《(光緒)湖南通志》卷二百三十八

區域	名　稱	分佈地點	出現時間	信仰主體	類別	史　　源
華東	百歲宮	九華山	明萬曆	官府	廟觀	《安徽省志》「民族宗教志」
華東	斗姥閣	紫陽觀	明萬曆	官府	廟觀	《茅山志》
華東	斗姥別院	盤門	明	民間	廟觀	《竹葉庵文集》卷十四
華東	奉斗母像	武進縣	明末清初	民間	書畫	《正誼堂詩文集》「文集」
華東	斗母閣	北茅山	明代前	官府	廟觀	《知畏堂詩文存》詩存卷一
華東	斗姥樓	吳山	明嘉靖	民間	廟觀	《杭州府志》卷九
華東	斗母像	嘉興府	明嘉靖	民間	書畫	《滬遊雜記》卷一
華東	慧濟寺	普陀山	明慧圓	官府	廟觀	《普陀縣志》
華南	水月宮	肇慶府	明嘉靖	官府	廟觀	《七星岩志》
華南	斗姥石像	七星岩	明末	民間	書畫	同上
華南	海幢寺	廣州城	明末清初	官府	廟觀	《徧行堂集》
華南	丹霞山	曲江縣	明末清初	民間	廟觀	同上
華南	斗姥宮	廣州城	明末清初	官府	廟觀	《(光緒)廣州府志》卷六十七
西南	摩利支像	古格王朝都城寺院的白殿遺址	15世紀末～16世紀初	官府	廟觀	桑吉札西、尼瑪次仁《西藏阿里古格壁畫藝術》
華北	摩利支像	眞定府	明代	民間	廟觀	陳耀林《毗盧寺和毗盧寺壁畫》
華北	摩利支像	北京城	明代	民間	廟觀	李竸群、王旭東《北京法海寺明代壁畫賞析》

注：本表的分佈地點主要以今地名爲主，以便利於方家指正。其中在「信仰主體」上，
　　皇室、王室主要指爲帝王或國王所信仰或建造，官府則指爲官府主持建造，官僚
　　指官員個體信仰，民間則指爲不帶有官方色彩的信仰或募集資金；而在「類別」
　　上，廟觀指有關摩利支天信仰的寺廟或道觀，書畫則爲有關摩利支天信仰的典籍
　　或繪畫作品，道場則指摩利支天相關信仰的水陸法會。

　　綜上所述，我們可以發現，在全國範圍內已經形成了一種分佈模式：以華東爲中心，華北爲次中心，摩利支天大聖斗母元君信仰逐漸向全國其他區域逐次擴展。當然，華中地區的信仰分佈狀況確實較少，但它很好的連接了其他信仰大區的分佈。比如在華南區此等信仰就有很好的發展，以肇慶爲發展核心，逐次向廣州等地擴展。同時，在西南地區此等信仰也達到了歷史上的頂峰時期，信仰區域不再僅僅局限於成都這樣的大城市，而且逐漸向宜賓這樣的中等城市和建水這樣的小城鎮擴展。此外，西北地區「藏密」系統下的摩利支天信仰繼續得以傳承，這也就比較容易保留此等信仰的原汁原味。所以，明代是摩利支天信仰的高峰期，與唐代遙相呼應。但明代的信仰特色主要是以民間爲主，而不再僅僅局限於皇室貴族，這也符合了我國宗教信仰的總體發展趨勢。

二、清代信仰分佈

　　1、華北區：北京 13 處，山東 1 處。清代，由於摩利支天——斗母信仰的進一步擴展，加之白雲觀祖庭的核心帶動作用，華北區的摩利支天信仰依然以北京城爲中心，但正如前文所說，此等信仰更多的是完善寺院的設置，而非摩利支天信仰本身的擴展。正是由於基於這一目的設置摩利支天載體的原因，清代華北區其他省份的摩利支天信仰並不繁盛，因此也就爲清代以後摩利支天在華北地區的全面沒落埋下了伏筆。但值得注意的是，山東斗母泉村的摩利支天信仰則由於歷代信仰傳統的關係，而保持了對於摩利支天——斗母信仰的尊崇傳統。

　　2、東北區：吉林 1 處，遼寧 1 處。東北地區由於歷代爲少數民族區域，故而對於中原的摩利支天——斗母信仰並無崇信傳統。但由於清代君主對於佛教的尊崇，使得摩利支天——斗母信仰有機會進入東北地區。並且，此等信仰仍然是透過其他信仰，特別是道教信仰的傳播而得以流佈。而清代東北區的信仰中心，則是以奉天爲中心。

　　3、西北區：青海 1 處。西北地區由於信仰傳統的原因，保持有對於摩利支天——斗母的重要信仰載體。但由於西北地區地廣人稀，又是以藏密爲信仰特色，故而西北區的此等信仰卻有自己獨特的信仰傳統。不過從在全國範圍內所佔的比重來看，這樣的載體數量也只能是少的驚人，無法對中原地區已經融合的摩利支天大聖斗母元君產生實質性影響。唯一能傳承下來的，就

只能是保有藏密系統摩利支天信仰原汁原味的教義了。

　　4、西南區：四川 1 處，雲南 2 處，貴州 1 處。西南地區的摩利支天——斗母信仰，主要以上文所述的成都青羊宮爲中心。雖然在隋唐時期，西南區確有一定數量的分佈，但之後的發展卻逐漸沒落，只是在全國性信仰的推動下，有了一定的增加。所以總體而言，西南地區在全國的信仰版圖內並不占重要地位，因此也就不再作過多論述。

　　5、華中區：湖北 1 處，湖南 1 處（同明代分佈，不再列於表中）。上文已經述及明代華中區摩利支天——斗母信仰的傳播與流佈，說明華中區確實存在不利於此等信仰的主客觀因素。但值得指出的是，此等信仰通過其他信仰的帶動，卻頑強的在華中區得以生存。但是，華中區的分佈狀況比較分散，因此傳播中心也就不像其他區域那麼明顯。而正是由於摩利支天信仰在華中區無法佔有一定的位置，因此也就影響到了此等信仰在全國範圍內的不斷擴展，特別是對西南區、華南區的影響更大。

　　6、華東區：江蘇 14 處，浙江 7 處，上海 1 處，江西 1 處，福建 1 處。清代此等信仰在華東區得到了集大成的發展，成爲華東區摩利支天——斗母信仰發展的巔峰期。另外，華東區仍是以江蘇爲中心發展區域，然後向其他地區擴展。

　　7、華南區：廣西 1 處。清代華南地區的摩利支天信仰，主要不再以信仰載體爲發展脈絡，而是轉爲主要以民間斗母咒爲信仰載體，來實現此等信仰的傳播與流佈。此外，由於華南地區信仰眾多，百姓更加喜歡去崇信顯靈次數較多、國家推崇的宗教，比如天妃信仰、眞武信仰和三山國王信仰。

表七：清代摩利支天——斗母信仰分佈表

區　域	名　稱	分佈地點	出現時間	信仰主體	類別	史　源
華北	華嚴寺	北京城	清康熙	皇室	廟觀	《（光緒）順天府志》卷十四
華北	斗姥宮	北京城天橋西	清康熙	民間	廟觀	《宸垣識略》卷十
華北	斗姥宮	北京城眞武廟西	清康熙	民間	廟觀	《日下舊聞考》卷八
華北	禱斗姥	北京城	清雍正	民間	夢咒	《銅鼓書堂遺稿》卷二十九

區域	名 稱	分佈地點	出現時間	信仰主體	類別	史 源
華北	奉斗姥	北京城南	清乾隆	民間	夢咒	《(雍正)畿輔通志》卷四十九
華北	碧霞元君	北京城	清乾隆	官方	廟觀	《日下舊聞考》卷一百六
華北	萬壽宮	北京城	清代	官方	廟觀	《日下舊聞考》卷四十二
華北	圓恩寺	北京城	清代	民間	廟觀	同上
華北	拜斗殿	北京城	清代	官方	廟觀	同上
華北	禮斗姥	宛平縣	清雍正	官方	廟觀	《帝京歲時紀勝》
華北	斗姥宮	北京城帽兒胡同	清代	民間	廟觀	《北京地方志》「帽兒胡同」
華北	斗姥宮	延慶城內	清乾隆	官府	廟觀	《(乾隆)延慶衛志略》
華北	摩利支唐卡	北京城內府藏	清康熙	皇室	書畫	見雍和宮所藏唐卡
華北	斗姥閣	承德	清康熙	皇室	廟觀	吳正則《斗姥閣》
華北	斗姥別院	滄州府青縣	清代	民間	廟觀	《竹葉庵文集》卷十四
華北	斗母泉村	濟南	清康熙	民間	廟觀	《(道光)濟南府志》
華北	斗姥閣	黎陽大伾山	清康熙	民間	廟觀	《轉漕日記》卷一
東北	眞武廟	吉林境	清乾隆	官府	廟觀	《(光緒)吉林通志》卷二十六
東北	斗母宮	奉天城	清康熙	官府	廟觀	《松鶴山房詩文集》「文集」卷十一
西北	祐寧寺	威遠鎮	清雍正	民間	廟觀	《青海省志》宗教志
西南	斗母閣	犍爲縣	清雍正	民間	廟觀	《(雍正)四川通志》卷二十八

區域	名　稱	分佈地點	出現時間	信仰主體	類別	史　　源
西南	斗母閣	永寧州城西	清乾隆前	民間	廟觀	《(乾隆)貴州通志》卷十
西南	斗姥閣	巍山	清乾隆	官府	廟觀	《雲南省志》「宗教志」
西南	摩利支天	雲南邊境	清初	官府	廟觀	《介亭詩文集》「文集」卷六
華東	斗姥宮	歙縣	清	民間	廟觀	《練江詩鈔》卷七
華東	斗姥宮	徐州城西北	清康熙	民間	廟觀	《(同治)徐州府志》卷十八
華東	斗姆道宮	揚州西園	清	民間	廟觀	《顧千里先生年譜》卷下
華東	斗母閣	吳江縣	清康熙	民間	廟觀	《河渠紀聞》卷二十五
華東	斗母閣	蘇州	清初	民間	廟觀	《(同治)蘇州府志》卷一百一
華東	福濟觀	蘇州	清順治	民間	廟觀	《百城煙水》卷二
華東	通明道院	蘇州角直鎮	清順治	官方	廟觀	《(同治)蘇州府志》卷四十二
華東	福善道院	震澤縣	清康熙	官府	廟觀	《(乾隆)震澤縣志》卷九
華東	斗姥宮	徐州	清康熙	官府	廟觀	《(同治)徐州府志》卷十八
華東	雨花尼庵	周莊鎮	清乾隆	民間	廟觀	《周莊鎮志》卷三
華東	斗姥閣	嘉興太湖岸邊	清嘉慶	民間	廟觀	《頤道堂集》「詩選」卷二十九
華東	禮斗	錢塘江邊	清乾隆	民間	夢咒	《山齋客譚》卷七
華東	太初道院	蘇州	清代	官方	廟觀	《顯志堂稿》卷三
華東	奉斗母像	蘇州	清代	民間	書畫	《新齊諧》卷十八

區域	名 稱	分佈地點	出現時間	信仰主體	類別	史 源
華東	供斗姥	蘇州鄧尉山	清順治	民間	廟觀	《(同治)蘇州府志》卷四十二
華東	縠水道院	松江府	清乾隆	官方	廟觀	《學福齋集》文集卷十
華東	斗母閣	杭州吳山	清乾隆前	民間	廟觀	《杭州府志》卷九
華東	洞眞觀	杭州城東北	清康熙	官方	廟觀	《樊榭山房集》「文集」卷六
華東	斗母閣	杭州西湖邊	清雍正前	民間	廟觀	《西湖志纂》卷九
華東	奉斗母像	海寧縣	清康熙	民間	書畫	《槐廳載筆》卷十六
華東	延慶寺	浙江海邊	清乾隆	官府	廟觀	《香雪文鈔》卷八
華東	純陽宮	金葢山	清嘉慶	官府	廟觀	《春在堂雜文》四編卷一
華東	奉斗母像	杭州	清代	民間	書畫	《新齊諧》卷十八
華東	太上清宮	龍虎山	清雍正	官府	廟觀	《(嘉慶)大清一統志》卷三百十五
華東	奉斗姥咒	江西境	清代	民間	夢咒	《過夏雜錄》卷六
華東	斗姥宮	福州城	清代	民間	廟觀	《鈍齋詩選》卷十二
華南	斗母閣	桂林	清乾隆	民間	廟觀	《(乾隆)廣西府志》卷十二
華南	斗姥壇	廣州越秀山	清乾隆	官府	廟觀	《(道光)肇慶府志》卷二十二
華南	斗姥宮	廣州城東門外	清代	民間	廟觀	《(光緒)廣州府志》卷六十七
華南	斗姥宮	廣東羅浮山黃龍觀	清代	官方	廟觀	《五百四峰堂詩鈔》卷十九

區域	名　稱	分佈地點	出現時間	信仰主體	類別	史　源
東北	斗姥宮	遼寧鳳城縣	清代	民間	廟觀	光緒《鳳城縣志》

注：本表的分佈地點主要以今地名為主，以便利於方家指正。其中在「信仰主體」上，
　　皇室、王室主要指為帝王或國王所信仰或建造，官府則指為官府主持建造，官方
　　指官員個體信仰，民間則指為不帶有官方色彩的信仰或募集資金；而在「類別」
　　上，廟觀指有關摩利支天信仰的寺廟或道觀，書畫則為有關摩利支天信仰的典籍
　　或繪畫作品，道場則指摩利支天相關信仰的水陸法會。

　　從分佈的數量來看，華東區可執牛耳，自摩利支天——斗母信仰在中國及
其藩屬國出現以來，共擁有84處不同類型的信仰分佈，占到全中國及其當時歷
代藩屬國信仰總數的44.92%，幾乎佔據半壁江山。其成因應當與華東地區的特
殊政治、經濟、交通與文化因素相關，尤其在清代此等信仰更是達到了登峰造
極的地步，特別是在經濟、文化、交通都相當發達的蘇南地區相當普遍。

　　其次是華北區，共擁有48處不同類型的摩利支天——斗母信仰，占到整
個信仰分佈總數的25.67%；在這個信仰區域中，北京地區是整個華北信仰圈
的核心與加速器，政治因素主導了該地摩利支天信仰的傳播。第三是華南區，
共擁有 16 處不同類型的摩利支天——斗母信仰，占到整個信仰分佈總數的
8.56%；第四是西南區，共擁有 15 處不同類型的摩利支天——斗母信仰，占
到整個信仰分佈總量的8.02%；第五是華中區，共擁有 10 處不同類型的摩利
支天——斗母信仰，占到整個信仰分佈總量的5.35%；餘下的是西北區和東北
區，均擁有 7 處不同類型的摩利支天信仰，各占到整個信仰分佈的3.74%。

　　綜上所述，雖然在清代普通百姓對於一個刻有道教與佛教雙重印記的信仰，
並不屬於特別敬重。但通過一些信仰資料來看，摩利支天大聖斗母元君的信仰，
更多的是作為一個公共神靈而存在於信仰載體——寺廟壇院之內〔註55〕，所以普
通百姓也就本著共同敬奉的原則，對此等信仰加以崇信。至於此等信仰與其
他神靈有何特殊之處，並不是目不識丁的百姓們所能瞭解的；而作為知識分
子，他們的數量占全社會的比重也較小，所以對於此等信仰並不能加以推廣。
正是由於出現了以上窘境，使得摩利支天這樣一種單一信仰逐漸為民眾所遺

〔註55〕到了這一時期，斗母已經成為道觀中較為普及的神靈之一。一般在各大道觀
　　　都設有專門供奉斗母的斗姥殿，如浙江溫州龍灣區萬勝觀斗姥閣、西安八仙
　　　庵斗姥殿等。此類設於道觀中的斗姥殿因素量較多，且修建時間與建廟時間
　　　存在差距，故不列入統計的範圍內。

忘，民眾記住的只是它也是一個神靈而已，至於它靈驗不靈驗，只能看民眾的想法。加上晚清之後的社會經濟變動，摩利支天──斗母信仰在晚清之後的處境也就可想而知了。

三、清代晚期以後摩利支天及斗母的信仰分佈

　　清朝晚期以後，由於失去了中央信仰體系的推動，加之以民間為主的信仰體系逐漸形成，人們對於大型的信仰載體不再具有特別的吸引力。另外，由於其他更為有利的民間信仰成為主流，摩利支天──斗母信仰逐漸進入了停滯期。但這也並不意味著清代晚期以後摩利支天──斗母信仰的全面衰落，而是以一種更新的形式表現出來。以下是清代晚期以後摩利支天信仰分佈表。

表八：清代晚期以後（1820年以後）摩利支天
　　　　──斗母信仰分佈表

區域	名　稱	分佈地點	出現時期	信仰主體	類別	史　源
華北	遊斗母閣	北京城白雲觀	清道光	民間	游歷	《新編北京白雲觀志》
華北	斗母宮	泰山南天門	清道光	民間	廟觀	《山東省志》「泰山志」
華東	斗姥尼庵	蘇州周莊鎮	清咸豐	民間	廟觀	《周莊鎮志》卷三
華東	斗姥會	蘇州澄虛道院	清代	民間	廟會	《周莊鎮志》卷四
華東	斗母閣	蘇州	清同治	官方	廟觀	《（同治）蘇州府志》卷一百一
華東	斗姥閣	太湖	清同治	民間	廟觀	《頤道堂集》詩選卷二十九
華中	斗姥閣	金口	清道光	官方	廟觀	《綠漪草堂集》卷十
華中	奉斗姥	湘潭縣	清光緒	民間	官員	《（光緒）湖南通志》卷二百三十八
華中	古德禪寺	武漢	清光緒	官方	廟觀	徐怡靜《武漢古德寺之異域風格象徵文化初探》

區域	名　稱	分佈地點	出現時期	信仰主體	類別	史　　源
華中	斗姥閣	武漢江邊	清光緒前	民間	廟觀	《湖北金石志》卷十二
華中	斗姥閣	黃鵠山	清道光	民間	廟觀	《百柱堂全集》卷四十八
華中	斗母湖	沅水	清光緒	民間	地名	《（光緒）湖南通志》卷十
華東	玉佛寺	江灣鎮	清光緒	民間	廟觀	《上海宗教志》
華東	七星缸	杭州南城外	清光緒前	民間	官員	許寶柱《北斗七星缸》
華東	五王廟	臺南縣	清咸豐	民間	廟觀	尹育政《臺灣麻豆天府迎請斗母元君》
華南	斗姥宮	南海縣	清咸豐前	民間	廟觀	《蕉軒隨錄》卷三
華南	斗姥殿	越秀山	清道光	官府	廟觀	《（道光）肇慶府志》卷二十二
華東	呂祖殿	杭州	民國	官府	廟觀	《杭州府志》卷九
華南	蓬瀛仙館	新界	民國	官方	廟觀	陳巧施《香港道教蓬瀛仙館元辰殿落成，舉行「斗母聖像崇升、六十太歲開光」慶典》

注：本表的分佈地點主要以今地名為主，以便利於方家指正。其中在「信仰主體」上，
　　皇室、王室主要指為帝王或國王所信仰或建造，官府則指為官府主持建造，官方
　　指官員個體信仰，民間則指為不帶有官方色彩的信仰或募集資金；而在「類別」
　　上，廟觀指有關摩利支天信仰的寺廟或道觀，書畫則為有關摩利支天信仰的典籍
　　或繪畫作品，道場則指摩利支天相關信仰的水陸法會。

　　從上表可以得知，清代晚期以後摩利支天──斗母的信仰載體再也不像
明清時期那麼強勢。這些恐怕與國家的衰落有很大關聯。斗母是戰鬥之神，
近代中國的敗仗數不勝數，可能對於斗母顯靈是一種極大的打擊。這些與明
清時期戰爭勝利形成了鮮明的對比。而這也反映了國家對於摩利支天信仰的

重視度有所下降，但這並不意味著民間信仰摩利支天信仰的缺失。這也恰好將摩利支天——斗母信仰的發展脈絡較爲清晰的顯示出來。

除此之外，在老撾、緬甸、泰國等地，屬於東南亞小乘佛教信仰體系。由於小乘佛教中也有一些關於摩利支天信仰的內容，比如有一條網絡材料顯示，泰國普吉島便有所謂摩利支天的信仰風俗。不僅如此，由於中國近現代時期的摩利支天——斗母信仰，是延續了明清佛道兩者融合的內容，所以小乘佛教的摩利支天信仰，應當比中國近現代時期的內容更加純正。當然本書主要述及有關中國國內的信仰狀況，加之上文已有述及，因此本書將不再過多論述。

綜上所述，摩利支天——斗母信仰在明清時期達到了巔峰，之後的晚清以後時期則從以政府社會爲主導，轉變爲向下層民眾不斷擴張的過程。而到了現代時期，由於白雲觀作爲道教祖庭將摩利支天——斗母信仰發揚廣大，因此也成爲了現代摩利支天——斗母信仰的傳播與遷移中心。但從整體來看，摩利支天信仰終究要逐漸與其他佛道信仰融合，成爲下層民眾共同信奉的神靈。

第四節　小結

明清兩代加強對佛道二教的管制，一方面限制度牒的發放，從而控制出家人數；另一方面大力宣揚理學，以正統的儒家價值體系排斥佛道教理教義。政府方面的這種做法使得佛道信仰不斷朝著民間化的方向發展，符咒等簡易的法器及扶乩降仙等易於與神靈交通的方式在民間大規模興起。不僅如此，與民俗生活密切相關的佛道寺觀亦紛紛建立，城隍廟、眞武殿、呂祖殿、關帝廟、媽祖廟等林立於城鎮鄉村。在佛道民間化的背景下，元代已經完成融合的摩利支天大聖斗母元君信仰也得到了新的發展。該神靈的主體部分乃是道教斗母神，在不衝突的前提下兼有佛教密宗摩利支天的諸多特徵。在有關摩利支天大聖斗母元君的崇信儀式中保留著「點燈」這一傳統的拜斗程序。由此可見，斗母這一晚出的神靈除了借用其北斗諸子的神格職司之外，還延續了星辰崇拜中的某些儀軌法式。

上文敘述斗母產生之源起時，曾論及北斗星神的人格化。從原始的星辰崇拜發展而來的星神崇拜，以人格化的神靈取代了自然神格，更方便於普通

民眾瞻禮供奉。唐代出現了「九皇眞母」，宋代有素衣女神，這些都可以視作是斗母的前身。此類神靈尙未完全脫離自然神的影子，沒有神像，亦無專門的道場。至元代斗母神格大發展，一方面融合摩利支天成爲佛道兼容的神靈；另一方面亦於道教中取得了教派主神的地位。其時斗母人格化的趨勢加強，在造像方面吸收摩利支天三頭八臂的模式。但元代摩利支天大聖斗母元君信仰尙未達到明清時期普遍化、民間化的程度，其人格神的形象也並未深入人心。直到明清時期，斗母神才眞正由自然神轉變爲人物神：其造像普遍化，祭祀典禮漸趨規範，以拜斗燈儀及持齋爲主要形式，其神話傳說亦更加豐富，民間信眾大量增加。總而言之，此時的斗母與原本便出自於人物神的媽祖等已無二致。

　　明清時期有關摩利支天大聖斗母元君信仰的經文主要有疑似神霄派別下的《先天雷晶隱書》及《先天斗母奏告玄科》。分析其經文內容可得如下結論：無論是密宗摩利支天亦或是道教斗母神，在其融合之前都各自具備諸多神號，用以表現大慈大悲或法力無邊。但融合之後，其稱呼統一以「摩利支天大聖圓明道母天尊」爲主。其形象取三頭八臂各持法器狀，早期摩利支天持扇天女像已無人問津。摩利支天大聖圓明道母天尊的神話傳說不僅有化生九皇的內容，還新增了摩利支天戰勝修羅的功業。用以娛神的誦念經咒除了道教的祝香神咒外，又加入了取自摩利支天經的佛教梵文陀羅尼音節。這位神靈深入到民間信仰當中，已經難以分辨其究竟屬於佛教亦或是道教派別。

　　除上述經文外，《先天斗帝敕演無上玄功靈妙眞經》、《九皇斗姥戒殺延生眞經》、《太上玄靈保命延生斗姥心懺》、《斗母急告心章》、《先天斗姥煉度金科》等亦是明清時期出現在俗間與摩利支天大聖斗母元君信仰有關的經懺類文獻。在此類文獻中，摩利支天大聖斗母元君的戒殺與食素特性逐漸突出。圍繞她的這種神格衍生出了九月初一至初九吃素的「九皇齋」。這種齋戒形式在梨園伶人中曾興盛一時，後又隨華人移居海外而流傳到了新加坡、馬來西亞等地。直至今日，新馬泰地區已經形成了以九皇誕爲核心的大型廟會，其遊行活動蔚爲壯觀。除了戒殺和素食之外，明清時期的斗母崇拜還表現出如下特徵：一、此期經文的實用性特徵極爲明顯，參雜著佛道二教色彩的神符、咒語等大行其道。此類實用性的經懺類文書往往不會對斗母（摩利支天）原本的神職進行明確區分，而是將其視爲是神通廣大的神佛之一，在她的本命職司之外又加入了諸如救度、降雨等普遍化的神職功能。二、隨著其信仰發

展，斗母崇拜漸漸獨立於九皇之外，其影響甚至於開始超越九皇信仰。斗母的原初神格便極爲崇高，至此，已經不必要依託於北斗九皇就能體現出來。宋世斗母具備的「天醫」、「煉度」等甚至在明清時期亦有所體現，不過卻沒能獲得廣泛的民間信仰基礎。三、除了佛道色彩外，民間化的摩利支天大聖斗母元君信仰還加入了儒學教化的理念。她不僅保祐信眾逢凶化吉，還勸誡信徒忠孝節悌。這種現象的產生與民間信仰的特性是分不開的，由此，我們可以說到了後期斗母信仰已不僅僅是佛道二教融合的典範，還可以認爲是儒釋道三教交融的產物之一。

明清時期佛教摩利支天信仰主要依託於密宗或是護法二十諸天而存在。在藏地，密教原有的特色和當地傳統信仰衝突較小，故摩利支天能保有更多的原始色彩。其地位也相對較爲重要，是塔爾寺和祐寧寺土觀活佛的護祐神。但到了中原地區，儒教禮俗文化對密教教義信仰的排斥使得摩利支天不得不從武神轉化爲菩薩，忿怒詭異的豬臉和各種厭勝法器都需要被裁減和改造，最終成爲一個滿足漢文化審美需求的神靈。其地位亦相對較低，往往附著在五方佛等信仰之下。能夠接觸到大內所藏密教經文及圖象的鄭和是這一時期信仰摩利支天的代表人物。他在下西洋的過程中還曾施印摩利支天經，以此祈求女武神爲其護航。大概是出於鄭和施印經文的影響，明中晚期鄭芝龍伐劉香時也曾聲稱得到了摩利支天神的幫助。漢口古德禪寺是密教與小乘佛教融合後產生的佛教道場，寺院仿照那爛陀寺建成，因而也供奉有密教摩利支天像。除此之外，摩利支天還被列入佛教護法諸天神之中，受供奉於佛教各宗派的寺院內。這雖然不能視爲是摩利支天信仰傳播的證據，但摩利支天的名號、法相等等卻能夠藉此傳遞到更多的信眾中去。

相對於摩利支天信仰，明清時期道教斗母信仰可謂是繁榮一時。信眾中既有徐有貞等名儒高官，亦有名不見經傳的普通人群，甚至還有嶺南名僧澹歸爲之撰文。歷史上拜斗盛行的泰山、江浙、廣東丹霞山及七星岩等地都接納了斗母信仰，將其架設於北斗眾神之上。斗母——九皇的信仰格局不斷向外傳播，不僅隨徽班進京傳入梨園藝人中，還隨華僑遠洋傳入新馬等東南亞地區。除此之外，斗母殿還成爲道教宮觀建設中的標準配備之一，常常與老君殿、三皇殿、文昌宮等並立。可以說明清時期的斗母信仰已經遍及中央及地方，並且存在上下層級之間的交流融合：張電獲御賜斗母像，是中央斗母信仰向民間傳佈的例證；朝廷官員熊文燦重修肇慶水月宮斗母像（一說摩利

支天像），則代表著民間斗母信仰獲得中央的認可。

　　本章節最後對明清兩代融合後的「摩利支天大聖斗母元君」信仰分佈進行分析。得出結論：1、明代摩利支天大聖斗母元君信仰以華東爲中心、華北爲次中心逐漸向全國其他區域擴展。華中信仰分佈的數據雖然較少，卻是其他信仰大區的連接處。華南區以肇慶爲發展核心逐次向廣州等地擴展。西南信仰區域不再局限於成都等大城市，而是向宜賓等中等城市和建水等小城鎮擴展。信仰的民間化水平大大加深，不再僅限於皇室貴族成員中。

　　2、清代摩利支天大聖斗母元君信仰更多的是作爲一個公共神靈而存在於信仰載體——寺廟壇院之內。普通百姓往往本著共同敬奉的原則對其加以崇信。對於該神靈融合了佛道教義的特殊之處，普通信眾根本無從分辨。佛教摩利支天作爲單一信仰逐漸爲民眾所遺忘，成爲和斗母並稱了一個神名符號。摩利支天大聖斗母元君信仰在明清時達到高峰，從以政府爲主導轉變爲向下層民眾不斷擴張。

第七章　斗母信仰的延伸及域外傳播

第一節　本命信仰與斗母信仰的關係

　　本命信仰的本質是星命信仰，上文論述星辰崇拜時已經對此作了初步的分析。在古老的天人感應學說影響下，中國古人認爲星象律曆與人事之間存在某種對應關係，觀天象則可以知人命。這種迷信不僅可以運用於解釋國家禍福，還能用於參考個人祿命，王充《論衡・命義篇》言：「國命繫於眾星，列宿吉凶，國有禍福；眾星推移，人有盛衰。」但即便有星辰崇拜的基礎，完善的本命信仰在隋代以前都不曾出現。直至隋蕭吉《五行大義》引緯書《春秋佐助期》及五行家書《孔子元辰》時，才明確提出了本命元辰的說法。〔註1〕蕭吉在書中歸納了北斗七星的神名，並認爲「七星之名，並是人年命之所屬，恒思誦之，以求福也。」即此看來，則已經基本具備了後世本命信仰的特徵。

　　既然本命信仰對於人的生存和發展有重大意義，那麼如何正確計算自己的本命所屬就成爲一個必須要解決的問題。大致而言，本命崇拜存在兩種計數方式。一是以十二年爲周期，符合傳統的歲星紀年；二是以六十年爲周期，即天干地支配合使用。這兩種計數方式漸漸演變成兩套崇拜體系，前者以生肖崇拜、太歲信仰爲主；後者則以六十甲子爲祀奉的神靈。筆者認爲這兩套體系經歷了一個分而後合的過程，並最終與摩利支天大聖斗母元君信仰組合

〔註1〕劉長東《本命信仰考》，載《四川大學學報（哲學社會科學版）》，2004 年第 1
　　　期。

成後世最為流行的本命信仰方式──即所謂的「安太歲」，詳述於後。

歲星紀年是中國古代較為常見的一種紀年方式，它的主要參照物是太陽系的行星──木星。古人在地面上可以通過肉眼觀測到木星，並發現它平均十二年行一周天。人們因而將黃道分為十二等分，以歲星所在的位置作為歲名。但是，歲星運行的方向是自西向東，與古人分黃道為十二支的方向相反。為了紀年的方便，人們假設出了一顆名為「太歲」的星，並設定它的運行方式與歲星相反，由此來符合歲星紀年法則。太歲雖然只是一顆虛擬的紀年星，但由於歲星在星辰崇拜中佔據著重要的位置，故而作為歲星的替代品，太歲也漸漸獲得了人們的崇拜。《淮南子・天文訓》稱：「天神之貴者，莫貴於青龍，或曰天一，或曰太陰。太陰所居，不可背而可鄉。北斗所擊，不可與敵。」這裡所謂的「太陰」，便是太歲的別稱。太歲由於其代表歲星而獲得歲星之神的位置，繼而又成為北斗之神、成為天帝的象徵，完成了由虛變實的發展過程。﹝註2﹞

歲星紀年法產生的時間較早，因此對太歲的信仰起源也較早。上文引劉道超《論太歲信仰習俗》一文便舉出了《荀子・儒效篇》及睡虎地秦簡《日書》中的記載為例，證明秦漢時期已經出現了太歲禁忌。《月令廣義》稱：「太歲者，主宰一歲之尊神。凡吉事勿冲之，凶事勿犯之，凡修造方向等事尤宜慎避。又如生產，最忌向太歲方坐，又忌於太歲方傾穢水及埋衣胞之類。」則太歲不僅被神化，還被安排了輪值工作，每歲由一位太歲神主宰。又據杜佑《通典》所載，北魏道武帝時已立「神歲十二」，即十二位太歲神。這十二位太歲神依託歲星紀年法掌管人間，為了趨吉避凶，人們必須明瞭每歲由誰輪值、其所在方位如何，並適時予以供奉。由此，便形成了本命信仰中的第一種崇拜體系：太歲信仰。這種崇拜體系以十二年為一周期，主要表現在人們日常生活大小事宜的諸多禁忌上。俗語言「太歲頭上動土」，即是形容那些不避太歲神而貿然從事建設或其他活動者。《宗教大辭典》定義「太歲」，以之為「天界凶神」。﹝註3﹞可見在民間信仰中太歲往往以負面形象出現，對它進行崇拜往往不是為了求取福報，而是為了避開可能因冒犯太歲神而招致的禍患。

﹝註2﹞ 劉道超《論太歲信仰習俗》，載《西南民族大學學報（人文社科版）》，2004年第9期。
﹝註3﹞ 任繼愈主編《宗教大辭典》，上海辭書出版社，1998年，第790頁。

　　以六十年爲周期計算本命，是將十天干與十二地支都考慮在內的一種做法，這也是中國古人紀年方式的一種。這種所謂的「農曆甲子年」，是以干支合稱爲其代號編排的。把天干中的一個字放在前面，再配上一個地支，便構成一對干支。干支紀年法多用於卜算，在本命計算中運用的例子見於宋代。太宗時詔行新曆，由司天監官方訂立的本命年周期即以六十爲數。但是這種計算本命年的方式因其周期太長，並不流行，到清末已幾乎絕迹。范成大詩說「六十一歲爲元命，今無此說矣」便是明證。〔註4〕除了以六十年爲一個輪迴計算外，還有一種以六十日爲一個周期計算本命日的做法。《太上玄靈北斗本命延生眞經》云：「夫本命眞官，每歲六度降在人間，降日爲本命限期」。以降生之日爲本命日，配合干支計算，則同一干支每六十日循環一次，一年正好循環六次，也就是經文中所謂「六度」本命限期。但對一般民眾而言，一年要六次關注自己的本命限期，又顯得過於頻繁了。所以本命日的計算往往流行於社會上層，如宋徽宗便有每歲六度生辰致醮焚香的做法。〔註5〕

　　由上可見，以十二年爲周期計算本命源自歲星紀年；以六十年（或日）爲周期計算本命源自干支紀年（或紀日）。兩種不同的紀年方式使得兩種本命崇拜體系彼此之間存在差異，它們各自擁有十二歲神及六十甲子神兩套神靈體系。但到了後世，這兩套系統卻出現了融合的態勢，並最終形成了今日盛行於世的「六十太歲將軍」體系。那麼，是什麼促進了二者的融合呢？筆者認爲，這一方面是由於太歲與甲子皆是司掌人命的神靈，當涉及到本命信仰時，它們都可以被稱作「元辰」，這就容易使信眾將二者混爲一談。另一方面，「六十太歲」體系的形成也要歸功於部分命理學家的努力，他們將天干地支、本命崇拜與五行理論等進行糅雜，創造出了一套更加神秘、有吸引力的說法。在「六十太歲」體系中，世上的每個人除了本命年以外，時刻都要面對兩位太歲神。一位是本命太歲，另一位是值年太歲。本命太歲主管人的生死壽夭、流年命運；值年太歲主管當年的運勢流年。太歲神的職司變得更加豐富，如何判斷某人是否犯太歲的方式也變得更爲複雜。值得注意的是，上文提到太歲爲凶神，它的存在提醒人們注意諸多禁忌。而到了「六十太歲」系統中，太歲的面貌則變得溫和、慈祥，他們的存在不是爲了懲罰信

────────────

〔註4〕　劉長東《本命信仰考》，載《四川大學學報（哲學社會科學版）》，2004年第1
　　　　期。
〔註5〕　同上。

眾，而是爲了保祐信徒順利度過流年。據《太歲神傳略》所載，六十位太歲神降生人間後，大多成爲清官、好官，心繫百姓，立德立功，最後得到世人的廣泛傳唱。〔註6〕

上述乃本命信仰體系的變遷，其本質是星命崇拜，因計算方式的不同存在兩種有所差異的系統。但後來這二者融合爲一體，確立起「六十太歲將軍」的神靈體系。另外，就具體的崇拜活動而言，上文舉出宋徽宗即是本命信仰的忠實信徒。宋朝南渡後，高宗亦曾詔令寺觀爲之供奉本命香火。不僅如此，他還建有自己的本命殿，名之曰「萬壽觀」，「以奉皇帝本命星官」。遼金時期的皇室亦保持著本命信仰，大定七年（1167）詔令在天長觀奉元辰眾像。天長觀即爲白雲觀，這也是該寺觀最早供奉本命神的記載。〔註7〕在民間興盛的本命崇拜主要以「安太歲」的形式進行其宗教活動。若民眾在宮觀內進行拜太歲活動，則要先上香祭拜斗母，接著是值年太歲，最後才是本命太歲。據筆者考察，有關斗母的經文如《太上玄靈北斗本命延生眞經》等對本命信仰有所提及，但卻從未明確說明斗母有掌管六十太歲將軍的職能。之所以會出現拜太歲先拜斗母的做法，與斗母「眾星之母」的身份是分不開的。六十太歲亦被視爲是天上的星君，自然可以統歸到斗母的職責範圍以內。因斗母與本命信仰的關係密切，故而後世道觀供奉斗母，往往將神像設置在元辰殿內，由六十太歲或其他本命神配祀。本命信仰在上層社會及民庶之間都有很深的影響力，斗母依託於本命信仰之便，亦擴大了其海內外信眾群體。

第二節　九皇信仰與摩利支天大聖斗母元君信仰的關係

九皇信仰的源頭出自於北斗崇拜。對星辰的崇拜普遍存在於中國古人的信仰世界中，而北斗七星更是因其地位的特殊性得到了青睞，在眾星之中享有特殊的待遇。北斗是觀象授時的標準，又是拱衛極星的帝車，它不僅主宰天空，還主宰爵祿、壽夭、豐歉等等人事。仰觀天象，可以明確看見的是七顆排列成勺狀的斗星，但事實上還有較爲晦暗的輔弼二星傍於其側，因此有

〔註6〕 轉引自李剛《太歲大將軍的生命意義》，載《宗教學研究》，2006年第2期。
〔註7〕 劉長東《本命信仰考》，載《四川大學學報（哲學社會科學版）》，2004年第1期。

北斗九星之說。隨著北斗崇拜的發展，漸漸出現了一組被稱作是「北斗九皇」的人格化神靈。「九皇大帝」這一稱號最早見於北宋人編纂的《雲笈七籤》，其中的記載對北斗每一顆星辰的神號、職司都進行了論述。但是不久之後，這一組神靈的身份便發生了變化。晦暗難測的輔弼二星不再被列入九皇之內，頂替它們的是紫微大帝和天皇大帝。紫微和天皇二星都曾接近於北極，被古人視爲是「帝星」。他們的身份曾一度極爲尊崇。漢武帝時改建郊祀禮，便是按照紫微的原型塑造了至高的太一神，使之取代周朝的昊天上帝及秦代的五帝，成爲漢朝官定的帝神主宰。在漢代的緯書中還出現了將紫微、天皇等同起來的做法，以之爲「中宮大帝」，雖然不如太一尊神地位崇高，卻依然爲人所尊奉。〔註8〕

　　紫微與天皇地位的下降，大概是從魏晉時期清整道教的過程中開始的。陶弘景、寇謙之分別南北，對漢代以來雜亂的道教信仰進行改造，使之更加系統完善，便於與佛教展開爭奪。這種清整活動重新編排了古道派中諸多神靈的位置，其中原來分屬於不同道派的「三清」尊神便被並列到了一起。三清指的是元始天尊、太上大道君和太上老君。約在隋唐時期，三清尊神已經在道教中確立起其至高地位，原先龐雜的神靈系統都要圍繞這三位生自於「炁」的尊神成體系地存在。〔註9〕紫微帝君也搖生一變，成了元始天尊的第五個化身。〔註10〕因其地位的下降，再加上輔弼二星已經很難用肉眼觀測到，故而形成了紫微、天皇與北斗共屬「九皇」的說法。在九皇的排序中，天皇第一、紫微次之，接下去便是北斗。雖然對前兩者仍保留了部分尊崇地位，但卻依然掩蓋不了其信仰的衰微。在「九皇」體系建立起來後，道經便開始對其本生故事進行解說。斗母（或紫光夫人）的最初出現，便是在這種本生故事裏被塑造出來的。

　　九皇信仰的形式，據《太上北斗二十八章經》所載，是：「此之九月九日九夜，遇夜半子時，若人至此月此日，自身闔家清齋行道，清潔素裳冠履，

〔註 8〕蕭進銘《萬星宗主、賜福天官及伏魔祖師——紫微大帝信仰源流考察》，收入《道教與民間宗教神靈論文集》（Ⅱ），臺北：保安宮，2009 年。

〔註 9〕王承文《論中古時期道教「三清」神靈體系的形成——以敦煌本《靈寶真文度人本行妙經》爲中心的考察》，載《中山大學學報（社會科學版）》，2008年第 2 期。

〔註10〕蕭進銘《萬星宗主、賜福天官及伏魔祖師——紫微大帝信仰源流考察》，收入《道教與民間宗教神靈論文集》（Ⅱ），臺北：保安宮，2009 年。

百和名香砂素表章，奏拜三三之次，各隨願所陳披宣」。則其期在九月九日重陽夜，並行齋戒表奏，以求實現所願所請。此處經文所載，成爲後世九皇信仰所依據的最主要的材料。清代潘榮陛撰《帝京歲時紀勝》，曰：「九月各道院立壇禮斗，名曰九皇會，自八月晦日齋戒至重陽，爲斗母誕辰。獻供演戲，然燈祭拜者甚勝。」亦是以九月初一至重陽爲廟會的日期，齋戒獻供等等。古文獻所載九皇信仰的文字並不多，寥寥數語不足以使筆者還原當時信仰活動的全貌。但是由潘氏所載卻可以很清晰地看出，九皇會已經成爲一種相當盛行的民俗廟會活動，而非僅僅是道教宮觀中的一種信奉儀式。《中華全國風俗志》記錄了雲南、廣東等地有九皇信仰的存在，上文已經述及。又北京梨園行伶人信奉九皇、斗姥，有九月初一至初九吃齋贖罪的做法，亦是九皇信仰的一種表現形式。

　　福建泉州是九皇信仰較爲興盛的地區。該處有號稱八閩第一道觀的元妙觀，始建於西晉年間，以拜斗爲尙。觀中按照北斗七星的格局排布著七口丹井，爲道人煉丹所用。據記載，道光二十三年（1843 年）元妙觀重修時，曾經重塑北斗九皇君全身寶座及天上聖母寶像。每逢重九，該道觀又會舉行盛大的儀式慶祝「天母」（即斗母）誕辰。〔註 11〕又《臺灣通史》「風俗志」記載：「九月初九日，謂之重陽……自朔日起，人家多持齋，曰九皇齋，泉籍爲尙」〔註 12〕，則臺灣當地的九皇信仰乃是隨著泉州籍人士的到來而傳入的。不僅是臺灣，隨著中國人遷移海外，九皇信仰亦流傳至新、馬、泰南等地。詳述於下一節。

　　創建於 1929 年的香港蓬瀛仙館亦是一處全眞龍門派道場，崇奉的是太上老君、呂純陽及邱長春三位祖師。但在白雲觀祖庭的影響下，蓬瀛仙館亦於 1998 年農曆八月廿四日舉行了開光崇升慶典，迎請斗母及六十太歲供奉於元辰殿中。創建於清咸豐七年（1857）的麻豆代天府是臺灣著名的道教宮觀，亦是臺灣道教信仰的中心。1991 年 9 月，該處亦引進白雲觀斗母元君，設元辰殿供奉。這些雖然都是晚出的道觀，但其受太歲信仰影響而崇拜斗母的事實卻可以追溯到白雲觀祖庭，甚至於追溯到元明道教的派系發展。由此，我們可以對之前的問題作出回答：在神霄派影響較爲微弱的華北地區，斗母信

〔註 11〕《八閩第一道觀——元妙觀》，泉州元妙觀管委會，第 21～22 頁。
〔註 12〕轉引自李天錫《華僑華人民間信仰研究》，中國文聯出版社，2004 年，第 203 頁。

仰是依託於太歲神崇拜而存在的，白雲觀祖庭是太歲信仰的根據地。由於白雲觀的聲名之盛，使得各地道觀紛紛仿傚迎請斗母；亦由於太歲信仰深入人心，故而當斗母以眾星之母的身份出現時，易於爲人們所接受，也就易於傳播到全國各地。

第三節　九皇齋信仰在東南亞的傳播

海外出現九皇齋信仰，最早的應當是泰國普吉島。該處建有斗母宮九皇爺香火，乃是福建人從江西道教聖地請去的。起初這種信仰只在少數人中傳播，後來隨著普吉島錫礦業發展起來後，大批招募閩南工人，九皇爺香火也日漸旺盛。當礦區爆發瘟疫時，當地人還通過吃九皇齋度過災厄，因此被傳說地更爲靈驗。

普吉島的九皇信仰向外傳播，最初到達的是馬來西亞。當時也是因爲爆發了嚴重的瘧疾，當地人聽說普吉島九皇爺能夠驅除病魔，才產生了請神的念頭。〔註 13〕福建同安華僑王奕魚從普吉島帶來一支九皇大帝香火，將其寄奉於太平王氏太原堂內供鄉親們膜拜，由此漸趨繁盛。檳榔嶼和雪蘭莪的九皇大帝與斗姥元君也都發源自泰國，其情形和太平多有相似之處。九皇克制瘧疾的傳說在華人中流傳，致使在錫礦上工作的人們企盼將九皇神的分身請入本地加以供奉，以求遠離災難疾病。檳榔嶼的九皇香火先後供奉於打鐵街陳氏潁川堂、本頭公巷的建德堂和臺牛後，最終遷移到了香港巷。雪蘭莪最早的華人寺廟南天宮，主奉的便是從泰國請來的九皇大帝。之後，該廟成爲當地閩南人膜拜的中心。檳榔嶼的九皇齋信仰後來傳衍到新加坡，成爲該地創建斗母宮的契機。〔註 14〕此外在東南亞的某些地方既無道觀亦無道士，只用一隻香爐敬拜斗母、九皇，祈求平安吉祥。〔註 15〕此種情況不勝枚數，故此不在文中專門討論。

東南亞各地的九皇齋信仰，有的以九皇爲主祀對象，如雪蘭莪南天宮；

〔註13〕 高偉濃《華夏九皇信仰與其播邊南洋探說》，載《東南亞縱橫》，2002 年 Z1 期。

〔註14〕 李天錫《華僑華人民間信仰研究》，中國文聯出版社，2004 年，第 205～206 頁。

〔註15〕 王琛發《從北斗眞君到九皇大帝——永不沒落的民族意象》，該文曾於 2001 年由馬來西亞道教組織聯合總會宗教文化研究中心刊印單行本，後又於 2008 年修訂。

有的則以斗母為主祀對象，如新加坡斗母宮等。但無論誰為主祀誰為配享，其信仰的根源都出自於拜斗習俗，而向上供奉香火的閩南信眾們切實的訴求，則都是驅散疾疫，在異地他鄉保祐平安。不僅如此，東南亞各地九皇齋信仰的形式也大同小異，都是以九九重陽為期，以持齋吃素為主舉行一系列祭拜和娛神活動。閩南各地留存著遊神的風俗習慣，在重陽節祭典中也不例外。包括斗母、九皇、玄天上帝等等的重要華人神靈會在這一天被信眾請出，巡繞境內遊行。與之相伴的還有燈綵陣、鼓樂陣、乩童陣、歌舞陣等等表演行列，綿延不絕，煞是熱鬧。

　　如今，傳入東南亞的九皇齋信仰已經徹底民俗化，無法冠以道教信仰的頭銜。且在當地受到推崇的斗母，往往只是依仗著和北斗九皇的聯繫而存在，並無證據表明其「摩利支天大聖」的身份是否還能得到重視。晚出的信仰模式和歷史上摩利支天及斗母的信仰內涵已經在很大程度上分離開來，這也是宗教信仰發展的必然結果。

第八章　結　語

　　在本書的結語部分，筆者圍繞文章的出發點，將本書主旨總結爲如下幾點：

　　首先，摩利支天信仰起源於古印度。當佛教對這一神靈進行吸收時，起初並沒有對她進行徹底的改造。相關佛經保留了她的原始信仰特徵，即與光的相關聯性及武神特質。佛教雖然隱晦了摩利支天的起源，但通過橫向比較，我們依然能看出摩利支天與黎明女神烏舍、太陽神蘇利耶、女神難近母、準提等等神話角色的相似之處。摩利支天信仰也許還借鑒了中亞地區瑣羅亞斯德教的拜火習俗，可惜筆者找不到更多的材料來證明這一點。進入佛教萬神殿後，摩利支天最突出的神職便是保護武士及庇祐戰爭勝利。她是佛教少有的女武神，照理應該很容易獲得武僧的崇拜。南北朝時期最早的摩利支天譯經傳入中國，摩利支天「無人能見，無人能捉，不爲人欺誑，不爲人縛，不爲人債其財物，不爲怨家能得其便」的能力成爲經咒反覆誦念的核心。至此該神靈的佛教色彩依然相當薄弱，其原始特徵尙未被過多地改造。唐代摩利支天的傳入變得更加繁榮，一系列變化也在繁榮中醞釀並完成。早期摩利支天經咒中的特色語言被規範化的譯經模式取代，以「三寶」開頭的經文和大多數別的經文泯然一體，再也看不出摩利支天原本的特殊性。「豬」的因素加入進來，造像的規則也在佛經中明確提出。不空金剛是摩利支天在華傳播的有力推動者，他不僅在譯經方面成就頗豐，還影響了幾代皇帝關注摩利支天信仰。五臺山密宗佛教叢林的建立也要歸功於他，摩利支天信仰因此超越兩京，擴展到更廣闊的區域。唐代經文反覆強調摩利支天的菩薩特質，以此強化其佛教色彩。不空的譯經還將摩利支天與毗盧遮那佛聯繫起來，這是佛教

經文中罕見的追加承認摩利支天太陽神性質的做法。宋代天息災譯摩利支天經，除了延續密宗規範化的儀軌之外，還突出強調了摩利支天與「野豬」的關係，並多次提及她的軍事職能。之後摩利支天作為獨立神靈在中原地區發展的進程便終止了，只不過傳入藏區的密宗佛教仍保留了她的某些特質。入華摩利支天經歷了一個由武神到菩薩的轉變過程。她的諸多特殊性質如豬臉忿怒相、庇祐戰事及隱身等，在被道教斗母神吸收之前均不為人所重視。

其次，斗母神的出現是根植於中國古代的星辰崇拜傳統的，尤其以北斗星神和極星崇拜的影響為主。在星神人格化的過程中，北斗七星或九星除了擁有各自對應的人格神，還需要有一個更高神格來簡化崇拜儀式。斗母正是應這一需求而誕生的。與摩利支天相比，晚出現的斗母在神職和教義方面顯得更為單薄。其職司多數與北斗相似，如掌控壽夭、本命等，除此之外斗母還具備天醫、煉度等道教職能，只不過後者對於普通信眾而言作用不大。南宋曾經有斗母護國持法的傳說出世，因此為該神靈增添了正統光輝。宋元以來道教新派別層出不窮，神霄雷法派崇拜斗神，亦加封斗母為「九天雷祖」。該新身份使斗母獲得在蜀地、江南、福建等地傳播的機會，打開了日後發展的新局面。至此，斗母的神格已經基本定型，並與摩利支天發生融合。二者的神名和形象逐漸趨於一致，佛道區分開始淡化。這時期斗母信仰更多的存在於上層社會及道教人士之中。元明清三代，斗母信仰的民間化趨勢日益加強，向廣大民眾中深入發展，以至於後來逐漸成為了民間崇拜的一位重要神靈，且在某些行業中樹立起行業神的身份。不僅如此，斗母信仰還由民間向上反饋，構成了上下層之間的交流與融合。如張電獲御賜斗母像，是中央斗母信仰向民間傳佈的例證；朝廷官員熊文燦重修肇慶水月宮斗母像（一說摩利支天像），則代表著民間斗母信仰獲得中央的承認。綜上而言，斗母可以視作是一位借鑒了異教神靈神職和形象的本土星神，她的信仰內核依然沒有超越中國傳統的星辰崇拜思想。相對於摩利支天而言，她更接近於普通民眾的信仰訴求，也因此能逐步開闢發展的道路，從上層社會進入到普通民眾中，又因群眾基礎而獲得官方的追加認可。

第三：摩利支天與斗母的融合，大約發生在宋元時期。就背景而言，唐代以來道教和密宗在教義、儀式等多方面的交流為這種融合創造了條件。雖然分屬於佛道不同的信仰體系，摩利支天和斗母在神格方面卻有很多相似之處。她們都與北斗存在聯繫，且都是代表著光明的神靈。通過北斗、豬神、

光明等象徵因素，摩利支天和斗母的聯繫也逐步架設起來。此外筆者還希望能夠提醒注意「斗」字的另一重含義，即諧音作爲「武力」、「戰爭」的代名詞。斗母在產生之初就具備崇高的神格和無所不能的力量，故而也就理所當然地擁有掌控戰爭的能力。因此，我們不妨從戰爭因素及武神身份來考慮二者之間的聯繫：摩利支天擁有與生俱來的武神特質，斗母從名稱到實際神職亦與戰鬥力有相契合之處。這就進一步加強了二者的相似程度，促進了融合的進程。摩利支天與斗母融合之後，神名改稱爲「摩利支天大聖斗母元君」。這種融合實際上是以道教的斗母神爲主導，將佛教摩利支天的神職與造像化爲己用的過程。融合後的新神兼具了摩利支天與斗母二者的神話傳說：她不僅化生九皇，還曾與修羅戰鬥；不僅庇護高宗及隆祐太后南渡，還幫助鄭芝龍擊敗賊寇。這種融合也被信眾所接受，當佛道受到統治階級的限制逐步走向民間時，摩利支天大聖斗母元君也便成爲一位重要的民間信仰對象。明清時期摩利支天與斗母的單獨發展幾乎全部爲摩利支天大聖斗母元君信仰所取代。佛道因素在這位新神靈身上兼而有之，其形象爲三頭八臂、豬臉或御豬，職司爲本命元辰，信仰形式中有念誦梵音心咒、素食戒殺等佛教化的部分。融合爲摩利支天及斗母信仰帶來了新的生機，卻也同時磨滅了她們本身的個性，使之淪爲民間信仰眾神殿中的普通一員。對於廣大信徒而言，該神靈與觀音、媽祖等公共神靈並無大的區別，向她祈求的福報也與在其他廟宇中所發誓願相類似。

第四，利用相關的歷史文獻資料由地理分佈的角度來看摩利支天、斗母，以及融合後的摩利支天大聖斗母元君信仰的傳播狀況。摩利支天信仰早在南北朝時期便傳入中國，最初零星分佈於南朝首都建康等地，託庇於當時佞佛的南朝君主。同時，江南地區較爲發達的經濟條件也有利於摩利支天信仰的傳播。隋唐時期，摩利支天信仰與皇室貴族的聯繫依然緊密。不空金剛的影響在玄宗、肅宗、代宗三朝均有所體現，兩京地區是摩利支天信仰分佈最密集的區域。後來五臺山密宗聖地逐漸成型，摩利支天信仰也隨之傳入。這一期因密宗佛教盛行一時，摩利支天信仰不僅限於皇室貴族，亦開始吸引普通信眾群體。通過數據分析發現，隨著隋唐大運河的建成完善和主要交通線的發展，摩利支天信仰正逐漸向全國各主要城市擴展，爲後世的傳播奠定了基礎。到了宋代，浙江法淨禪寺成爲最重要的摩利支天道場。該寺供奉摩利支天，乃是出自南宋朝廷欽賜，無論從正統性及影響力來看都對摩利支天信仰

有著極爲重要的意義。同時，在遼金政權及高麗外藩也出現了摩利支天信仰的相關記載。其分佈區域由發達地區向欠發達地區、文化重心向內陸邊疆擴展，這也意味著摩利支天正在逐步走入中下層民眾的信仰生活之中。此期斗母產生並逐步壯大，得益於斗母——九皇格局與宋朝太后——皇帝格局的相似性，而爲統治階級及普通民眾所接受。宋元之際是摩利支天與斗母逐步走向融合的時期，亦是二者走出皇室庇護，向民間發展的時期。其信仰載體除了傳統意義上的寺觀等道場之外，還出現了諸如心咒、夢咒等口耳相傳的形式。道教屬性在信仰分佈中佔據較強的優勢，且分南北道派不同趨勢發展。南方道派以神霄雷法派最爲推崇斗母，北方道派則以全眞道祖庭白雲觀具備最強的輻射力。從地域擴張來看，南方湖北、江西兩省開始出現摩利支天與斗母信仰的相關記載，爲此後兩廣、福建乃至臺灣地區的信仰傳播打下基礎；北方以元大都爲中心，形成了華北摩利支天及斗母信仰的核心區。明清時期是摩利支天大聖斗母元君信仰超越原本的摩利支天、斗母二神得到信眾普遍承認的時期，其分佈擴展到全國各地，無論是大中型城市還是小型的城鎮鄉村均出現了相關記載。較爲純粹的摩利支天信仰在藏區密教中還有所保留，除此之外，摩利支天還通過佛教二十諸天護法神的身份得以在其他宗派中延續發展。現如今凡是佛教寺院，多可見摩利支天像林立於二十諸天像中，這雖然不能歸爲摩利支天信仰的一種，但也有利於民眾接觸該神靈的神像與護法神格。斗母信仰則主要依託北斗崇拜傳播到各地，以往有拜斗習俗的泰山、江蘇、廣東肇慶等地都出現了重要的斗母道場。二者融合後產生的摩利支天大聖斗母元君道教色彩較重，其傳播方式與斗母信仰的傳播方式類似。借助民間信仰的力量，摩利支天大聖斗母元君信仰形成以華東爲中心、華北爲次中心，向全國其他區域逐次擴展的分佈趨勢。華南、西南等地的信仰亦達到歷史上的最高水平。此期雖然是摩利支天大聖斗母元君信仰的繁榮時期，卻也同時醞釀著該神靈的沒落。民間化發展的結果是摩利支天大聖斗母元君失去了來自上層社會的推動力，亦失去了能夠理解高深教義和神格內涵的知識分子信眾。這樣一來，一種純粹的佛教或道教信仰便逐步轉變爲一種民間風俗，九皇齋成爲晚清摩利支天大聖斗母元君信仰最主要的形式和載體。原本由經文、造像傳播的信仰，如今轉變爲通過徽班藝人、閩粵華僑等信眾群擴散出去，其影響雖然遠達東南亞各地，卻已經不再是摩利支天、斗母本初的面目。

　　第五，縱觀摩利支天信仰及斗母信仰的發展變化，其中至為關鍵的一點，是二者神職隨時代變遷而發生的轉變。摩利支天在印度神話中屬於女武神的範疇，與之相似的準提、迦梨等均具備保祐戰爭勝利的功能。鑒於當時印度次大陸戰事頻繁，擁有武力職責的神靈自然備受推崇。摩利支天進入佛教萬神殿後，其武神特質稍稍退縮，大慈大悲的菩薩形象日趨豐滿。但即便如此，其「無人能見、無人能捉」的隱身職能仍殘留著濃重的尚武性質，為日後東渡日本成為三武神之一打下基礎。經過了南北朝的戰亂，至隋唐時中國一統局面重新出現，從社會頂層到普通民眾，信仰的需求都發生了變化。也正是在這一時期，摩利支天譯經向著更為佛教化、規範化的方向發展，菩薩特質逐漸掩蓋了武神精神。由於隋唐密宗發展頗為鼎盛，故此時密宗摩利支天的教理教義尚未完全泯滅。但到了宋代，密宗衰微、道教崛起。摩利支天信仰也便漸趨沒落，一方面開始與道教融合，另一方面則依託於佛教二十護法諸天神而存在，純粹的摩利支天信仰越來越難尋蹤迹。雖然說護法神的身份還或多或少地保留了其武力特質，但作為群體神之一，摩利支天卻喪失了其隱身、豬臉等等與眾不同的信仰因素。相較於摩利支天信仰，斗母的神職從總體上而言並未發生大的變化。斗母是晚出的星神，其神職大都建立在北斗神職之上。如北斗掌管壽夭、禍福，斗母便具備同樣的職司；北斗與雷法相關，斗母也便成為雷神之一；北斗是煉度升仙中的重要一環，斗母因此也在煉度中佔有一席之地。到了後期，斗母神格漸趨廣泛化、民間化，其神職也出現了擴張的趨勢。原本只是掌管北斗九皇的職司，到後來則成為六十太歲星神之上的主管。這種變化與一直以來發展的本命信仰有著密切的聯繫，迎合了普通民眾趨吉避凶的信仰需求。

　　除了以上內容，本書還有幾個尚待解決的問題，因時間和學識所限而未能獲得較為完善的解答。茲將其列入篇末，望後學者能繼續深入研究。首先，本書研究摩利支天信仰的變遷，理應將日本納入討論的範圍內。但由於語言的隔閡和資料的難以獲得，本書僅以少量篇幅提到了摩利支天信仰傳入日本，而未對日本的武神崇拜做全面論述。這一點唯有期待精通日語且有相關研究興趣者繼續挖掘。其次，本書在寫作過程中，原本計劃對歷史上的摩利支天及斗母神像變遷進行考察，以期通過圖象證史的方式獲得一些新的認識。可惜在搜集資料的過程中筆者發現，現存摩利支天及斗母圖象太過分散，且年代多不可考。現隨文附上筆者所能獲得的圖象資料，希望以後有時間和精力時再加以論述。

附　錄

一. 附分佈圖

1、摩利支天信仰歷代分區傳播圖（比例尺 1：36000000）

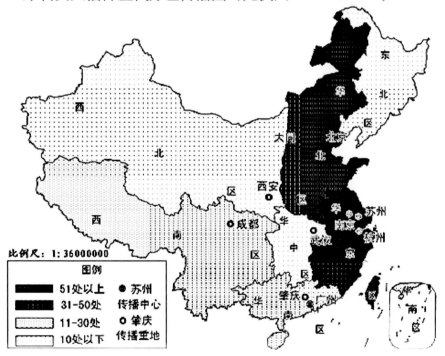

2、摩利支天信仰歷代地理擴展圖（比例尺 1：36000000）

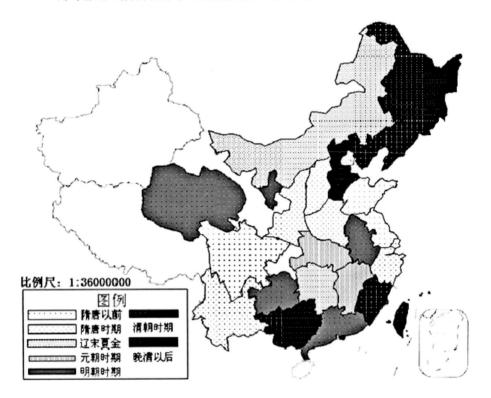

比例尺：1：36000000

图例

隋唐以前	清朝时期
隋唐时期	
辽宋夏金	
元朝时期	晚清以后
明朝时期	

3、隋代以前摩利支天信仰分佈簡圖（比例尺１：25000000）

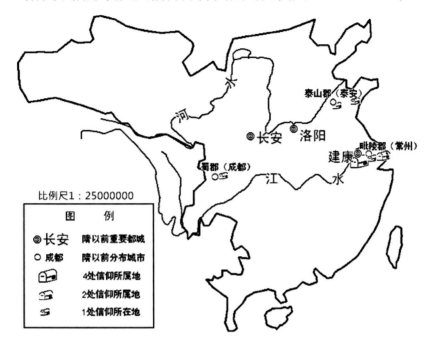

4、隋唐五代時期摩利支天信仰分佈圖（比例尺１：22000000）

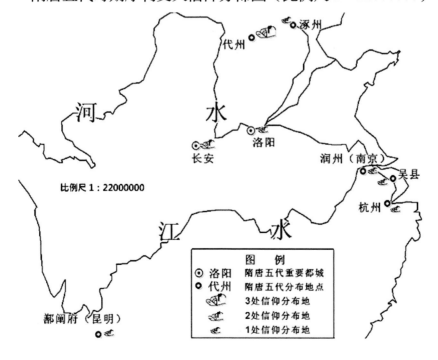

5、遼宋夏金時期摩利支天信仰分佈圖（比例尺 1：20000000）

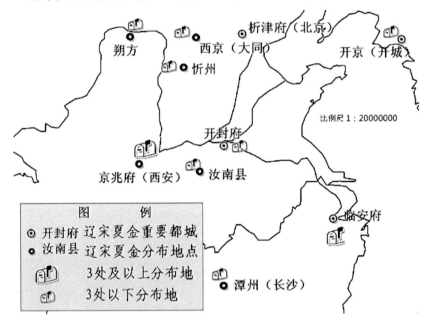

6、元代斗母信仰分佈圖（比例尺 1：30000000）

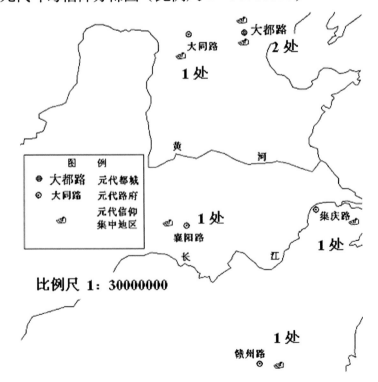

7、明代斗母信仰分佈圖（比例尺 1：35000000）

8、清代斗母信仰分佈圖（比例尺 1：35000000）

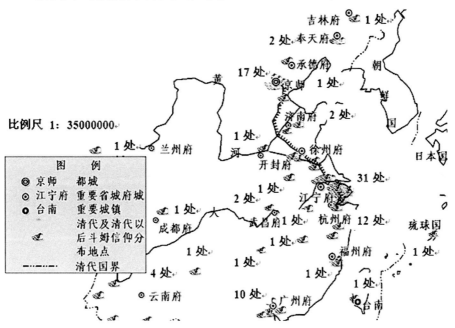

二. 附表

1、現存摩利支天廟宇分佈

項次	地 點	名 稱	坐落位置	修建始末	相關記載及其出處
			現存摩利支天廟宇分佈		
1	上海	龍華寺 大雄寶殿西側	坐落於上海近郊龍華鎮北。	相傳為三國吳國赤烏年間（238～251），西域僧人康僧會自交趾至建業傳教，路經龍華蕩設像行道。又有建於唐武則天垂拱三年（687年）一說。唐僖宗乾符年間（874～879）寺塔毀於兵火。現存乃北宋太平興國二年（977）重建。	北宋太平興國年間重建龍華寺，後又有宋英宗賜號「空相寺」，遂改名。南宋年間，龍華寺大力弘揚天台宗佛法，乃是江南一帶天台宗道場之魁首。元代寺塔毀於兵火，後又於明代重修，世宗賜額「萬壽慈華禪寺」。此後又因為東南沿海倭寇盛行，龍華寺遭到劫毀。嘉靖時陸續修復，神宗敕贈大藏經一部藏於廟中。此時，龍華寺已是海內天台十八寶剎之一。明末，龍華寺由禪宗大德接管，漸漸改造為禪宗道場。現存寺內建築多為清代同光年間所建，有彌勒殿、天王殿、大雄寶殿等依次排布。大殿前面西側供奉著二十諸天，是護持佛法的天神。他們是：大梵天王、帝釋尊天、多聞天王、持國天王、增長天王、廣目天王、金剛蜜迹、摩醯首羅、散脂大將、大辨才天、大功德天、韋馱天神、堅牢地神、菩提樹神、鬼子母神、摩利支天、日宮天子、月宮天子、娑竭龍天、閻摩羅王。塑造精美，形態各異其中鬼子母神像旁邊還站立著一個小神像，取材於佛經故事：鬼子母神生性殘暴，愛

					吃別人的孩子，釋迦牟尼爲了教育她，扣來了她的兒子，並給她講佛教與人爲善的道理。鬼子母神后來帶頭孩子一起皈依了佛教。大殿後邊兩側供奉著十六羅漢塑像，神態生動、莊嚴。 材料出自《上海宗教志》，上海社會科學出版社 2001 年，第 65～67 頁。
2	陝西藍田	水陸庵	地處藍田縣城東 10 公里的普化鎮王順山下，坐落在一個形似臥魚的小島尾部。它三面環水，形似孤島，帝有青山聳立，周有河水環流，故稱水陸庵。	《藍田縣志》載，該寺廟乃六朝古刹。明代秦藩王朱懷卷常來此處遊覽，奉爲家祠佛堂，嘉靖四十一年至隆慶元年（1562～1567）修繕完畢。	水陸庵是一坐規模不大的四合院，前有 5 間山門，南北兩邊各有廂房 13 間，院中有 3 間中殿，西有 5 間大殿，是一座完整的佛家寺院，整個院落顯得清幽古樸。彩色泥質壁塑是水陸庵的精華所在。所說壁塑，也稱「隱塑」或「影壁」，是中國繪畫、雕壁合一的藝術形式，多以山水、花卉爲題材，並施以色彩，形成圓雕與浮雕相結合的特殊樣式。 水陸庵大殿內的彩色泥塑最爲引人注目，相傳出自於唐代著名雕塑家楊惠之親手。水陸庵大殿內的彩塑分佈在南北山牆、殿中正隔間、西壁及西簷牆，是獨身像和經變交互塑造，大小不一，共約 3700 多尊。前簷牆左右兩側並坐著清淨大海眾菩薩和大勢至菩薩，色界欲界二十四天王靜立於佛臺兩側的南北山牆下。 材料出自《陝西省志‧文物志》，三秦出版社 1995 年，第 160 頁。

| 3 | 浙江杭州 | 法淨禪寺 | 在浙江杭州西湖西面，天竺山和靈隱寺之間有三座天竺寺，在稽留峰北者為中天竺寺，即法淨禪寺。 | 隋開皇（581～594）年間，千歲寶掌和尚開山建寺，吳越時改名「崇壽院」，宋徽宗為保宋室江山賜名為「中天竺天寧萬壽永祚禪院」。 | 中天竺始於隋，盛於宋，乃中印度高僧寶掌禪師所創。隋開皇十七年（公元597年），師參遊經中天竺，感歎山水之勝而為賦曰：「行盡支那四百川，此中遍稱道人遊」。於茲清淨禪定，立茲道場，肇中天竺伽藍之端。唐開元、大曆年間，賢首宗創始人法藏之再傳弟子法詵法師住持中天竺，法師精通《華嚴》，開席立論。其弟子澄觀著述師說，闡揚華嚴，尊諱華嚴疏主，賜號清涼國師，對中唐以後之中國佛教影響極為深遠。宋室南渡，在紹興末年（1131～1161）宋高宗感夢，迎請護國摩利支天像奉於禪寺中。

材料出自《中國佛寺志叢刊》第68卷《法淨寺志》，廣陵書局 2006年。 |
| 4 | 山西大同 | 善化寺大雄殿 | 位於遼、金時期的陪都西京山西大同城南門內，故又稱南寺，是目前國內尚存最為完整、規模最大的遼金寺院。 | 始建於唐開元年間（713～741年），稱開元寺。後晉初年，易名為大普恩寺。遼末毀於兵火，金天會六年（1128）至皇統三年（1143）由住持和尚圓滿主持重修。明正統十年（1445）始更為今名，因歷代修葺及時，故至今保存完好。 | 寺院坐北朝南，沿中軸線分佈的主要建築有天王殿、三聖殿和大雄寶殿，層層疊高。大雄寶殿兩側各有三開間的方形重簷樓閣，東為文殊閣（已毀），西為普賢閣。東西還有廡廊配殿。這主要建築共有七處，是按「伽藍七堂」之制布局的。整個殿宇高大、布局嚴謹、宏偉壯觀。
大雄寶殿始建於遼，金代圓滿和尚主持重修。殿面寬七間進深五間，單簷廡殿頂，無推山。為擴大殿內前部空間，採取了減柱移柱法結 |

| | | | | | 構。殿內外簷斗拱及內藻井做法均爲典型的遼代形制，梁架爲徹上露明造。斗八藻井內圍到斗拱兩層，下層爲七鋪作，上層爲八鋪作，由下而上層層疊收，形成鑽尖式模型結構。與應縣淨土寺、華嚴寺薄伽教藏殿壁藏經櫥，同爲遼代結構的縮影。大殿正中須彌座上供有泥塑金身如來五尊，也稱爲五方佛，身高 4.05 米，端坐在 2.8 米高的蓮臺上，姿容凝重，衣紋流暢；弟子、菩薩恭謙微謹；兩側二十四諸天平均高度 3.7 米，神情各異無一雷同。碩大的蓮座銀座有蓮瓣、串珠、三角柿蒂及獅首等裝飾，手法雄健。五方佛與二十四諸天均爲遼代遺物。諸天中東側六臂目宮天子和鬼子母神風姿綽約，眉目傳神，塑工尤精，爲金塑之佳作。諸天中摩利支天作寂靜相、菩薩裝束，身六臂，面容端正，束髻高冠，冠飾層層疊疊，額頭現白毫相。祖上身、配瓔珞珠鏈，肩披帛，下著長裙，跣雙足。二主臂當胸合掌，上左臂與上右臂高舉（原應有日月），中左臂持三鈷杵，中右臂持短兵。

材料出自何莉莉《善化寺》一文，載《五臺山研究》，2010 年第 3 期。 |
| 5 | 山西五臺山 | 羅睺寺 | 五臺山乃晉北福山寶地，傳爲文殊師利菩薩 | 《清涼山志》載：唐時，張天覺在此處見燈，有感而建寺。後又有文殊菩薩多次 | 現存天王殿、文殊殿、大佛殿、藏經閣、廂房、配殿、廊屋、禪院、建築裝飾及各殿塑像等。 |

			顯靈說法的道場，是我國佛教中心之一，與峨眉山、九華山、普陀山共稱為「四大名山」。羅睺寺位於五臺山顯通寺東，是黃教喇嘛廟，也為「五臺山五大禪處」之一。	於此講經說法，故稱為「落佛寺」。明萬曆年間，李彥妃為祈子登基於此許願，出重資重修寺院。清朝始改為「羅睺寺」，乾隆年間迭次修繕，為五臺山著名黃廟。	有木雕「開花見佛」、唐雕石獅、文殊塔等文物建築傳世。 羅睺乃釋迦在俗時之子，後也出家，為第一沙彌，後為「十弟子」之一。農曆六月十四日，傳為文殊菩薩生日，佛子羅睺為其祝壽，以「跳鬼」相娛。寺廟後殿中心有一木製圓形佛壇，壇上圓盤周圍雕水濤和十八羅漢過江及二十四諸天像，當中荷蒂上有木製大型蓮瓣，內雕方形佛龕，西方佛分坐其中，八面蓮花瓣合抱一起，壇下機關可使圓盤轉動，蓮花開閣，佛像時現時隱，謂之「開花獻佛」。觀者無不稱奇，此類機關設置，全國寺廟中為數極少，據說僅有四處，北京雍和宮大佛樓有一處。 材料出自《五臺縣志》，山西人民出版社 1988年，第458～459頁。
6	山西五臺山	金閣寺	金閣寺位於山西五臺山南臺之北，中臺之南，除五座臺頂的寺廟建築外，金閣寺所處的地勢最高，海拔1900米，距臺懷鎮約15公里。	唐代宗大曆五年（770年），從印度來華的三藏法師不空被詔往五臺山，他根據名僧道義禪師所說的文殊菩薩顯聖處「金閣浮空」而創建了金閣寺。	該寺銅鑄為瓦，瓦上塗金，以合「金閣」聖名。在金閣寺修建中，由印度那爛陀寺純陀法師監工，依照經軌建造。三藏法師不空是唐玄宗時從印度來的，後來中國的幾代帝王，都對他十分優禮。當年秋金閣寺落成後，不空回京師，唐代宗迎入城。三藏法師不空是當時新興密宗的主要創立者，不空離開五臺山後，門徒高僧含光常住金閣寺弘揚密宗。 金閣寺現存的寺廟建築

					及塑像設置，均爲明、清、民國復修。寺院布局爲兩處大院，在第一處大院中間，矗立一座大閣，內供高 17.7 米的千手（實爲 48 臂）觀音銅像，這是五臺山最高最大的聖像，像從胸部以上部分伸入二層閣內，二層閣內，觀音菩薩兩側又有文殊菩薩和普賢菩薩塑像。殿閣兩壁各供有十二尊塑像，統稱爲「二十四諸天」。 材料出自高明和《金閣寺建築與塑像概述》，載《五臺山研究》，1997 年第 3 期。
7	雲南昆明	圓通寺	坐落在雲南昆明市螺峰山麓，後接圓通山，前臨圓通街。	據李源道《創建圓通寺碑記》載，寺建於唐南詔蒙氏時期。初建時稱爲補陀羅寺。數年後該寺廟失修，至元代大德五年（1301）阿昔思才又大興土木進行重修。至元代延祐七年（1320）建成寺宇，規制與今日所見相當。	元代重建時該寺廟改名「圓通寺」，明清兩代又有過多次修葺，並曾一度改爲道觀，現寺內建築、碑刻、造像兼有佛道兩教之特色。寺內建築布局十分奇特，利用倒坡地帶，採取前高后低的特別手法，在入口處透過碑坊可以鳥瞰全院景色。正殿（又稱圓通寶殿、大雄寶殿）七間，殿內明間兩根高達十米的金柱上塑以盤龍，一青一黃，均頭向內，成欲鬥之勢，形象生動，塑藝精湛。據傳爲明代成都著名塑匠南納福的作品。殿內正中供奉元代彩塑三世佛，兩側壁供十二圓覺及護法諸天。左壁有諸天十九身，右壁有諸天十八身，另有羅漢、人鬼、檀越等等雕塑，傳爲成都著名塑匠羅都道太所塑。

					材料出自《雲南省志・宗教志》，雲南人民出版社 1995 年，第 81～83 頁。
8	山西	華嚴寺摩利支天菩薩	坐落在山西省大同市西南隅，是我國佛教華嚴宗重要寺廟之一。	始建於遼代清寧八年（1062），遼代保大二年（1122）寺內部分建築毀於兵火，後又重建。明初沒收為官產，宣德景泰年間進行重修。歷遭摧折又幾經修繕，遂成今日之規模。	寺廟分為上下兩寺。上寺以金代所建大雄寶殿為主。下寺布局自由，以遼代所建薄伽教藏殿為中心，保存了大量文物。大雄寶殿造型比例為典型的遼金建築風格。殿內佛壇寬及五間，上塑金身五方佛，結跏坐於蓮臺之上，高 3.1 米，中間三尊係木雕像，明宣德二年主持僧了然禪師募造於北京，後迎奉至此；另兩尊像及中脅侍菩薩結為泥塑像。像之肉髻上有似桃狀突起之寶珠，面相上寬下窄，與藏式佛像近似。佛壇兩側侍立二十諸天，姿態各異，神情不一，身軀均向前傾約 15°，別具一格的造型為國內所稀有。 材料出自朱兆瑞《佛教名剎華嚴寺》一文，載《五臺山研究》，1991 年第 2 期。
9	江蘇蘇州	戒幢律寺（西園寺）	位於江蘇省蘇州市金閶門外的留園路	始建於元至正年間（1341～1370）。明嘉靖年間，太僕徐泰置東園（今留園），將歸源寺改為別墅和住宅，易名為「西園」。崇禎八年（1635），其子徐榮捨園為寺，復名古歸源寺。清康熙年間，易名為戒幢律寺。	寺廟成為當時著名的律宗道場。清咸豐十年（1860 年）寺廟毀於太平天國戰亂。光緒初年（1875 年），廣慧和尚籌資重建，更名「西園戒幢律寺」，俗稱「西園寺」。 大雄寶殿是寺院的中心建築，興建於光緒末年。重簷歇山，面闊七楹，飛簷翹角，氣勢雄偉，風格挺秀。梁枋均施蘇式彩繪，典雅富麗，絢麗奪目。殿中供

					奉三尊高大佛像，釋迦如來居中，東面是藥師如來，西面是阿彌陀如來，均結跏趺坐於蓮花座上。三佛背面有一組影壁群塑，寬鋪三間，上齊殿頂，以佛教爲主題，同時吸收了漢化的內容。大殿東、西兩壁塑二十諸天金身立像。 材料出自《江蘇省志・宗教志》，江蘇古籍出版社 2001 年，第 22～23 頁。
10	浙江普陀山	慧濟寺	慧濟寺位於普陀山佛頂山上，爲普陀山三大寺之一。	亦稱佛頂山寺，明時僧慧圓創建慧濟庵，清乾隆五十八年（1793）擴建。	清乾隆五十八年（1793年）僧人能積擴庵爲寺，建圓通殿、玉皇殿、齋樓等。清光緒三十三年（1907年）僧人德化請得《大藏經》，又經僧人文正大力建造，遂成巨刹，與普濟寺、法雨寺並稱普陀山三大禪寺。與普陀山其它寺院不同，主殿大雄寶殿，供奉的是釋迦牟尼佛像，兩邊侍立弟子阿難與迦葉。大殿兩廂各塑有 10 尊塑像，是佛教傳說中的「二十諸天」。 材料出自《普陀縣志》，浙江人民出版社 1991 年，第 129 頁。
11	寧夏中衛	高廟	坐落在寧夏中衛縣舊城正北，是一座集佛道儒三教於一廟的特殊寺廟。	據考，高廟明朝以前既已創建，相傳明永樂年間曾重修。康熙四十八年，因地震坍塌重修，後經道光二年，咸豐三年，光緒八年陸續重修，達到現存規模。	初名「新廟」，又名保安寺。康熙年間重修後改名爲玉皇閣，民國初年改稱爲「高廟」。寺坐北朝南，分前後兩部分。前部在高臺下叫保安寺，爲佛寺部分。大雄寶殿東西兩側有地藏宮和三霄宮，各有配殿三間，塑有六方佛及二十四諸天神像。

					材料出自明榮《寧夏中衛縣保安寺簡介》一文，載《法音》，1988年第9期。
12	北京	法海寺 摩利支天菩薩	坐落在北京石景山區翠微山南麓的山坳裏，三面環山，避風向陽。	始建於明正統四年（1439），爲明代太監李童所集資興建。歷時四年建成。明英宗賜號「法海寺」，康熙二十一年（1682）重修。	法海寺中現存金剛殿、山門殿、天王殿、大雄寶殿、藥師殿、祖師殿及東西配殿。殿內佛壇尚存，但三世佛已無存。室內明代壁畫保存完好無損。雖然有些陳舊，但仍清晰可見，色澤純正。大殿後門兩側壁上繪佛教護法神二十諸天禮佛圖。全部壁畫均採用工筆重彩、瀝粉貼金或描金，色彩豔麗，線條流暢，是該寺廟保存的珍貴文物。 材料出自《北京志·宗教志》，北京出版社2007年，第77頁。
13	山西 右玉縣	寶寧寺	寶寧寺在山西省右玉城內，俗名大寺。	寶寧寺始建於明成化年間（1465～1487），清康熙年間重修。	寶寧寺原保存有水陸畫一堂，是寺中之精華，更是我國明代繪畫寶庫中的上品。相傳清代康熙皇帝西巡，路經右玉，正遇蒙古叛匪噶爾丹大軍南擾，康熙幾乎被俘，幸虧右玉民眾保駕，才免於難。康熙回朝後，念當地民眾保駕有功，特將宮中珍藏的水陸畫賜予寶寧寺，一套計136幅，名曰定邊水陸神幀。此後，每年舊曆四月八日懸掛於寺內，遠近僧道及右玉的市、農、工、商都要前來禮拜觀賞，作水陸道場。該畫幅主要是描繪佛教爲超度水陸一切鬼魂，普濟六道四生的一種法會——水陸齋儀。畫面儒、釋、道三教人物同堂，布局合理精

					妙，色澤鮮豔逼眞，人物生動傳神。
					其中有摩利支天水陸畫一幅。摩利支天又名摩利支菩薩。她是在太陽出來之前，具有神力的天神。相傳有急難時，特別是遇到兵戈之災，若念她的號名，就能脫離災難。畫中摩利支天係雙頭六臂之女神，右邊一手握劍，一手握箭。左邊一手執索，一手執弓。中間二手合十，立於青蓮之上。身後一豬，待考。左右有兩侍女執幡而立。 材料出自吳連城《山西右玉寶寧寺水陸畫》一文，載《文物》，1962年 Z1 期。
14	北京	大慧寺 摩利支天	坐落在北京西直門外大柳村。現僅存大悲殿，但仍保留著明代法式。	始建於明正德八年（1513 年），爲太監張雄所建。清末遭到嚴重破壞。	大慧寺又名「大佛寺」，寺內原有高約 16 米地大銅佛，但在抗戰時被毀。現存大悲寶殿，殿內兩側有二十八諸天尊主像，爲明代夾紵彩塑，高約 3 米，氣勢雄偉，神態各異。其中有一尊摩利支天菩薩像，爲女性神形象，三頭八臂，每頭三眼，八手或合十或執法器。 材料出自《北京志‧宗教志》，北京出版社 2007 年，第 78 頁。
15	廣東 肇慶 七星岩	肇慶水月宮 摩利支天菩薩	水月宮，位於肇慶市星湖中心區石室岩南麓，北靠崧臺，面臨紅蓮湖，曾因立有高 6 米、	建於明嘉靖年間（1522～1566）明崇禎九年重建（1636 年）。	水月宮原爲觀音堂，建於明嘉靖年間（1522～1566 年），但「頻年爲風雨所折」，後得官民「樂於趨事」，遂於明萬曆二年（1574 年）多「闢廣升高，壯址展基」。據傳，觀音能顯現 32 種不

| | | | 重 7 噸的銅鑄佛像摩利支天而聞名省港澳和東南亞各國。 | | 同的應化色相，其中以「水月」色相最為高潔，因名「水月宮」。宮殿建成後再為風雨所折。明崇禎九年（1636 年），兩廣總督熊文燦傾貲十餘萬重建。1943 年，水月宮遭日寇空襲炸毀。1957 年，水月宮按原樣再行重建。水月宮佔地面積 6000 平方米，建築面積 2500 平方米，為鋼筋混凝土倣古殿式結構，由大殿、東廂、西廂、後殿 4 部分組成：大殿，飛簷斗拱、彩釉生輝、華麗堂皇；東西兩廂，精美質樸、寬敞明亮，建有迴廊相連；後殿，一座兩層高的樓閣，依岩建在高臺上，尤顯其巍峨雄壯。水月宮大殿昔有摩利支天菩薩（身高 6 米）偕二天女（身高 5 米），金身巍然，赤足鼎立；摩利支天雙目稍向下凝望，微笑、溫厚、慈祥，楣榜「苦海慈航」。佛像鑄於明崇禎九年（1636 年），為表彰鄭芝龍得摩利支天庇祐戰勝劉香所鑄。

材料出自劉明安等編《七星岩志》，廣東省地圖出版社 1989 年版，第 170～171 頁。 |
| 16 | 安徽九華山 | 九華山百歲宮 | 坐落於九華山插霄峰（東峰）之上。 | 始建於明代萬曆年間（1573～1619）。清康熙五十六年（1630）遭火災。道光十九年（1839）擴建。清末民初屢次修葺。 | 由僧海玉創建。海玉在此苦心修行，直到 126 歲，人稱「百歲公」，死後肉身供奉在寺內，廟名也因此改作百歲宮。寺廟建築外形粉白牆，猶如民樓，內部上下相連，左右互通，大雄殿在前，殿門即是山門， |

				殿面寬三間，進深五間，古色古香。正面大佛龕供奉釋迦、文殊、普賢像，對面是韋陀像，兩側立栩栩如生的二十四諸天像。殿東達摩像，殿西無暇和尚肉身龕。 材料出自《安徽省志‧民族宗教志》，方志出版社 1997 年，第 209 頁。
17	青海 龍王山 蓮花山	祐寧寺 塔爾寺	祐寧寺位於青海省互助土族自治縣龍王山南麓。塔爾寺位於青海省湟中縣魯沙爾鎮南面的蓮花山中。	祐寧寺雍正十年（1723）重建；塔爾寺建於明洪武十二年（1379）。	祐寧寺和塔爾寺的活佛是土觀呼圖克圖，在清朝歷代土觀活佛是以章嘉活佛為首的駐京八大呼圖克圖（之一），極受清廷重視。土觀活佛的祐護神是摩利支天，故歷代活佛都重視造像崇拜此佛。 材料出自《青海省志‧宗教志》，西安出版社 2000 年，第 63～66 頁。
18	湖北 武漢	古德 禪寺	在武漢市漢口黃浦路 21 號。	清光緒三年（1877 年）	在武漢四大佛教叢林之中，古德寺的歷史比其他三寺都要短。1877 年（清光緒三年）由一位法號叫隆常的禪師在漢口今解放大道東段、黃浦路北段一帶的坡地建起，而後因香火一天天旺盛，於 1921 年秋開始了大規模的擴建工程，前後歷時 13 年至 1934 年才告竣工。 古德寺建築風格獨具一格，是依照緬甸阿蘭陀寺的藝術形式建造的。其藝術風格在我國內地漢傳佛寺廟建築中獨一無二。在東南亞一帶佛教信徒有較大影響。全寺的核心建築是圓通寶殿。此殿仿照緬甸阿難

					陀寺建造，爲漢傳佛教唯一、世界僅存兩座此類風格的佛教建築之一，具有重要的宗教、建築和文化歷史價值。圓通寶殿爲單層正方形，有 1000 多平方米，內空高 16 米，可容百人，其宏大寬綽也是其他漢傳佛教的大雄寶殿所鮮見的。與一般寺廟的大雄寶殿最爲不同的是它的頂部，上面有大小佛塔共九座，這又與中國道教的北斗九星、七顯二隱的說法暗合。確實，站在地面上，從任何一個方向看塔頂，只能看到七座，有兩座總是看不到的。細看九座塔的流線形塔身，以及內外牆面裝飾的花卉、獅頭、象頭和大鵬金翅鳥等細部，又充分再現了印度和東南亞各國的帕那瓦建築風格。殿頂還塑有 96 個九蓮花墩、二十四諸天菩薩等，布局巧妙，結構謹嚴，寓「國之四維，天圓地方」之意。這種融彙大乘、小乘和藏密三大佛教流派於一身，並具有多元化建築風格的建築，在漢傳佛寺中實屬罕見。 材料出自徐怡靜《武漢古德寺之異域風格象徵文化初探》一文，載《華中建築》，2006 年第 11 期。
19	上海	玉佛寺	坐落在上海安遠路。原址在上海江灣鎮。民國七年移此重建。	清光緒八年（1882年）竣工。辛亥革命後毀於兵火。民國七年臨濟宗僧人可成在今址重建。民國十七年建成。	寺殿宇仿宋代建築形式。建築雄偉，布局嚴謹，成軸線對稱分佈，中軸線上依次有照壁、山門、天王殿、大雄寶殿、玉佛樓等三進院

				落。兩側有臥佛堂、彌陀堂、觀音堂、神堂等。大雄寶殿爲佛殿式建築，正中供奉釋迦摩尼、藥師、彌陀等三尊身高 4 米，蓮座 2.42 米，加背光總高 7 米多的佛像，背後爲海島群塑或稱「善財求法壁塑」、「五十三參」，兩側供二十四諸天像。 材料出自《上海宗教志》，上海社會科學出版社 2001 年，第 62～65 頁。

表格說明：1、此分佈表格在製作過程中使用了新編地方志、期刊文獻、網絡資源、明清方志及古文獻材料等多種資源，並於相關記載之下標明其出處。2、現存摩利支天、斗母崇拜地點以今地名爲準，古籍所見摩利支天、斗母崇拜地點今古地名並用。

2、現存斗母廟宇分佈表

項次	地　　點	名　　稱	坐落位置	修建始末	相關記載及其出處
1	山東泰山	斗母宮	坐落於山路的東側。此廟由來已久，其建築年代甚至可以追溯到漢代，初見時為道觀。	相傳初建於漢代。明嘉靖二十一年（1542）德王重修中院大殿。康熙十二年（1673）觀音堂住持比丘尼於殿後建觀音殿、新裝斗母神像。乾隆四十四年（1779）塑斗母娘娘像。	斗母宮分前中後三院，斗母殿為中院正殿，以祭祀斗母而名。面闊三間，五柱七架梁。殿中正間設須彌座式神臺，其上所供奉的斗母像於文革時期毀壞，現由地藏菩薩銅像代替。東配殿內供奉後來新塑造的斗母娘娘像及九皇。 材料出自《山東省志・泰山志》，中華書局 1993 年，第 260～216 頁。
2	山東嶗山	太清宮	俗稱下清宮、下宮。坐落於嶗山老君峰下，嶗山灣畔，三面環山，一面臨海，風景秀麗。	《太清宮志》記載，該宮觀始建於西漢建元元年（公元前 140 年），初建時名為「三官廟」，建元三年（前 138 年）改稱「太清宮」。唐天祐元年（904）又改「三皇庵」。金章宗昌明六年，丘處機等前來嶗山，止於太清宮。由此太清宮成為全真派祖庭之一。	太清宮從肇基至今，歷史長達兩千多年。如今有三個大殿、四個配殿等各種建築一百多間。除去原有的三清殿奉三清教主，三皇殿奉神農、伏羲、軒轅，三官殿奉天地水三官外，還有東華殿奉東華帝君，西王母殿奉西王母。又新添有元辰閣元君閣，奉斗母娘娘。 材料出自戴國斌《嶗山道教與太清宮》，載《中國道教》，1988 年第一期。
3	上海	欽賜仰殿斗姥閣	位於浦東新區欽洋鎮與張楊路與源深路口。原名「金四娘殿」，又名「東嶽行宮」，是上海	欽賜仰殿始建年月失考，相傳乃是三國時東吳孫權為母所建。又因梁上有「信官秦叔寶監造」字樣，又說成是唐代敕	欽賜仰殿由牌樓、東嶽殿、三清殿、藏經樓、仙居樓、偏殿組成，殿堂宏偉，神像莊嚴。唐太宗李世民敕建，命大將秦叔寶監造。相傳至清代，大殿屋梁上仍有「信

				建。清乾隆 35 年（1770 年）重建。今可考之事在於此殿曾於乾隆三十五年重修。	官秦叔寶監造」字樣，今已不存。因是皇帝敬仰，欽賜而建，故名欽賜仰殿。清乾隆三十五年（1770 年）重建。辛亥革命及文革時都曾遭到毀壞。大殿正中上掛「位級天齊」、「岱宸庭」橫匾。中供東嶽大帝。西首爲碧霞元君，即東嶽大帝之女。庭院左廡有兩配殿：斗姥宮和土地殿。斗姥宮內供奉「先天斗姥元君」。其左側供「南海觀音大士」，其右側供「天妃聖母元君」，即民間尊崇的媽祖。斗姥宮內東首供「眼光聖母元君」，西首供「東嶽淑明坤德皇后」，即東嶽大帝之皇后。土地殿內供奉三位地方神，即楊、金、施三位老爺，傳說他們有功於地方，故作爲地方神被後人供奉。 材料出自《上海宗教志》，上海社會科學出版社 2001 年，第 201～202 頁。
		地區最古老的道教宮觀之一。			
4	江蘇常州	玄妙觀斗母閣	常州市東外直街	創建於西晉永嘉元年(307 年)，南朝梁大同年間號「寶嚴莊」。唐景龍年間（707～710）改名龍興觀。宋大中祥符元年（1008）賜名天慶觀，觀宇宏大，爲常州道觀之最。元至元元	《吳郡圖經續記》謂「唐置，爲開元宮」，玄妙觀現已被改造爲武進縣人民醫院及公安局所用，其全盛時有大小殿宇 26 座，連綿不絕。除三清殿和正山門外，還有歷代建成的副殿和二十四座配殿，其中有建於清代的斗母閣，如今其殿宇尙可見。

| 5 | 北京 | 白雲觀
斗姥閣 | 位於北京西便門外濱河路。 | 白雲觀位於北京市西便門外濱河路。其前身為唐代天長觀，金代十方天長觀和元代的長春宮。天長觀，創建於唐開元二十七年（739）。後幾經廢興，至金大定十四年（1174）重修，命名十方大天長觀。泰和二年（1202）毀於火，次年重建，改名太極宮。元太祖十九年（1224），邱處機西遊返京後居此，改名長春宮。二十二年，邱處機逝世，其弟子買長春宮東下院，以葬邱處機，後稱此下院為白雲觀。始建於唐，名天長觀。金世宗時，大加擴建，更名十方大天長觀，是當時北方道教的最大叢林。 | 始建於唐，名天長觀。金世宗時，大加擴建，更名十方大天長觀，是當時北方道教的最大叢林，並藏有《大金玄都寶藏》。道教全真第一叢林——北京白雲觀位於北京西便門外，是道教全真三大祖庭之一。據唐劉九霄《再修天長觀碑略》記載，唐玄宗為齋心敬道，奉祀老子，建此觀。存有漢白玉石刻老子坐像，被稱為鎮觀之寶。金代以後，曾改名太極宮、長春宮，明初改名白雲觀，為北京市文物保護單位。現存白雲觀殿堂為明清時重修。進入山門，分中東西三路及後院，規模宏大。中路依次有靈官殿、玉皇殿、老律堂、邱祖殿和三清閣、四御殿及鐘鼓樓；東側為藏經樓，東路有南極殿、斗姥閣和羅公塔；西路有呂祖殿、八仙殿、元君殿、文昌殿、元辰殿、祠堂院等。祠堂院左右室壁上嵌有元代趙孟頫書《道德》、《陰符》兩經石刻。後院名雲集園，又名小蓬萊，院內以戒臺和雲集山房為中心，假山錯落，周有迴廊、雲華仙館、友鶴亭、妙香亭、退居樓等分佈其 |

材料出自《江蘇省志·宗教志》，江蘇古籍出版社 2001 年，第 110 頁。

（接上欄）年（1264）改名玄妙觀。

					間，綠樹成蔭，清新幽靜。 材料出自李養正編著《新編北京白雲觀志》，宗教文化出版社2002年。
6	河南洛陽	斗母廟	斗母廟，坐落在洛陽龍門東山的頂峰，道路曲折，松柏掩映。廟內有斗母石雕，其眼睛微閉，十分安詳。斗母(斗母)，傳說爲北斗眾星之母。	唐代	香山寺，位於龍門東山山腰，其建築古樸渾厚，年代久遠。它始建於北魏熙平元年（公元516年），唐天授元年（公元690年）正式更名爲「香山寺」，其頂峰即爲斗母廟。 材料出自譚傑《香山居士賦》，載喬仁卯主編《夢回琵琶峰》。
7	北京	東嶽廟 斗母殿	北京東嶽廟坐落在朝陽門外大街。	始建於元代延祐六年（1319年）。歷經明清兩朝多次擴建。	東嶽廟的創始人就是在元廷顯赫一時的重要人物——玄教大宗師張留孫（1248～1322）。張留孫爲東漢時道教創始人張道陵（天師）第38代後裔。在建廟過程中，東嶽廟已經得到了元朝政府的支持。建成後由元仁宗賜額「仁聖宮」。明清兩代，東嶽廟更是皇家寺院，亦是明成祖遷都北京後接待外國使臣來京朝貢的中轉站。 材料出自李彩萍《北京東嶽廟與京城文化》一文，載《文化學刊》，2011年第1期。
8	陝西省太白山	斗母殿 斗母峰	太白山是位於陝西省西安市是一座宗教名山。	建於元代以後，與王重陽、丘處機等人的修到活動密切相關。	道教與太白山之淵源在姜子牙於山頂拔仙臺封神后，太白山就成了道教的天下。《水經注》記載：西成漢

					帝時（約公元前 30 年左右），太白山已建神祠。唐代道教大興，因太白山位於近郊，虔誠的道教徒便入山修道，五代、北宋時道教興盛不衰。金大定年間王重陽創立全真派，太白山成了關中道教活動的聖地之一。棵《雲笈七籤》卷二十七記載，元代以後山上有按道教神仙譜系建立起來的廟宇建築群，即所謂「十里一寺，五里一廟」，如太白廟、文公廟、南天門、藥王廟、老君殿、斗母殿、拔仙臺、玉皇廟、三宮殿、鐵甲神廟等。斗母峰奇景是太白山的組成部分，其命名由來便是得自於其中的斗母殿。 材料出自蒲平娟《太白山自然保護區生態之旅》，載《陝西林業》，2009 年第 1 期。
9	四川真武山	真武山玄祖殿	坐落於宜賓城西北隅的岷江南岸真武山上。	始建於明萬曆初年。	明萬曆初年，四川巡撫曾省吾在征服川南都掌蠻後，為標榜戰功，託詞真武大帝曾助其師，大興土木建成真武祠，後又陸續增修一系列宮觀，使真武山成為川南道教名山。 真武山上的道教古建築群在建國前後均有損壞，現僅存元極宮、斗母宮、文昌宮、三三府宮、地姆宮等五座廟宇。其中斗母宮前殿係明代建築。 材料出自李又起《宜

				賓眞武山玄祖殿及古建群》，載《四川文物》1987 年第 2 期。
10	雲南雲峰山	雲峰山道觀	位於雲南西部邊陲的騰沖縣城西 55 公里的瑞滇鄉。	始建於明代	雲峰山爲騰沖著名的風景名勝，又是著名的道教聖地，民間敬稱其爲「仙山」。在海外尤其是東南亞有深遠的影響。山上依勢建有呂祖殿、斗母閣、觀音殿、玉皇殿、老君殿等寺觀。明崇禎十二年（1639），著名地理學家徐霞客曾登上雲峰山旅遊考察。然因雲峰山山高峰尖，道觀年代久遠，歷經多次災難，道觀損毀嚴重。近年來，在海內外人士的大力讚助和私訪民眾的熱心支持下，呂祖、老君殿及斗母閣才得以修復。 材料出自《騰沖縣志》，中華書局 1995 年，第 911～913 頁。
11	北京	東壩娘娘廟	娘娘廟位於朝陽區東壩娘娘廟街東壩中心小學內。	始建於明朝正統年間。	娘娘廟中殿供奉天仙娘娘、子孫娘娘和眼光姑娘，後殿供奉斗母娘娘、金衣娘娘。另外還有東西配殿。 材料出自《北京志·宗教志》，北京出版社 2007 年，第 306 頁。
12	廣州	斗姥宮	位於現在的金花街斗姥前和蘆荻西的交會處。	始建於明代崇禎年間。	斗姥即摩支利神，明兩廣總督熊文燦平海寇，於空中見之，遂立廟以祀。」斗姥宮是道教宮觀，距今已有 360 多年歷史。相傳斗姥（音姆）乃道教所奉的女神，爲北斗七星之母，又稱天

					后，生九子。斗姥神掌諸天星宿，「權司列宿統攝日月星辰，鎮群魔主持元會世運」，形象為花冠瓔珞，赤足，三頭八臂，兩手擎日月，兩手合掌，中四手所持法器有法印、法鈴、弓箭、劍戟、寶杵等。熊文燦，貴州永寧人，明代萬曆進士，崇禎初年為右僉都御史、福建巡撫，後任兵部尚書，總理軍務。當海寇猖獗之時，為平海寇而招撫鄭芝龍，特命鄭芝龍與海寇劉香大戰，酣戰之際，菩薩現形在空中，劉香見之因而失敗。熊文燦設斗姥神於肇慶七星岩及省城（廣州）兩處（一今西華路斗姥前，一在東門線香街）以祭祀。據說花費十多萬兩銀。斗姥宮內供奉六十星宿神像，又稱六十元辰或六十太歲。清代斗姥宮香火鼎盛，廟內有60多個約半米高的泥菩薩。每年農曆九月初一至初九日是斗姥宮開壇祭拜日，附近居民紛紛前來，紀念斗姥化生九皇，祈求消災解厄，延祥集福。清雍正五年至九年（1727～1731）和乾隆十三年（1748），斗姥宮均有重修和擴建。從現存於金花街碑廊內的一塊長2米、寬1·2米書有《重修斗姥宮碑記》的石碑及兩塊較小的《城西斗姥宮碑》石碑上

| | | | | | 面，可以見到重修斗姥宮的年代、買地擴建的時間及捐款人姓名等記載。還有一塊長 2 米、寬 1 米的《重修斗姥古廟倡建斗壇碑記》的石碑，印證了前人在同治年間曾維修建築。現存建築物進深有 3 間大廳、2 個庭院，兩側有偏房和圍廊，主宮 4 根大木柱一貫到頂。全宮沒有一根釘子，全部用榫對接，非常堅固。桃簷雕刻，精細別致，十分美觀。3 個廳屋頂蓋的仍爲清代製作的瓦，至今仍滴水不漏。宮門上方有一件長 2 米，寬 0.8 米刻有"斗壇"兩字的石匾，爲清同治年嶺南鄧廷丹所書，字體蒼勁有力。宮門兩邊有 2 條石柱，刻有一對聯（「文化大革命」期間被破壞鑿去），爲清戶部尚書羅敦衍撰聯」。

資料來源：荔灣區地情網・荔灣史話・名勝古迹，及黃佛頤《廣州城坊志》，暨南大學出版社，1994 年，第286 頁。 |
| 13 | 濟南 | 斗母泉村 | 位於青銅山北坡（大佛寺北頂）斗母泉村的斗母泉海拔 745 米（千佛山海拔不過 285 米），爲濟南七十二名泉（清代 | 清同治十一年康熙十五年重修 | 從斗母宮前重刻的石碑上看，其碑文書於清同治十一年十月，其中稱「昔有斗母廟一處，山泉一眼」，而斗母泉池上方的碑銘又記載「康熙十五年重修斗母宮與斗母泉」，斗母宮是一座典型的道教建築，宮 |

			及當代）中最高的泉。		裏供奉著「斗母娘娘」，村裏人卻管這位斗母娘娘叫「老奶奶」，殊是有趣。 該處斗母宮在明崇禎、清乾隆《歷城縣志》和道光《濟南府志》均著錄，稱「在大佛寺北頂」。清郝植恭亦稱此泉爲寶姑泉，將其列入《七十二泉記》。 筆者曾對此處進行過田野訪查，具體資料見文中相應部分。
14	青海海東北山	斗母殿	北山森林公園位於互助土族自治縣東北部的青石嶺和冷龍嶺之間。	不可考	西寧北山又名土樓山。山上曾建土樓山神祠，在神祠的舊址又修建寺廟，舊稱北禪寺，也叫永興寺。北魏酈道元在《水經注》中曾記載：「湟水又東，經土樓南，樓北依山原，峰高三百尺，有若削成，樓下有神祠，雕牆故壁存焉。」土樓山的古迹主要有佛寺、道觀、磚塔、洞窟、壁畫和露天大佛。經歷代的擴建增修，在峭壁斷崖間鑿成洞窟，自西向東依次分佈著「九窟十八洞」。洞與洞之間「天梯石棧相勾連」，數里丹崖，曲經通幽。據專家實地考察，有直洞39個，偏洞18個。在洞窟前依山而建的斗母殿是土樓山上最雄偉的建築。斗母殿正殿和附廊共17間，殿中斗母神像，四頭八臂，十分奇偉。斗母殿左前方是山門，題額「土

					樓觀」，山門上有門樓，叫魁星樓。在洞窟中部，有一座崖體陡然突出，高數百米拔地而起，形成露天金剛，這就是西寧人叫的「閃佛」。露天金剛雄偉高大，造型粗獷，極具唐代藝術風格。在經過一千多年的風雨侵蝕和自然風化後，其軀體、頭臉、五官仍依稀可辨，看上去既是佛像，又似寶塔，為西北景觀中所獨有。土樓山上的神祠、寺廟具有濃厚而神秘的宗教色彩，是古代宗教活動的場所，尤為奇特的是土樓山上的神祠、寺廟、佛、道、儒均可互見，藏族、漢族的神話傳說都有遺存。這裡既有佛教崇拜的釋迦牟尼、觀世音，又有道教敬拜的斗母、太上老君，還有漢族儒家敬重的忠君偶像「關帝廟」，而且是鑿洞立像，這種洞窟文化很有藝術研究價值。 材料出自張星《西寧土樓觀》一文，載《中國道教》1989 年第 2 期。
15	四川成都	青羊宮	坐落在四川成都市西郊百花潭北岸，西隔送仙橋與杜甫草堂相望。	始建年代無確切記載，斗母殿大約建於明代，現存建築多為清代所建。	《蜀王本紀》載三國之際已建立了青羊觀，到唐代具有相當規模。安史之亂，玄宗幸蜀，即住在觀中。斯時恰好杜甫在草堂，親見雨映行宮。唐僖宗入蜀避難時亦住在青羊觀中。

					後返回長安，即賜錢百萬大興殿堂，改觀爲宮。迨至明代，青羊宮已經殘敗，康熙、同治、光緒年間重修，至今尙存。其建築齊整，以北斗七星爲參照布局。 青羊宮斗姥殿建於明代，爲樓底式建築，殿內供奉的斗姥是道教信奉的一大女神。 材料出自馬景全《成都青羊觀、二仙庵史略》一文，載《成都大學學報（社科版）》，1992年第2期。
16	雲南巍山	斗姥閣	坐落在巍山寶頂。	始建於清初，清乾隆四十年（公元1775年）重建。	斗姥閣是巍寶山上最高的殿宇，海撥爲2569米，也是巍寶山前山、後山的分界標誌建築物，人們習慣將斗姥閣正前方的北部山林稱爲前山，背部南方山地稱爲後山。斗姥閣的樓閣建築在高聳的石崖上，氣勢雄偉壯觀。由西廂房北斗殿、東廂房南斗殿、過廳和斗姥大殿組成。斗母閣始建於清初，清乾隆四十年（公元1775年）重建。今天見到的殿宇就是清乾隆年間的建築物。 大殿內供奉斗姥。斗姥又稱爲斗母或斗母，是道教星宿神中的北斗眾星之母，是掌管天文星象的女神，也就是掌握農業節令的神。斗姥像雕有三眼四頭六臂，顯示她神通不凡的本領，兩旁立有金童玉女斗姥大殿的東西兩

					側分別爲南斗殿和北斗殿。東廂房南斗殿供祀南斗眾星宿神，分別爲福、壽、祿三星和監簿大王星、文昌煉魂、保生大道、保命大道、司祿上相鎮嶽等道教神像。西廂房北斗殿供奉北斗眾星宿神，分別爲北極武曲紀昌星君、北斗丹元廉眞罡眞君、北斗玄冥文曲紐星君和眞人祿存眞星君、陰精巨門元星君、陽明貪狼太星君和北天關破軍關星君等。巍寶山的斗姥閣因斗姥雕像逼眞、建築工藝精湛而在國內的道教殿宇中享有盛名。
					斗姥閣遠看爲一座淩空欲飛的樓閣，是登臨觀賞佳境的好地方。放眼四望，只見林海茫茫，松濤萬傾，雲霧繚繞，前山、後山的廟宇歷歷可數，造就了「山風鼓浪」的林海奇觀。
					材料出自《雲南省志·宗教志》，雲南人民出版社 1995 年，第 133 頁。
17	臺灣	麻豆代天府（五王廟）	位於臺南縣麻豆鎮南勢里關帝廟 60 號。	創建於清咸豐七年（1857），後大肆修整。1991 年 9 月新建成元辰殿。	麻豆代天府係臺灣著名的道教宮觀，建築宏偉奇麗，不僅是臺灣道教信仰的中心，而且被譽爲「宗教紀念物觀光區」。近年來增建了一系列殿宇，元辰殿既是其中之一。此次代天府新建元辰殿，從北京白雲觀迎請斗母元君，並由白雲觀爲之題寫殿名匾額。

				材料出自尹育政《臺灣麻豆天府迎請斗母元君》一文，載《中國道教》，1992 年第 1 期。
18	香港	蓬瀛仙館	位於新界粉嶺百和路 66 號。	創立於 1929 年，1992 年與北京白雲觀結爲友好道觀，1993 年著手新建元辰殿。	蓬瀛仙館屬於全眞龍門派，崇奉太上老君（老子）、呂純陽、邱長春三位祖師。經過五年的籌備及新建，蓬瀛仙館的元辰殿於 1998 年農曆八月廿四日舉行了開光崇升慶典。慶典儀式由蓬瀛仙館館長與北京白雲觀五位道長聯合主持。殿內神像的造型是根據北京白雲觀的神像雕塑而成的。各神的樣貌、神態、以至於服飾、法器皆不盡同。殿內的六十太歲像下都寫有其管理的中西曆年份，以便善信參拜。 材料出自陳巧施《香港道教蓬瀛仙館元辰殿落成，舉行「斗母聖像崇升、六十太歲開光」慶典》一文，載《中國道教》，1999 年第 1 期。

表格說明：1、此分佈表格在製作過程中使用了新編地方志、期刊文獻、網絡資源、明清方志及古文獻材料等多種資源，並於相關記載之下標明其出處。2、現存摩利支天、斗母崇拜地點以今地名爲準，古籍所見摩利支天、斗母崇拜地點今古地名並用。

三. 附圖像

1、敦煌摩利支天彩色紙畫（P3999）

圖像來源：黃永武主編《敦煌寶藏》第 132 冊，460 頁。新文豐出版社，1986 年。

　　畫面摩利支天形體較大，三頭八臂，正面女相，三目，右面童女相，左面豬相。上身裸露，下身短裙，右腿彎曲，左腿伸展。跣足，雙足各蹬一蓮花。左手執羂索、弓、無憂樹枝及線，右手執金剛杵、鍼、鈎、箭，頂戴寶塔。年代約為隋唐時期。

2、山西大同善化寺大雄寶殿摩利支天像（金代）

圖像來源：《中國寺觀雕塑全集》3「遼金元寺觀造像」，第 63 頁。黑龍江美術出版社，2003
年。

3、杭州飛來峰摩利支天雕像（元代）

圖像來源：賴天兵《杭州飛來峰藏傳佛教造像題材內容辨析》，載《文博》1999 年第 1 期。

　　摩利支天一面二臂，腳踩一豬，上體赤裸，乳房隆起，女性特徵顯著，具有較多的東印度、尼泊爾藝術成分。

4、北京海淀大慧寺摩利支天像（明正德八年）

圖像來源：《中國寺觀雕塑全集》3「遼金元寺觀造像」，第 191 頁。黑龍江美術出版社，2003
　　年。

5、摩利支天密宗像（明代）

圖像來源：http://auction.artron.net/showpic.php 敍 ArtCode=art 55891948

　　此尊摩利支天爲一面八臂乘坐由七頭豬拉的輦車，輦車爲火輪形制。佛母側身舒展坐於輦車臺座之上，頭戴花冠，束髮高髻，耳際繪帶下垂至肩。佛母面生三目，面相豐滿，鼻梁扁平，嘴角含笑，表情內斂。上身裸露，橫披帔帛，帔帛自然下垂，胸飾瓔珞，兩隻前臂在胸前呈武士手印，其餘六臂在伸仰兩側，並各持法器。佛母下身著鎧甲，赤腳遊戲坐於輦車之上。造於明代。

6、山西寶寧寺水陸畫摩利支天菩薩（明代）

圖像來源：http://www.douban.com/photos/photo/621825843/

7、山西長治觀音堂摩利支天像（明代）

圖像來源：《中國寺觀雕塑全集》4「明清寺觀造像」，第 152 頁。黑龍江美術出版社，2003
　　年。

8、六臂積光佛母（清代）

　　積光佛母是陽光的化身，所以也稱陽焰或作明佛母，音譯摩利支天。畫面上的積光佛母，身黃色，面三目，六臂各執法器，展立於蓮臺上。在畫面上方的空界處，左爲釋迦摩尼，右爲無量壽佛。畫面下方爲護法吉祥天母。這幅唐卡原作於西藏，爲歷世班禪額爾德尼所供奉。乾隆四十五年 1780，六世班禪進京朝觀時，進獻給乾隆帝。

9、土觀摩利支天像（清代）

圖像來源：http://file.gucn.com/file/CurioPicfile/200908/Gucn_76600_20098421543836

　　CheckCurioPic5.jpg

　　摩利支天頭戴寶冠，上身袒，全身鎏金，身飾纓絡、飾鏈，倚坐在豬背
上。右手前伸作予願印，左手上揚持蓮花，最下層下爲蓮花座。整體由紅銅
鑄造，但鎏金嵌銀，色彩豐富。造於清代。

三元宮斗姥像（清代）

圖像來源：華南農業大學倪根金老師提供民國時照片。

摩利支天經

如是我聞一時婆在舍衛國
祇樹給孤獨園尒時佛告諸
比丘有天名摩利支天常行
曰前彼摩利支天无人能見
无人能捉不為人欺誑不為
人債其財物不為怨家
得其便
告諸比丘若有善男子善
女人聞是摩利支天名者應
作是言我弟子某甲知摩

摩利支天經　伯三八二四號

能視我不為人欺誑我亦不為
人纏我不為人債我財物不
為怨家能得我便
尒時世尊即說呪曰
怛姪他　姎迦　末斯　末迦　末斯
支婆羅末斯摩訶支婆羅
末斯安多利陁那摩訶莎訶
於行路中護我非行路中護
我盡日護我夜中護我於
惡怨家中護我王難護我
賊難護我一切時護我一切處護我

163

經命壽延說佛　號四二八三伯▼

164

《敦煌寶藏》第 131 冊伯 3799～3913 號《摩利支天經》

圖像來源：華南農業大學倪根金老師提供照片。

參考文獻

1、藏經

1. 【日】高楠順次郎、渡邊海旭等監修《大正新修大藏經》，新文豐出版社，1983 年。

2. 【日】前田慧雲，中野達慧等監修《卍字續藏經》，新文豐出版社，1972 年。

3. 《乾隆大藏經》，中國書店出版社，2007 年。

4. 《道藏》，文物出版社、上海書店、天津古籍出版社，1988 年。

5. 《正統道藏》，新文豐出版社，1980 年。

6. 《莊林續道藏》，臺灣成文出版社，1975 年。

7. （清）彭定求輯著《道藏輯要》，巴蜀書社，1995 年。

8. 賀龍驤校勘，彭文勤纂輯《道藏輯要》，新文豐出版社，1977 年。

9. 張繼禹主編《中華道藏》，華夏出版社，2004 年。

10. 《藏外道書》，巴蜀書社，1994 年。

2、正史、筆記、文集

1. 黃本驥編《顏魯公全集》，傚古書店，1936 年。

2. （南北朝）魏收《魏書》，中華書局，1974 年。

3. （唐）杜光庭《道教靈驗記》，收入（宋）張君房《雲笈七籤》，中華書局，2003 年。

4. （唐）鄭處誨《明皇雜錄》，清守山閣叢書本。

5. （宋）司馬光編著，（元）胡三省音注《資治通鑒》，中華書局，2005 年。

6. （宋）洪邁《洪邁年譜》，清十萬卷樓從書本。

7.（宋）佚名《宣和畫譜》，明津逮秘書本。

8.（宋）釋志磐《佛祖統紀》，大正新修大藏經本。

9.（宋）李昉《太平廣記》，中華書局，1961年。

10.（金）元好問《續夷堅志》，清刻本。

11.（元）脫脫《宋史》，清乾隆武英殿刻本。

12.（明）張採《知畏堂詩文存》，清康熙刻本。

13.（明）陳瑚《確庵文稿》，清康熙毛氏汲古閣本。

14.（明）何三畏《雲間志略》，明天啓刻本。

15.（明）焦竑《國朝獻徵錄》，明萬曆四十四年刻本。

16.（清）徐崧《百城煙水》，清康熙二十九年刻本。

17.（清）金堡《徧行堂集》，清乾隆五年刻本。

18.（清）金堡《徧行堂續集》，清乾隆五年刻本。

19.（清）王鴻緒《橫雲山人集》，清康熙刻增修本。

20.（清）景星杓《山齋客譚》，清乾隆抱經堂鈔本。

21.（清）張塤《竹葉庵文集》，清乾隆五十一年刻本。

22.（清）陳文述《頤道堂集》，清嘉慶十二年刻本。

23.（清）陳夢雷《松鶴山房詩文集》，清康熙銅活字印本。

24.（清）屈大均《廣東新語》，清康熙水天閣刻本。

25.（清）吳長元《宸垣識略》，清乾隆池北草堂刻本。

26.（清）張大純《百城煙水》，清康熙二十九年刻本。

27.（清）英廉《日下舊聞考》，清文淵閣四庫全書本。

28.（清）徐霞客《徐霞客遊記》，清嘉慶十三年刻本。

3、方志類

1.（明）杜應芳《補續全蜀藝文志》，明萬曆刻本。

2.（清）李瀚章《（光緒）湖南通志》，清光緒十一年刻本。

3.（清）鄂爾泰《（乾隆）貴州通志》，清乾隆六年刻本。

4.（清）馮桂芬《（同治）蘇州府志》，清光緒九年刻本。

5.（清）李衛《（雍正）浙江通志》，清文淵閣四庫全書本。

6.（清）屠英《（道光）肇慶府志》，清光緒重刻本。

7.（清）李士宣《（乾隆）延慶衛志略》，清乾隆鈔本。

8.（清）梁詩正《西湖志纂》，清文淵閣四庫全書本。

9.（清）陶煦《周莊鎮志》，清光緒八年元和刻本。

10. （清）穆彰阿《（嘉慶）大清一統志》，四部叢刊續編景舊抄本。

11. （清）吳世雄《（同治）徐州府志》，清同治十三年刻本。

12. （清）徐景熹《（乾隆）福州府志》，清乾隆十九年刊本。

13. （清）阮元《（道光）廣東通志》，清道光二年刻本。

14. （清）周煌《琉球國志略》，清乾隆二十四年刻本。

15. （清）陳嘉榆《（光緒）湘潭縣志》，清光緒是五年刻本。

16. （清）張吉午《（光緒）順天府志》，清光緒十二年刻本。

17. （清）趙宏恩《（乾隆）江南通志》，清文淵閣四庫全書本。

18. （清）鄂爾泰《（乾隆）貴州通志》，清乾隆六年刻本。

19. （清）陳和志《（乾隆）震澤縣志》，清光緒重刻本。

20. （清）長順《（光緒）吉林通志》，清光緒十七年刻本。

21. （清）李祖陶《國朝文錄續編》，清同治刻本。

4、資料彙編、新方志

1. 《中國佛寺志叢刊》，廣陵書局，2006 年。

2. 中國宗教歷史文獻集成編纂委員會編纂《民間寶卷》，黃山書社 2005 年版。

3. 鄭鶴聲、鄭一鈞編《鄭和下西洋資料彙編》，齊魯書社，1980 年。

4. 劉明安等編《七星岩志》，廣東省地圖出版社 1989 年版。

5. 李養正編著《新編北京白雲觀志》，宗教文化出版社，2002 年。

6. 胡樸安《中華全國風俗志》，上海文藝出版社，1988 年。

7. 任繼愈主編《佛教大辭典》，江蘇古籍出版社，2002 年。

8. 黃開國、李剛、陳兵等主編《諸子百家大辭典》，四川人民出版社，1999 年。

9. 馬書田《中國道教諸神》，團結出版社，1996 年。

10. 李劍平主編《中國神話人物辭典》，陝西人民出版社，1998 年。

11. 賀中、莊嚴編著《西藏旅遊探險手冊》，西藏人民出版社，2001 年。

12. 張定亞主編《簡明中外民俗詞典》，陝西人民出版社，1992 年。

13. 丁福保主編《佛學大辭典》，中國書店出版社，2011 年。

14. 何本方、李樹權、胡曉昆主編《中國古代生活辭典》，瀋陽出版社，2003 年。

15. 周發增、陳隆濤、齊吉祥主編《中國古代政治制度史辭典》，首都師範大學出版社，1998 年。

16. 華夫主編《中國古代名物大典》，濟南出版社，1993 年。

17. 李劍平主編《中國神話人物辭典》，陝西人民出版社，1998 年。

18. 任繼愈主編《宗教大辭典》，上海辭書出版社，1998 年。

19. 黃開國、李剛、陳兵等主編《諸子百家大辭典》，四川人民出版社，1999
年。

20. 黃海德、李剛編著《簡明道教辭典》，四川大學出版社，1991 年。

21. 魯剛主編《世界神話辭典》，遼寧人民出版社，1989 年。

22.【日】荻原雲來編寫《漢譯對照梵和大辭典》，四川巴蜀出版社，2004 年。

5、通論性著作

1. 任繼愈主編《佛教史》，江蘇人民出版社，2006 年。

2. 釋印順《印度佛教思想史》，中華書局，2010 年。

3. 釋本學彙編《密教史論集》。

4. 多羅那它著，張建木譯《印度佛教史》，四川民族出版社，1988 年。

5. 林承節《印度史》，人民出版社，2004 年。

6. 湯用彤《漢魏兩晉南北朝佛教史》，武漢大學出版社，2008 年。

7. 呂建福《中國密教史》，中國社會科學出版社，1995 年。

8. 尕藏才旦《中國藏傳佛教》，宗教文化出版社，2003 年。

9. 何星亮《中國自然神與自然崇拜》，三聯出版社，1992 年。

10. 王家祐《道教論稿》，巴蜀書社，1987 年。

11. 周一良《唐代密宗》，上海遠東出版社，1996 年。

12. 法護譯《薄伽梵母摩利支天修誦法》，中國藏密薩迦佛學會出版，2007
年。

13. 湯用彤《漢魏兩晉南北朝佛教史》，武漢大學出版社，2008 年。

14. 呂澂《中國佛學源流略講》，中華書局，2004 年。

15. 王家祐《道教論稿》，巴蜀書社，1987 年。

16. 卿希泰主編《中國道教史（修訂本）》，四川人民出版社，1996 年。

17. 蕭登福《道教與佛教》，東大圖書公司，1991 年。

18. 鍾靈馨光《諸星斗宿福民大法》，臺北益群書店，2000 年。

19. 劉精誠《中國道教史》，文津出版社，1993 年。

20.【法】疊朗善譯，馬香雪轉譯：《摩奴法典》商務印書館，1996 年。

21.【印】毗耶婆著，金克木、趙國華、席必莊譯《摩訶婆羅多》，中國社會
科學出版社，2005 年。

22. 【英】崔瑞德、魯惟一著，楊品泉譯《劍橋中國秦漢史》，中國社會科學出版社，2006 年。

23. 【日】靜慈圓著，劉建英、韓昇譯《日本密教和中國文化》，文匯出版社，2010 年。

24. 【日】矢崎正見著，石碩、張建世譯《西藏佛教史考》，西藏人民出版社，1990 年。

25. 【俄】埃爾曼‧捷姆金著，董友忱譯《印度神話傳說》，上海譯文出版社，2002 年。

6、專門論著

1. 李遠國《神霄雷法——道教神霄派沿革與思想》，四川人民出版社，2003 年。

2. 鄭志明《宗教神話與崇拜的啓源》，大元書局，2005 年。

3. 龔韻蘅《兩漢靈冥世界觀探索》，文津出版社，2006 年。

4. 陳玉女《明代的佛教與社會》，北京大學出版社，2011 年。

5. 黃兆漢《中國神仙研究》，臺灣學生書局，2001 年。

6. 朱海濱《祭祀政策與民間信仰變遷》，上海復旦大學出版社，2008 年。

7. 范恩君《道教神仙》，宗教文化出版社，2007 年。

8. 業露華《論北魏佛教的幾個特點》，載《法海一得》，寶慶講寺叢書.中國佛教學者文集。2007 年。

9. 王雪梅《關於法慶起義幾個重要問題的重新檢討》，載《西北大學學報（哲學社會科學版）》，2011 年第 2 期。

10. 李南《略論印度密教的眞言咒語》，載《南亞研究》，2005 年第 2 期。

11. 張淼《北朝彌勒信仰研究》，西北大學，2003 年提交。

12. 李志鴻《雷法與雷神崇拜》，載《中國道教》，2004 年第 3 期。

13. 《曼荼羅——神聖的幾何圖形和象徵藝術》，載《佛教文化》，2005 年第 5 期。

14. 白三虎《五臺山寺廟裏的塑像「摩利支天」》，載《五臺山研究》，1992 年第 2 期。

15. 李雲華《民間信仰與宗教》，載《中國宗教》，2004 年第 9 期。

16. 高致華《鄭成功信仰研究》，廈門大學，2004 年提交。

17. 水生《南斗與北斗》，載《徐州師範大學學報》，1981 年第 4 期。

18. 尹育政《臺灣麻豆代天府迎請斗母元君》，載《中國道教》，1992 年第 1 期。

19. 陳鶴文《臺灣地區六十太歲信仰之研究——以臺南都會區爲例》，2006年。

20. 陳志勇《道教「九皇神」與民間戲神信仰考》，載《道教研究》，2009年第3期。

21. 石山《藏傳佛教的基本禮儀》，載《中國宗教》，1999年第3期。

22. 王亞榮《論唐代初期的佛經翻譯》，載《南亞研究》，1994年第4期。

23. 韋兵《道教與北斗生殺觀念》，載《宗教學研究》，2005年第2期。

24. 王琛發《從北斗眞君到九皇大帝——永不沒落的民族意象》，該文曾於2001年由馬來西亞道教組織聯合總會宗教文化研究中心刊印單行本，後又於2008年修訂。

25. 蕭登福《試論北斗九皇、斗母與摩利支天之關係》，國立臺中技術學院人文社會學報，2004年第3期。

26. 蕭進銘《萬星宗主、賜福天官及伏魔祖師——紫微大帝信仰源流考察》，收入《道教與民間宗教神靈論文集》（Ⅱ），臺北：保安宮，2009年。

27. 蕭進銘《從星斗之母到慈悲救度女神——斗母信仰源流考察》，收入《道教神靈學術研討會論文集》（Ⅳ），臺北：保安宮，2011年。

28. 牟海芳《中國古代北斗信仰與豬神崇拜紙關係論考》，載西南民族大學學報（人文社科版），2005年第2期。

29. 陳文龍《王契眞〈上清靈寶大法〉研究》，中國社會科學院研究生院，2011年4月提交。

30. 李道和、韓光蘭《生命樹、不死藥與巫的關係》，載《楚雄師專學報》，2001年1月。

31. 榮新江《陸路還是海路？——佛教傳入漢代中國的途徑與流行區域研究述評》，載《北大史學》第9輯，2003年1月。

32. 王亞榮《論唐代初期的佛經翻譯》，載《南亞研究》，1994年第4期。

33. 常正《中國佛教四大譯師之四——不空三藏》，載《法音》，1988年第10期。

34. 劉仲宇《眾星拱伏的斗姥神》，載《世界宗教文化》，1999年第3期。

35. 索南才讓《藏密的形成及其特點》，載《青海民族研究（社會科學版）》，2000年第4期。

36. 陳玉女《鄭和施印佛經與興建佛寺的意義》，載《鄭和下西洋國際學術研討會論文集》，國立成功大學歷史系編輯出版，2003年。

37. 陳玉女《〈佛說摩利支天經〉信仰內涵初探——從鄭和施刻〈佛說摩利支天經〉談起》，載鄭炳林、花平寧主編《麥積山石窟藝術文化論文集》，蘭州大學出版社，2004年。

38. 李耀輝《從斗姥與摩利支天的融合看道佛文化的交涉》，載《中國道教》2011 年第 4 期。

39. 王荔《摩利支天爲何方神氏》，載張湧泉等編《浙江與敦煌學——常書鴻先生誕辰 100 週年紀念文集》，浙江古籍出版社，2004 年。

40. 張小剛《敦煌摩利支天經像》，載敦煌研究院編《2004 年石窟研究國際學術會議論文集（上）》，上海古籍出版社，2006 年。

41. 楊寶玉《〈摩利支天菩薩咒靈驗記〉與張球事迹輯補》，見楊寶玉著《敦煌本佛教靈驗記校注並研究》，甘肅人民出版社，2009 年。

42. 劉凌《斗母「蟲二」石刻及其他》，載《泰安師專學報》2001 年第 1 期。

43. 王元林《天妃、南海神崇拜與鄭和下西洋》，載《暨南學報（哲學社會科學版）》，2005 年第 6 期。

44. 王元林、張目《國家祭祀體系下的鎮山格局考略》，載《社會科學輯刊》，2011 年 01 期。

45. 謝路軍《佛教中的二十四諸天》，載《法音》，2005 年第 1 期。

46. 劉磊《山西長治觀音堂懸塑研究》，載《上海工藝美術》，2008 年第 3 期。

47. 諸葛憶兵《論宋代后妃與朝政》，載《南京師大學報（社會科學版）》，1998 年第 4 期。

48. 陳志勇《道教「九皇神」與民間戲神信仰考》，載《宗教學研究》，2009 年第 3 期。

49. 高偉濃《華夏九皇信仰與其播遷南洋探說》，載《東南亞縱橫》，2002 年 Z1 期。

50. 王承文《論中古時期道教「三清」神靈體系的形成——以敦煌本《靈寶真文度人本行妙經》爲中心的考察》一文對「三清」體系的遠遠脈絡做出了詳細的考察。載《中山大學學報（社會科學版)》，2008 年第 2 期。

51. 卿希泰《道教神霄派初探》，載《社會科學研究》，1999 年第 4 期。

52. 劉道超《論太歲信仰習俗》，載《西南民族大學學報（人文社科版）》，2004 年第 9 期。

53. 劉莉《道教文化中的北辰和北帝》，載《河北學刊》，2010 年 5 月。

54. 祝秀麗《北斗七星信仰探微》，載《遼寧大學學報》，1999 年第 1 期。

55. 吳慧《「北斗八女」考——另附漢譯密教佛經中南斗北斗之漢化分析》，載《世界宗教研究》，2008 年第 2 期。

56. 陳巧施《香港道教蓬瀛仙館元辰殿落成，舉行「斗母聖像崇升、六十太歲開光」慶典》，載《中國道教》，1999 年第 1 期。

57. 顏廷亮《有關張球生平及其著作的一件新見文獻《〈佛說摩利支天菩薩陀羅尼經〉序校錄及其它》，載《敦煌研究》，2002 年第 5 期。

7、外文文獻著作

1. Wolf, Arthur P. "Gods, Ghosts, and Ancenstor", Religion and Ritual in Chinese Society, Stanford University Press, 1974.

2. Susan Naquin, "Peiking Temples and City Life（1400～1900）", University of California Press, 2000.

3. 【美】司馬盧（Michel Strickmann）,"Homa in East Asia," Agni：The Vedic Ritual of the Fire Altar, Vol. II, Edited by Frits Staal（Berkeley, 1983）.

4. D. C. Sircar, The Śâkta Pîṭhas, 2nd revised edition, Delhi 1973.

5. Alice Getty ,The gods of Northern Buddhism：their history, iconography and progressive evolution through the Northern Buddhist countries, C. E. Tuttle Co, 1962.

6. Robert Beer ,The handbook of Tibetan Buddhist symbols, Shambhala ,2003.

7. F. Max Muller, Contributions to the Science of Mythology, London, 1897.

8. Gertrude Jobes, Dictionary of Mythology, Folklore and Symbols, Metuchen, N.J., 1961.

9. John Dowson, A Classical Dictionary of Hindu Mythology, London, 1972.

10. Jitendra Nath Banerjea, The Development of Hindu Iconography, Calcutta, 1956. A.L. Basham, The Wonder that was India, New York, 1954.

11. Franz Cumont, The Mysteries of Mithra, New York, 1956.

12. Narendra Nath Bhattacharyya, History of the Sakta Religion, Munshiram Manoharlal Publishers, 1996.

13. Robert Hans van Gulik, Sexual life in ancient China, Leiden, 1974.

14. Whitehead, "An Ancient Military System", Journal of the United Service Institution of India, April-June, 1961.

15. H. R. Ellis Davidson, Myths and Symbols in Pagan Europe, Syracause, NY, 1988.

16. 冢本善隆《不安と欣求中國淨土》，角川書店，1968 年。

17. 福井康順他《道教》，東京：平河出版社，1983 年。

18. 孫家洲《巫術の盛行と漢代社會》，載《古代文化》47 卷 8 號，1995 年。

致　謝

　　基於對中國悠久歷史和地大物博的深厚情結。2009 年春季，我通過考試成為暨南大學文學院歷史地理研究中心第一位臺灣來報讀的博士研究生，有幸師從王元林教授開始歷史宗教地理的研究。入學後，導師淳厚寬容的為人品格和提攜後學的精神讓我激起一股學術研究的驅動力。

　　從學四年，王教授悉心指導，諄諄教誨，從論文選題、資料收集、內容架構到文字潤色一路以來對學生付出很大的心血，老師嚴謹的治學風範、孜孜求索的學術精神更使門下弟子由衷敬佩，也鞭策我在學術的道路不斷向前，不敢疏於懈怠。謹向老師表達最崇高的敬意與謝意。

　　暨南大學是具有深厚學術底蘊的學府，歷史系悠久的治學傳統和開明的學術氛圍為塑造學子提供了不可或缺的養份。四年來，有幸得到學養深厚的教授和學者的指導與幫助。陳偉明教授啓發了開放的研究思維、郭聲波教授嚴謹教誨論文的考究、吳宏岐教授富有啓迪的點撥思考方向，以及臺灣中央研究院人文社科中心劉石吉教授給予莫大的鼓勵與協助、臺灣佛學和道學的研究專家蕭登福老師的指點提供一個清晰的背景、成功大學歷史系陳玉女教授對日本宗教信仰研究使我獲益匪淺、彰化師範大學陳文豪教授熱心贈予相關文獻資料。在此，由衷的向各位師長表示最深的感謝。除此之外，在寫論文期間，中山大學蕭瀟師妹、暨南大學孟昭峰師弟、朱庸諒師弟和楊帆師妹熱忱幫助我解決查閱資料的困難和對資料的收集付出了辛勤的勞動。與此同時，暨南大學圖書館，古籍圖書室，中山大學圖書館特藏部，臺灣的中央圖書館，臺北故宮圖書館、中央研究院人文社科圖書館和傅斯年紀念圖書館的工作人員熱心的幫助，使我能以最高效率收集到彌足珍貴的資料。在此，也誠心向他們感恩。

　　四年間，與同窗學友楊杰、余亞娟、傅勇、吳理清、金峰等聚談切磋，互爲勉勵，亦多有所得，特向他們表示感謝！

　　論文完成之際，特別感謝年邁雙親的期盼與支持、先生和 3 個女兒忍著思念與我暫別 3 年使我能全心全力做研究，爲我完成論文提供了無限的精神力量。

　　雖然論文已完成，但本人學識尚淺，其中定有不妥之處，尚祈師長批評指正。

呂芳員敬上

2012 年 12 月於廣州